自立自强

中国式科技创新之路

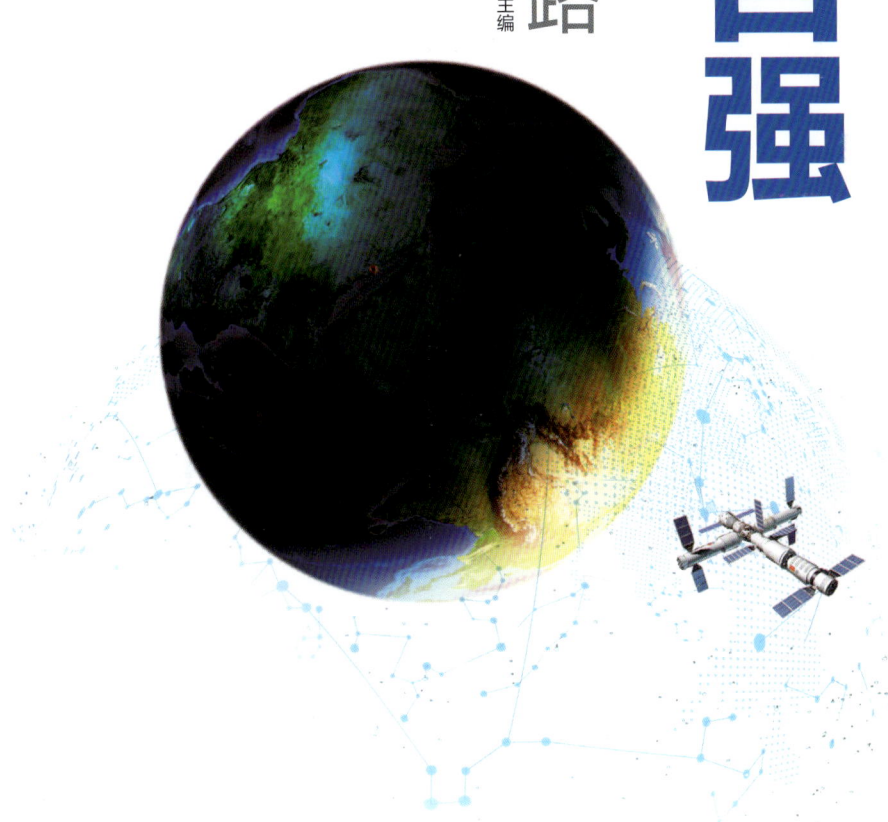

李健　杨瑞勇　谢主生　李志远　危怀安　欧阳辰　主编

红旗出版社

图书在版编目（CIP）数据

自立自强：中国式科技创新之路 / 李健等主编. -- 北京：红旗出版社，2024.2
　　ISBN 978-7-5051-5372-1

Ⅰ.①自… Ⅱ.①李… Ⅲ.①技术革新—研究—中国 Ⅳ.①F124.3

中国国家版本馆CIP数据核字(2023)第213251号

书　　名	自立自强：中国式科技创新之路			
主　　编	李　健　杨瑞勇　谢主生　李志远　危怀安　欧阳辰			
责任编辑	吴琴峰	封面设计	戴　影	
责任印务	金　硕	责任校对	吕丹妮	
出版发行	红旗出版社	版式设计	蔡庆有	
地　　址	北京市沙滩北街2号	邮政编码	100727	
	杭州市体育场路178号	邮政编码	310039	
编辑部	0571-85310467	发 行 部	0571-85311330	
E－mail	hqwqf@163.com			
法律顾问	北京盈科(杭州)律师事务所　钱　航　董　晓			
图文排版	杭州润竹文化创意有限公司			
印　　刷	杭州广育多莉印刷有限公司			
开　　本	710毫米×1000毫米	1/16		
字　　数	305千字	印　张	21　彩页　2	
版　　次	2024年2月第1版	印　次	2024年2月第1次印刷	
ISBN 978-7-5051-5372-1		定　价	58.00元	

本书编委会

（排名不分先后）

总 策 划：杨瑞勇

主　　编：李　健　杨瑞勇　谢主生　李志远　危怀安　欧阳辰

执行主编：徐亚华　梁盛平　陈江涛　闫少建　晏　崴　席文民
　　　　　　孙　磊

副 主 编：林　涛　盛　军　潘　峰　刘　娜　张竟成　任兴磊
　　　　　　陆　卿　闫明正

编　　委：彭怀祖　宋英华　白新文　孙树波　刘荣华　肖　棱
　　　　　　公　磊　赖家材　汪家权　邓永峰　唐先武　王军勇
　　　　　　刘明明　陈治国　于丽娇　周泽奇　李　礼　何召鹏
　　　　　　李超民　张惠强　曾传滨　刘洪翔　曾垂凯　何晓斓
　　　　　　沈波濒　毕　丞　董　阳　高衍超　乔宝平　温圆玲
　　　　　　周　欣　王　军　李知伦　戴玉瑄　李　洋　李　军
　　　　　　曾忆梦　尚　阳　郑　伟　孙广阔　黄　芳　玄　殊
　　　　　　王志民　刘兰会　李纯安　卢召义　徐　前　赵　伟
　　　　　　何　磊　柯希胜　洪　涛　向文武　杭永宝　张宝才
　　　　　　钟觉辉　张志坚　曹　红　李晓峰　唐　光　闫　艺
　　　　　　邹建民　王晓龙　王　志　鲁歌帆　周永靖　史仲华
　　　　　　夏卫中　黄健民　肖　能　沈亚桂　冯雅丽　刘琼燕
　　　　　　徐兴林　杨同瑾　江灏腾　高　伟　孟文君　马学勇
　　　　　　张　力　曾小荣　陈沁刚　于浩洋　李　昂　孙海悦
　　　　　　罗豫鑫　匡大镇　韦良军　张　星　王新焕　李晓东
　　　　　　阙善材　龚建荣　孙振桓　陈柏何　李季寒

目录
CONTENTS

1

坚定不移走自主创新道路

"加快实施创新驱动发展战略。坚持面向世界科技前沿、面向经济主战场、面向国家重大需求、面向人民生命健康,加快实现高水平科技自立自强。"

003 / 科技创新和发展要面向世界科技前沿

010 / 科技创新和发展要坚持面向经济主战场

020 / 科技创新和发展要坚持面向国家重大需求

032 / 科技创新和发展要坚持面向人民生命健康

044 / 科技创新和发展要坚持需求导向和问题导向

2

创新是引领发展的第一动力

"创新是引领发展的第一动力。抓创新就是抓发展,谋创新就是谋未来。"

059 / 大力加强基础研究

073 / 依靠改革激发科技创新活力

086 / 坚决破除"四唯" 激发创新活力

096 / 推动科技成果不断转化为现实生产力

108 / 以科技创新助力乡村振兴发展

118 / 聚焦原始创新 实现科技自强

3

创新之道，唯在得人

"深入实施新时代人才强国战略，全方位培养、引进、用好人才，加快建设世界重要人才中心和创新高地，为2035年基本实现社会主义现代化提供人才支撑，为2050年全面建成社会主义现代化强国打好人才基础。"

127 / 加强创新人才教育培养

139 / 领导者的创新决策及其认知偏差

151 / 科技创新人才时间资源分配与平衡及其决策

161 / 领导干部要加强对新科学知识的学习

4

坚持创新在我国现代化建设全局中的核心地位

"我们国家进入科技发展第一方阵要靠创新，一味跟跑是行不通的，必须加快科技自立自强步伐。要坚持创新在现代化建设全局中的核心地位，把创新作为一项国策，积极鼓励支持创新。"

177 / 坚持创新在我国现代化建设全局中的核心地位

190 / 中国共产党科技创新发展的历程、经验与展望

203 / 中国科技创新发展政策的历程与展望

218 / 科技创新和发展要实现高水平的自立自强

229 / 整合优化科技资源配置　集中力量办大事

5

科技创新探索与实践

"要聚焦国家战略和产业发展重大需求,加大企业创新支持力度,积极鼓励、有效引导民营企业参与国家重大创新,推动企业在关键核心技术创新和重大原创技术突破中发挥作用。"

243 / 企业技术创新锚定市场需求
　　　　——湖南省衡阳变压器有限公司的探索与实践

255 / 以科技创新赋能装配式建筑产业高质量发展
　　　　——中国二十二冶集团有限公司建筑分公司的探索与实践

265 / 以科技创新引领中国铬盐产业高质量发展
　　　　——四川省银河化学股份有限公司的探索与实践

273 / 以科技创新助推人居生活环境改善
　　　　——真空排导系统的探索与实践

280 / 边缘计算平台EC-Plat的创新应用
　　　　——海南金盘智能科技股份有限公司的探索与实践

291 / 以科技创新助力配电系统自动化及其对故障的处理

299 / 以科技创新助推医疗科技产业高质量发展
　　　　——丹娜(天津)生物科技股份有限公司的探索与实践

310 / 参考文献

326 / 后记

坚定不移走自主创新道路

"加快实施创新驱动发展战略。坚持面向世界科技前沿、面向经济主战场、面向国家重大需求、面向人民生命健康,加快实现高水平科技自立自强。"

科技创新和发展要面向世界科技前沿

2020年9月11日，习近平总书记主持召开科学家座谈会，针对我国发展面临的内外环境，着眼"十四五"时期加快科技创新的迫切要求，强调要"坚持面向世界科技前沿、面向经济主战场、面向国家重大需求、面向人民生命健康，不断向科学技术广度和深度进军"，以"四个面向"指明科技创新和发展的方向。"四个面向"中，排在第一的是"面向世界科技前沿"，因为面向世界科技前沿是基础，起着引领作用。

一、科技自身发展变化的本质特征、基本规律和必然趋势

任何事物的发展变化都有其自身的本质特征、基本规律和必然趋势。这是不以人的意志为转移的客观规律。科技的发展变化也不例外，必须遵循其自身发展变化的本质特征、基本规律和必然趋势。

科技的发展变化最终是通过其变化发展的实施主体即科技工作者来实现的，只有依靠广大科技工作者的创新才能推进科技的不断发展变化。就一般意义而言，广大科技工作者根据自己的工作职责和兴趣，全方位地推进科技的发展变化，不断推进科技创新和科技进步，尤其是从事理论研究等的基础性科技工作

者。因此，从历史的视角来看，科技的发展变化是全方面推进的，科技创新也是全方面推进的，只是在不同的历史发展阶段，科技的发展变化的侧重点各不相同，科技创新的侧重点也是相应变化的。比如，18世纪60年代的第一次工业革命，始于英国发起的技术革命，是技术发展史上的一次巨大革命，开创了以机器代替手工劳动的时代。因此，第一次工业革命是以工作机的诞生开始的，这一时期的科技创新自然是以蒸汽机作为动力机被广泛使用为标志的。再比如，进入21世纪以来，科技创新主要侧重在以人工智能、量子信息、移动通信、物联网、区块链等为代表的新一代信息技术，以合成生物学、基因编辑、脑科学、再生医学等为代表的生命科学技术，以清洁高效可持续为目标的能源技术，等等。

科学技术是第一生产力，人类社会的每一项进步，往往都伴随着科技的进步。科技是社会进步的重要核心动力之一，社会发展水平的大幅度提升与科技的进步是密不可分的。我们也可以从另一个角度理解为，科技最终是为社会经济发展、国防建设等方面服务的。因此，不断推进科技发展变化的实施主体即科技工作者，必定要按照社会经济发展、国防建设等方面的迫切要求，有的放矢地开展科技工作，科技工作者会主动地面向世界科技前沿，基于优胜劣汰和生存压力等因素，有时甚至被动地要面向世界科技前沿进行科技创新。

科技创新和发展面向世界科技前沿将有更大的概率获得科技突破和竞争优势，意味着更有可能获得更大的社会和经济效益。基于社会资源的有限性和科技创新效益的最大化，事实上大部分科技工作者，尤其是企业领域的科技工作者，受到经济利益等的驱使和市场竞争压力，必然会主动地面向世界科技前沿进行科技创新。

因此，不管是从科技创新的发展历程来看，还是从科技创新实施主体的现实利益驱使角度来分析，科技创新和发展要面向科技前沿是由科技自身发展变化的本质特征、基本规律和必然趋势决定的。

二、科技创新引领发展的客观要求和未来趋势

2015年3月5日，习近平总书记在参加十二届全国人大三次会议上海代表团审议时的讲话中强调，创新是引领发展的第一动力。抓创新就是抓发展，谋创新就是谋未来。适应和引领我国经济发展新常态，关键是要依靠科技创新转换发展动力。因此，我们抓发展、谋未来就必须坚持把创新作为引领发展的第一动力。

当前，我国经济社会发展、民生改善和国防建设等方面比过去任何时候都更加需要科技解决方案，都更加需要增强创新这个第一动力，来助推各方面的更好发展、更快进步。从国内来看，无论是推动高质量发展、提高人民生活品质，还是构建新发展格局、顺利开启全面建设社会主义现代化国家新征程，都迫切需要强大的科技支撑。

从国际形势来看，单边主义、保护主义上升，围绕科技领域的竞争日趋激烈，世界主要国家都在寻找科技创新的突破口，抢占未来经济科技发展的先机。尤其是以美国为首的一些西方国家仍然怀揣着旧冷战思维，死守零和博弈的理论，奉行霸权主义，动辄在经贸、科技等领域实施霸凌行径。比如，美国频频动用国家力量，以莫须有的罪名无端打压华为、中兴通讯等中国高科技企业。美方的这种毫无底线、没有道义且违背科技发展与国际合作基本规律的科技霸凌主义，将导致围绕前沿尖端科技领域的竞争更加激烈。但从国家和民族的利益立场以及科技道义的角度来看，科技创新引领发展的现实迫切需求这一客观因素，要求我们的科技创新必须面向世界科技前沿，率先找到科技创新的突破口，抢占未来科技发展的先机，这是破解和防止被别人"卡脖子"的唯一出路。

科技创新引领发展不仅是现实的迫切需求，也是未来的发展趋势，科技创新要永远面向世界科技前沿。寻找科技创新的突破口没有完成时，抢占未来科技发展的先机永远在路上。当前和今后，我们要主动把负面因素转化为

正面因素，积极把挑战转化为机遇，把压力转化为动力，面向世界科技前沿大力推进科技创新，始终坚持把创新引领发展这个第一动力不断强化、优化。

三、科技从"跟跑"走向"并跑"和"领跑"的需要

新中国成立初期，我们可以说是一穷二白，包括科技在内的各个方面几乎都是零起步，科技创新也是刚刚开始。经过新中国成立70多年以来特别是改革开放以来的不懈努力，科技发展取得了举世瞩目的伟大成就，科技整体实力持续提升，一些重要领域跻身世界先进行列，正处于从量的积累向质的飞跃、点的突破向系统能力提升的重要时期。我们取得的这些科技伟大成就，实际上每一项科技成果的取得，都是面向科技前沿进行科研攻关的结果。一代代科技工作者接续付出了巨大的努力和艰辛，都是瞄准世界前沿科技锲而不舍地进行攻关，才取得这些辉煌成就。

今天，我们在一些科技领域已经和西方发达国家处于"并跑"阶段，在另一些科技领域我们甚至开始"领跑"。我们在科技领域从"跟跑"不断地走向"并跑"甚至"领跑"，这是我们科技发展的一个趋势，也是我们科技发展所取得的伟大成就，更是我们国家繁荣昌盛在科技方面的一个缩影和写照。

在"跟跑"阶段，我们前面有参照物，有学习、参考、借鉴的对象，可以"跟着跑"，应该说这是我们的一个后发优势。但是到了"并跑"和"领跑"阶段，我们实际上已经进入"无人区"，前面没有参照物，没有学习的对象，也没有跟随的路径，只有靠我们自己不断取得突破，亦即处于自我挑战、自我突破和自我超越阶段。因此，这时我们面对世界科技前沿率先寻找到科技创新的突破口，抢占未来科技发展的先机就显得尤为重要。

另外，当前我们处于"并跑"和"领跑"地位的科技领域，比如，我们的量子信息科学、5G/6G技术等在世界上处于"并跑"和"领跑"地位，这些科技领域的创新突破对于抢占未来科技发展的先机乃至国家安全都至关重要。从这个意义上说，我们必须要面向世界科技前沿并不断取得突破，我们

别无选择。

因此，新中国成立以来科技发展的历史进程，以及科技不断从"跟跑"走向"并跑"和"领跑"这一非常关键的历史阶段，都决定了我们的科技创新和发展必须面向世界科技前沿。

四、助推高质量发展的需要

高质量发展是"十四五"乃至更长时期我国经济社会发展的主题，是我们确定发展思路、制定经济政策、实施宏观调控的根本要求，关系我国社会主义现代化建设全局。

高质量发展可以理解为各层面、全领域、全要素的高质量发展，亦即包括经济、政治、文化、教育、科技等全方面的高质量发展。在推动高质量发展的过程当中，科技是一个非常重要的因素：一方面科技领域自身的高质量发展非常重要，这能直接提升我国的科技竞争力；另一方面通过科技创新可以大力助推其他领域的高质量发展。因此，科技是推动我国整体高质量发展的重要支撑和动力源泉。

当前高质量发展需要科技来助力，未来高质量发展也同样需要科技因素来助力。因此，科技创新永远需要面向世界科技前沿，不断取得新突破，为高质量发展提供源源不断的助推力。

五、助推赢得国际竞争优势的需要

世界各国之间的竞争是一个永恒的话题，并且良性的竞争对世界各国的发展与进步是有益的、必要的。同时，良性的竞争不仅是国家之间科技创新和发展的基本规律，更是助推世界科技进步的一个非常重要的客观因素。

世界各国之间的竞争实际上是全方位的，经济、政治、文化、教育、科技等各方面的竞争，而且几乎每一方面的竞争都跟科技或者科技创新有很大的关系，比如经济的快速发展、国防实力的不断增强等都必须倚仗科技创新。所以，在某种程度上我们可以说，世界各国之间的竞争就是各国科技实力的竞争。

我们从历史的角度来审视，不管是农业时代、工业时代、信息时代还是智能时代，谁掌握了科技制高点，首先找到科技创新突破口，实际上就掌握了竞争的优势。就当前而言，美国之所以要利用国家力量，毫无道德底线地打压我国以华为、中兴通讯等为代表的高科企业，就是怕我们在这些方面的科技实力超过他们，导致自己失去科技竞争优势，最关键的是怕失去科技优势而动摇其世界霸权地位。

从国家和民族的利益角度来看，科技竞争的优势、科技创新能力的强大，对于国家经济发展、国防现代化建设、综合国力提升等都非常重要。所以，我们要举全国之力，发挥举国体制的优势，大力支持科技创新，努力为我们不断赢得科技竞争的优势，为我们各方面的发展提供坚实的科技支撑和强大的动力源泉。

六、实现中华民族伟大复兴的需要

实现中华民族伟大复兴意味着我们原来在很多方面都处于世界领先地位，尤其是盛唐时期，我们在经济、政治、文化等方面都处于世界领先地位。在实现中华民族伟大复兴征程中，我们在各个方面都要一步步走向世界领先地位，这是我们中华民族所要追求的伟大梦想。

实现中华民族伟大复兴，需要从经济、政治、国防、文化、教育、科技等方面的复兴与引领。其中，科技是非常重要的一个方面，因为科技对经济、国防等方面的发展起到很大的助推作用。各个方面的复兴实际上在很大程度上都倚仗科技的支撑，科技或者科技创新将成为推进中华民族伟大复兴的关键要素之一，我们甚至可以说科技水平或者科技创新能力与推进中华民族伟大复兴的速度成正相关，或者跟我们科技竞争的优势成正相关。也就是说，我们的科技创新能力越强，我们的科技竞争优势越突出，对中华民族伟大复兴征程的推动作用就越大，实现中华民族伟大复兴就越快。

从另外一个角度来理解，中华民族伟大复兴的实现不可能一帆风顺，肯定会遇到诸多风险与挑战，尤其是敌对势力对我们进行全方位的遏制打压，妄图阻断。那么，在捍卫中华民族伟大复兴征程中，我们需要有强大的国防力量来作为支撑和保障，而我们强大的国防力量在很大程度上依赖于科技发展的成果。我国通过领先于世界的科技来不断强化国防力量，为顺利实现中华民族伟大复兴保驾护航。

科技发展对于顺利实现中华民族伟大复兴非常重要。因此，为了更好更快地实现中华民族伟大复兴，我们的科技创新必须要面向世界科技前沿，要不断取得新突破和新成效，确保我们的科技发展处于世界领先地位，能够引领世界科技发展潮流。

[作者：杨瑞勇，人民出版社马列编辑二部（重点工程办）副主任、副编审]

[作者：闫少建，北京万相融通科技股份有限公司董事长]

[作者：刘娜，中信建设投资发展有限责任公司华东区总经理]

科技创新和发展要坚持面向经济主战场

科学技术是第一生产力，是经济和社会发展的首要推动力量。党的十八大以来，我国高度重视科技创新工作，坚持把创新作为引领发展的第一动力，科技事业取得了历史性成就、发生了历史性变革，重大创新成果竞相涌现，一些前沿领域开始进入"并跑"和"领跑"的阶段，科技发展正在从量的积累迈向质的飞跃、从点的突破迈向系统能力提升的阶段。

在科技进步的支撑下，我国经济进入高质量发展阶段，人均国内生产总值达到1万美元，城镇化率超过60%，中等收入群体超过4亿人，人民对美好生活的需求不断提高。社会主要矛盾已经从人民日益增长的物质文化的需要与落后的生产力之间的矛盾，转化为人民日益增长的美好生活需要和不平衡不充分发展之间的矛盾。我国制度优势明显，治理效能显著，经济长期向好，持续发展具有多方面的优势和条件。同时，应当看到，发展不平衡不充分的问题仍然突出，创新能力不适应高质量发展要求的问题仍然存在。因此，厘清科技创新与经济发展的关系，探索科技创新助推经济高质量发展和构建新发展格局的路径和措施，成为新发展阶段迫切需要思考和解决的重大问题。

一、科技创新驱动经济发展的内在逻辑

"苟日新，日日新，又日新。""创新"已然成为人们耳熟能详的流行词。在党的十八届五中全会上，习近平总书记提出新发展理念，其中"创新发展"居于首位，他强调说，"必须把创新摆在国家发展全局的核心位置，不断推进理论创新、制度创新、科技创新、文化创新等各方面创新，让创新贯穿党和国家一切工作，让创新在全社会蔚然成风"。他还指出，创新是一个民族进步的灵魂，是一个国家兴旺发达的不竭动力，也是中华民族最深沉的民族禀赋。无论是在推进改革中强调"必须把创新摆在国家发展全局的核心位置"，还是在经济转型中提出"科技发展的方向就是创新、创新、再创新"，在总书记的执政理念中，创新始终占据着重要位置。把握创新，也就把握住了经济发展的精髓。那创新到底包含哪些方面？创新的核心是什么？科技创新与经济发展又是什么关系呢？

创新的内涵非常广泛，包括理论创新、制度创新、科技创新、文化创新等多个方面，中央文件中一般提到的创新，也是泛指以上多个方面的创新。但需要强调的是，在创新的诸多内涵中，科技创新是最关键也是最核心的。根据马克思的历史唯物主义基本原理，人类历史的演进归根到底是由生产力的进步推动的。在极端落后的生产力条件下，整个社会的物质财富极为匮乏。随着生产力水平的提升，人类社会依次经历了奴隶社会、封建社会、资本主义社会、社会主义社会，整个社会的科技水平和物质财富总量也在不断提升和增长。能够反映一个社会生产力水平的，除了物质财富的多少和质量，最重要的标志当数科学技术水平了。科学技术的进步推动生产力水平的提升；生产力水平的提升，要求生产关系相应地进行调整，也就是需要变革经济生产相关的制度；经济基础的变化又会导致政治、社会、文化等一系列的上层建筑的变化。可见，技术进步是经济社会发展的原生动力，科学技术是第一生产力。

同理，社会制度的先进与否，主要看其能否最大限度地解放和发展生产力，推动科技创新和发展。中国特色社会主义的经济建设虽然经历了曲折，但是始终不变的是重视生产力的发展，重视科技的进步。尤其是改革开放以来，发展成为第一要务，重视发展本质上就是重视生产力的发展，就是重视科技的发展。只有依靠生产力的发展和科技的进步，尽可能多地为社会创造物质财富，才能为建成更高水平的社会主义社会提供物质基础。

当今世界正经历百年未有之大变局，我国发展面临的国内外环境发生了深刻复杂变化，我国"十四五"时期以及更长时期的发展对科技创新提出了更为迫切的要求。一是加快科技创新是推动高质量发展的需要。建设现代化经济体系，推动质量变革、效率变革、动力变革，都需要强大的科技支撑。二是加快科技创新是实现人民高品质生活的需要。随着社会主要矛盾的转化，为满足人民对美好生活的向往，必须推出更多涉及民生的科技创新成果。三是加快科技创新是构建新发展格局的需要。推动国内大循环，必须坚持供给侧结构性改革这一主线，提高供给体系质量和水平，以新供给创造新需求，其中科技创新是关键。畅通国内国际双循环，也需要依靠强大的科技实力，保障产业链、供应链安全稳定。四是加快科技创新是顺利开启全面建设社会主义现代化国家新征程的需要。从最初提出"四个现代化"到现在提出全面建成社会主义现代化强国，科学技术现代化从来都是我国实现现代化的重要内容。

可以说，在当前阶段，我国经济社会发展比过去任何时候都更加需要科学技术解决方案，都更加需要增强创新这个第一动力。同时，在激烈的国际竞争面前，在单边主义、保护主义上升的大背景下，我们必须走出一条适合我国国情的创新路子来，特别是要把原始创新能力提升摆在更加突出的位置，努力实现更多"从 0 到 1"的突破，为构建新发展格局提供强有力的科技支撑。

二、构建新发展格局的关键是坚持科技自主创新

2020年5月23日，习近平总书记在看望参加全国政协十三届三次会议的经济界委员并参加联组会时，第一次明确提出构建国内国际双循环新发展格局的重要战略思想。2020年10月召开的党的十九届五中全会通过的《中共中央关于制定国民经济和社会发展第十四个五年规划和二〇三五年远景目标的建议》中，明确把"加快构建以国内大循环为主体、国内国际双循环相互促进的新发展格局"列为重要战略抉择，而构建新发展格局的关键在于坚持科技自主创新。要理解科技自主创新的紧迫性和重要性，需要搞清楚什么是经济循环，为什么要构建以内循环为主、双循环相互促进的新发展格局，以及如何通过科技自主创新推动经济双循环。

关于经济循环的内涵，黄群慧教授在《"双循环"新发展格局：深刻内涵、时代背景与形成建议》一文中提到，经济活动本质是一个基于价值增值的信息、资金和商品（含服务）在居民、企业和政府等不同的主体之间流动循环的过程。如果考虑到经济活动的国家（或者经济体）边界，经济循环则存在国内经济循环和国际经济循环之分。所谓国内经济大循环，是以满足国内需求为出发点和落脚点，以国内的分工体系和市场体系为载体，以国际分工和国际市场为补充和支持，以国民经济循环顺畅、国内分工不断深化、总体技术水平不断进步为内生动力的资源配置体系。而国际经济大循环则是以国际分工和国际市场为基础，以国际产业链和价值链为依托，以国际贸易、国际投资和国际金融为表现形式，基于比较优势的各经济体相互竞争、相互依存的经济循环体系。董志勇教授等在《国内国际双循环新发展格局：历史溯源、逻辑阐释与政策导向》一文中提到，国内大循环和国际大循环之间是辩证统一的，既相互促进，又相互制约。一方面，国内大循环是主体，要求其具有相对独立性，但并不是"闭关锁国"，而是为了更好融入并带动国际大循环。另一方面，国际大循环是支撑，通过国际大循环能够为国内大循环提

供更大空间和更多动力。因而，畅通国内大循环是掌握主动实现国际大循环的前提，而畅通国际大循环是加快实现国内大循环的保障。

一个国家参与国际经济循环的程度反映了其发展战略导向。从国际经验来看，美国、日本采取以国内循环为主的自循环模式，西欧国家采取国内弱循环、区域强循环模式，亚洲经济体主要采取内部弱循环、国际强循环模式。经济发展史表明，世界很多发展中国家通过出口导向型工业化战略实现了经济赶超，而进口替代的内向型经济发展战略往往无法有效推进发展中国家经济快速增长。但是，出口导向工业化型战略也存在一些问题，包括易受国际市场波动影响、外资依存度过高、经济安全风险大、关键核心技术受限、产业结构转型升级压力巨大、内需亟待开拓等问题。刘元春教授在《深入理解新发展格局的丰富内涵》一文中指出，在市场经济体系下，任何经济大国的成长都需经历由弱到强、由"以外促内"转向"以内促外"的必然调整，大国经济崛起最为关键的标志就是构建安全、可控、富有弹性韧性、以内为主、控制世界经济关键环节的经济体系。因此，从历史逻辑的视角看，现阶段构建新发展格局是符合大国经济格局演进规律的。接下来我们具体看看中国的情况。

任何一个国家的经济发展格局，不仅取决于本国的发展意愿和资源禀赋，还取决于世界总体形势特别是经济形势。新中国成立初期，我国独立自主地完成了早期工业化资本积累，这一阶段主要以国内大循环为主。改革开放后，在国民经济从计划经济转向市场经济后，我国逐渐形成外向型经济发展格局，国际大循环逐渐占主导地位。随着对外开放不断扩大，中国逐渐成为"世界工厂"，形成了"两头在外、大进大出"的出口导向型发展格局，特别是加入WTO（世界贸易组织）后，中国GDP（国内生产总值）快速增长，贸易依存度不断提高。需要注意的是，国际大循环存在"低端锁定"的重大局限，不仅使我国在国际分工中被锁定产业链低端的依附地位，而且也使我国遭受美元霸权的掠夺，造成外向和内需相分割的"二元经济"。因此，调整发展战略势在必行，而努力实现科技自主创新是关键。

同时，由于当前国际关系中一些发达国家奉行贸易保护主义、单边主义，地缘政治风险加剧，国际经济环境中贸易摩擦的存在产生了较大不确定性，前景模糊导致企业家对出口业务的信心不足。国际市场对我国整体需求侧体系的支撑提升作用存在减弱趋势，增长前景不明。加之，外向型的经济发展模式，主要依靠生产和出口拉动国内产业发展，这种模式严重依赖于我国的劳动力、自然资源禀赋，较低的人力成本、原料成本、土地成本是过去外资企业将大量中低端制造行业移转至我国的重要因素，但现阶段依靠低成本要素的发展模式变得不可持续。因此，我们必须遵循现代大国经济崛起的一般规律，适应形势变化，转变发展思路，调整发展战略，提升自主创新的能力，以畅通国民经济循环为主构建新发展格局。

中国经济过去多年的快速发展已经为全面建立以国内大循环为主体的发展格局奠定了重要基础。中国已建立了全世界最为齐全、规模最大的工业体系，是全世界唯一拥有联合国产业分类中全部工业门类的国家，国内产业相互配套，规模效应、范围效应以及学习效应在产业体系中全面展现，产业链具有较好的自我循环能力。同时，"中国制造"开始向"中国智造""中国创新"转变，国内各经济主体拥有基本的创新能力和创新动力，政府主导下的基础研究和技术赶超体系、庞大市场诱导下的商业创新体系，为中国创新注入了自我创新的内生动力。不断强化科技自主创新能力，是构建新发展格局的重中之重。

为什么我们在提科技创新的时候，一定要强调自主创新呢？路风教授在《新火：走向自主创新2》一书中给出了答案。他指出，自主创新不是"关起门来自己搞"。自主创新和开放创新并不是对立的，自主创新也不是"闭关自守"，并不排斥国际合作交流，但自主创新只能靠自己。这一观点可以从逻辑上讲清楚。在创新理论中，科技由两个相互联系的要素构成，一是知识，二是行动。"知识指的是人的头脑中对因果关系的理解（可以通过操作手册、设计图纸和论文等来表达），但产生这样的理解离不开行动——对技术的研究、开发和应用；行动需要技能和能力，而技能和能力只能在有关技术的实践中被掌握,并不能还原为可以通过语言和文字来表达的知识。"也就是说,科学技术中的知识是经验的知识,只有通过科学技术的实践才能够产生、发展和传承。没有人可以不通过科学技术的实践,就能够掌握科学技术的知识和具备创造科学技术知识的能力。自主创新强调把科学技术的知识的创造与科学技术的实践统一起来,在自身的科技实践中推动科技创新和发展。

同样的道理,技术的引进也必须建立在国家具备自主创新能力的基础上,否则,引进的技术并不能够转化成自身的技术创新的能力。作为后发国家,我们可以通过引进、模仿来达到某一技术水平,但如果国家和企业的技术吸收能力较差,不具备自主研发的能力,那么仅仅靠吸收是无法实现真正的技术进步和自主创新的,结果只能是造成被动的技术依赖,国家发展受制于人。贸易战之后,中国经济遭受的冲击,正是由于在某些行业和领域,我们不具备自主创新的能力,经济的对外依赖性较高,一旦国际上对我们实施技术封锁和制裁,将直接影响相关企业的正常生产经营活动,国家的经济安全必然也会受到冲击。在这一背景下,我们提出要构建以内循环为主、双循环相互促进的新发展格局,以自主创新为关键抓手,畅通国内大循环,提升经济发展质量和国家创新能力,进而实现更高水平的外循环。

三、提升我国科技自主创新能力的重要举措

提升国家的科技自主创新能力是一个系统工程,需要多方发力,而最核心和最根本的是要发挥中国特色社会主义的制度优势,从国家战略的角度,集全国之力推进技术创新。

(一)强化国家战略科技力量,发挥新型举国体制优势

社会主义制度最大的优势在于能够集中全国的人力、物力、财力,解放和发展生产力,推动科技创新。这一制度优势是建立在党的统一领导和以公有制为主体的基本经济制度基础上的。在党的统一领导下,充分发挥国家作

为重大科技创新组织者的作用，坚持战略性需求导向，确定科技创新方向和重点，着力解决制约国家发展和安全的重大难题。同时，相关部门要结合当前实际情况，抓紧制定实施基础研究十年行动方案，重点布局一批基础学科研究中心，支持有条件的地方建设国际和区域科技创新中心。我们要依托于公有制经济的强大力量，发挥新型举国体制优势，发挥好重要院所高校的作用，推动科研力量优化配置和资源共享。

（二）统筹发展与安全，增强产业链供应链自主可控能力

产业链供应链安全稳定是构建新发展格局的基础，而这只能依靠科技创新。国家应统筹推进补齐短板和锻造长板，针对产业薄弱环节，实施好关键核心技术攻关工程，尽快解决一批"卡脖子"技术问题，在产业优势领域精耕细作，搞出更多"独门绝技"。同时，实施好产业基础再造工程，打牢基础零部件、基础工艺、关键基础材料等基础。加强顶层设计、应用牵引、整机带动，强化共性技术供给，深入实施质量提升行动。

（三）持之以恒加强基础研究，增强科技自主创新的后劲

基础研究是科技创新的源头。我国的基础研究虽然取得了显著进步，但同国际先进水平的差距还是明显的。我国面临的很多"卡脖子"技术问题，根子是基础理论研究跟不上，源头和底层的东西没有搞清楚。基础研究一方面要遵循科学发现自身规律，以探索世界奥秘的好奇心来驱动，鼓励自由探索和充分的交流辩论；另一方面要通过重大科技问题带动，在重大应用研究中抽象出理论问题，进而探索科学规律，使基础研究和应用研究相互促进。

这就需要明确我国基础研究领域的方向和发展目标，久久为功，持续不断坚持下去。要加大基础研究投入，首先是国家财政要加大投入力度，同时要引导企业和金融机构以适当形式加大支持，鼓励社会以捐赠和建立基金等方式多渠道投入，扩大资金来源，形成持续稳定投入机制。对开展基础研究有成效的科研单位和企业，要在财政、金融、税收等方面给予必要政策支持。

要创造有利于基础研究的良好科研生态，建立健全科学评价体系、激励机制，鼓励广大科研人员解放思想、大胆创新，让科学家潜心搞研究。

（四）加强创新人才的教育培养

人才是第一资源。国家科技创新力的根本源泉在于人。十年树木，百年树人。要把教育摆在更加重要位置，全面提升教育质量，注重培养学生创新意识和创新能力。要加强基础学科建设，鼓励具备条件的高校积极设置基础研究、交叉学科相关学科专业，加强基础学科本科生培养，探索基础学科本硕博连读培养模式。要加强基础学科拔尖学生培养，在数理化生等学科方面建设一批基地，吸引优秀的学生投身基础研究。要加强高校基础研究，布局建设前沿科学中心，发展新型研究型大学。要尊重人才成长规律和科研活动自身规律，培养造就一批具有国际水平的战略科技人才、科技领军人才、创新团队。要高度重视青年科技人才成长，使他们成为科技创新主力军。

（五）依靠改革激发科技创新活力

我国科技队伍蕴藏着巨大创新潜能，关键是要通过深化科技体制改革把这种潜能有效释放出来。转变政府职能是科技改革的重要任务。我们很多产业链供应链都需要科技解决方案，能够提供这种解决方案的只能是奋战在一线的千千万万科技工作者和市场主体，政府要做的是为他们创造良好环境、提供基础条件，发挥好组织协调作用。要加快科技管理职能转变，把更多精力从分钱、分物、定项目转到定战略、定方针、定政策和创造环境、搞好服务上来。要加快推进科研院所改革，赋予高校、科研机构更大自主权。要整合财政科研投入体制，改变部门分割、小而散的状态。

（六）激发企业家的创新精神，发挥企业在科技创新中的主体作用

企业家创新活动是推动企业创新发展的关键。改革开放以来，我国经济发展取得举世瞩目的成就，同企业家大力弘扬创新精神是分不开的。创新就

要敢于承担风险。敢为天下先是战胜风险挑战、实现高质量发展特别需要弘扬的品质。企业家要做创新发展的探索者、组织者、引领者，勇于推动生产组织创新、技术创新、市场创新，重视技术研发和人力资本投入，有效调动员工创造力，努力把企业打造成为强大的创新主体。同时，支持领军企业组建创新联合体，带动中小企业的创新活动。

（七）加强国际科技合作

国际科技合作是大趋势。我们要更加主动地融入全球创新网络，在开放合作中提升自身科技创新能力。越是面临封锁打压，越不能搞自我封闭、自我隔绝，而是要实施更加开放包容、互惠共享的国际科技合作战略。一方面，要坚持把自己的事情办好，持续提升科技自主创新能力，在一些优势领域打造"长板"，夯实国际合作基础；另一方面，要以更加开放的思维和举措推进国际科技交流合作。

[作者：何召鹏，中央财经大学经济学院副院长、人才培养专项工作中心主任、政治经济学系副系主任、中国政治经济学研究中心副主任]

[作者：盛军，北京星月鼎盛科技有限公司董事长]

科技创新和发展要坚持面向国家重大需求

当前,科技创新对国家战略发展的引领性作用日益凸显,直接关系到全面建设社会主义现代化国家远景目标的实现,关系到中华民族的命运与前途。科技是国之利器,要保持"锐利",就必须依靠创新。习近平总书记曾指出:"希望广大科学家和科技工作者肩负起历史责任,坚持面向世界科技前沿、面向经济主战场、面向国家重大需求、面向人民生命健康,不断向科学技术广度和深度进军。"这为我国"十四五"时期乃至今后全面落实创新驱动发展战略、加快科技创新步伐指明了方向。坚持面向国家重大需求是科技创新和发展的重要原则。只有将国家重大战略需求放在首位,才能使科技惠及人民,实现人民生活美好、民族兴旺、国家富强的目标。

一、科技创新的重大意义

党的十八大强调:"科技创新是提高社会生产力和综合国力的战略支撑,必须摆在国家发展全局的核心位置。我们要实现全面建成小康社会奋斗目标,实现中华民族伟大复兴,必须集中力量推进科技创新,真正把创新驱动发展战略落到实处。"科技兴,则国兴;科技强,则国强。当代国际竞争实质上是一场以科技创新为核心的竞争。进入21世纪以来，科技日益成为衡量综合国力的重要因素。科技创新是科技发展的必然要求，是推动社会发展的重要力量。

（一）科技创新是时代进步的需要

中国特色社会主义进入新时代，这是我国发展新的历史方位。站在新的历史节点上，我们必须直面新时代社会主要矛盾的新变化，建设社会主义现代化强国，实现中华民族伟大复兴。党的十九大报告指出："我国社会主要矛盾已经转化为人民日益增长的美好生活需要和不平衡不充分的发展之间的矛盾。"新时代社会主要矛盾的根源在于经济社会的不平衡不充分发展，要解决这一问题，需要依靠科技创新。新时代推进中国特色社会主义事业，必须实施创新驱动发展战略，依靠科技创新培育新的经济增长点，加快经济发展方式转变；利用科技创新拓宽人民群众参与政治生活的渠道，实现全过程的人民民主；依托科技创新丰富文化传播媒介，促进文化产业的改造升级，传播主流意识形态；借助科技创新社会治理方式，提高公共服务水平、人民生活质量；凭借科技创新把握生态环境状况，保护和修复生态系统，推动绿色发展。总而言之，全面推动科技创新，统筹推进"五位一体"总体布局，实现科技创新自立自强，加快建成世界科技强国的步伐，是新时代坚持和发展中国特色社会主义的题中应有之义。

（二）科技创新是科技发展的需要

党的十八大以来，在"创新驱动"核心战略的指导下，我国科技创新实现了跨越式发展，国家创新能力指数连续3年迈进全球前15位，中国已经进入创新型国家行列。2021年，我国500米口径球面射电望远镜、杂交水稻、长江三峡水利枢纽工程、特高压输电工程等4个项目入选"2021全球十大工程成就"，这也展现了我国雄厚的科技实力。但是，面对建设科技强国、迈向创新型国家前列的战略新要求，面对美国等西方国家在供应链上的技术封锁，我们必须清晰地认识到，当前我国科技创新的整体实力仍有待提升，科学技术在一些关键领域仍然存在短板。如我国基础性研究投入不足、基础薄弱，导致原始创新能力不足，难以产出颠覆性技术产品；一些核心技术仍存在"卡脖子"的问题，如高端数控机床、芯片、光刻机、操作系统、医疗器械、发动机、集成电路等产品高度依赖进口。纵观历史，科学技术的每一次重大突破都会促进经济的深刻变革和社会的巨大进步。科技创新是推动现代生产力发展的支撑性力量，是科技发展的重要引擎。我国应紧随科技发展与创新的步伐，加大关键领域投入，努力发展成为科技大国、科技强国，为实现中国梦赢取更大的主动权。

（三）科技创新是未来发展的需要

人类历史上面临的每一次重大挑战，都是科技创新领域的重要机遇。新冠病毒感染疫情的全球性大流行，让全球发展被迫按下了"暂停键"。如何转危为机，把握发展机遇，是摆在世界各国眼前的难题。在抗击疫情、维护社会秩序的过程中，科技创新展现了巨大作用。一方面，疫苗和新药的研发、医疗设备的升级，推动公共卫生领域的创新突破；另一方面，疫情风险管理、线上教育、远程办公，催动大数据、人工智能等促进数字技术的转型升级。自疫情发生以来，元宇宙、共享经济、数字经济等新理念如雨后春笋般出现，为未来全球产业链的重构、经济的发展催生新的动能。当前，人工智能、量子科技、先进计算、5G及6G数字通信、健康与生命科学、纳米科技和新材料制造等领域成为各国科技博弈的焦点。世界主要发达国家纷纷加快科技创新的战略布局，试图抢占科技创新的制高点，世界科技格局将迎来更加严酷的竞争。在后疫情时代，唯有握住科技创新这把"利剑"，才能斩断疫情"魔爪"，书写未来发展之"答卷"，恢复经济社会的稳定发展，满足人民高品质生活的需要。

二、国家重大需求的问题导向和需求导向

新中国成立70多年来,我国高度重视科技创新发展,团结一致、艰苦奋斗,无数次地实现从"0"到"1"的突破,推动中国科技事业取得突破性的历史性成就。步入新时代,人们对高品质的生活需求,建设现代化强国向科技创新和发展提出了许多新问题。习近平总书记曾深刻指出:"当今世界正经历百年未有之大变局,我国发展面临的国内外环境发生深刻复杂变化,我国'十四五'时期以及更长时期的发展对加快科技创新提出了更为迫切的要求。"

(一)农业方面

早在新石器时代,华夏民族就开启了农业发展,借助天然的土地资源和人口优势,实现了长时间的自给自足。当前,我国在全球范围内仍是"农业大国",但距离"农业强国"还有很长距离。第一,农业"芯片"缺失。种子是农业的"芯片",我国种质资源丰富,但由于农业基础研究的不足,部分原创性新种质、新材料、新技术依赖国外进口,粮食安全受制于人。第二,农业科技成果转化率有限。新一轮农业科技革命正在兴起,绿色化、数字化、网格化将是未来农业发展的新趋势。为了避免浪费农业科技资源,提高农业科研成果转化效率,必须强化农业科技自主创新。第三,一些地区农业面源污染、耕地重金属污染严重。过去,为追求粮食高产,部分地区过量使用农业化学产品,破坏了土壤的原本结构,造成农业面源污染。工矿企业乱排废弃物,人们随意丢弃生活垃圾,导致耕地重金属污染严重。农业是人类的生存之本,是国家可持续发展的根本。如何为人民提供充足的、高质量的"菜篮子"和"米袋子",是摆在我们面前的重要难题。

(二)工业方面

新中国成立70多年来,我国已建成门类齐全、独立完整的现代化工业体

系，成为"第一制造大国"，工业经济规模居全球首位。但这并不意味着我国已成为工业强国。中国科学院大学公共政策与管理学院副院长、教授刘云曾在科技创新大会上指出，目前，我国研发投入总量排名世界第二，但研发强度与创新型强国之间有较大差距，特别是基础研究投入比例更低；科研人员总量世界第一，但高端人才缺乏；尽管科技创新能力有很大提升，但原始创新能力不足，关键核心技术受制于人。核心技术的研发具有长期性、持续性、高投入的特点，这直接导致我国在短时间内不能掌握核心技术，所以有些关键元器件、零部件、原材料我国只能依赖进口，并不能简单地模仿或复制。目前，有4项核心技术是我国未来需要研发的重点项目。第一，发动机。轮船、飞机等都离不开精密的发动机。第二，芯片技术。芯片之所以成为我国最大的进口项目，就是因为我国还不能够主导芯片材料、设计、生产预备的全套技术的任何一个环节。第三，光刻机技术。制作芯片的关键是光刻机。光刻机对精度要求极高，目前仅有荷兰、日本两个国家拥有先进的光刻机技术，我国只有突破这一难题，拥有高端的光刻机，才能将命运掌握在自己手中。第四，数控机床技术。数控机床的性能决定产品质量，我国目前只拥有中低端数控机床，要提高产品质量，还需要提升数控机床的性能，在这方面还有很长的一段路要走。

（三）能源资源方面

能源是推动国民经济发展的基础资源，能源安全直接影响到国家安全和社会稳定。我国地大物博、物产资源丰富，但与此同时，自然资源的有限性与能源资源需求的无限性形成强烈反差。随着经济社会的发展、人民生活水平的提高，工业制造、日常生活对能源资源提出了更高的需求，而我国石油、天然气储量较低，油气的勘探与开发、新能源技术发展不足，供不应求使得我国成为世界上最大的石油、天然气进口国，石油对外依存度达到70%以上。此外，水资源问题严峻。水资源短缺、污染严重、重复循环利用率偏低、空间分布失衡等问题，为国民生产生活带来许多困难与挑战。如果要通过开采地下水、海水淡化、污水资源化等解决水资源问题，都亟需强大的科技力量支持。

（四）生物医药方面

随着我国人口老龄化程度的不断加深，人民对医疗卫生的要求不断提升，使得我国在生物医药、医疗设备等领域的科技发展的相对滞后的问题日益凸显。一方面，生物医药关键技术差距明显。生物医药行业具有高投入、高风险、长周期的特点，在一定程度上考验企业的创新能力和融资能力，这也直接导致了生物医药企业成长缓慢，医药产品研发能力弱。所以，我国化学药品生产原创性新药少，难以解决老百姓看病贵、买药难问题。另一方面，高性能医疗器械匮乏。医疗器械行业是一个知识密集、资金密集的高技术产业，知识型人才的紧缺、资金链的短缺导致中国医疗器械行业发展缓慢、水平较低。目前，我国医疗器械企业产品线单一且受技术限制，主要生产技术壁垒中的中低端产品，相比国外医疗巨头，缺乏核心技术企业，高科技医疗器械的市场占有率低。

三、西方国家科技创新和发展的先进经验

二战以来，美国、德国、日本等一些发达国家在科技革命中把握先机，大兴科技事业，快速复苏经济，在科技发展领域先发制人，不断巩固本国在世界的领先位置，为其他发展中国家提供了科技创新和发展的经验。

（一）增强科技战略与规划设计

科技战略具有全局性和前瞻性，为国家科技创新提供制度保障。当前，谁占据了科技发展的制高点，谁就在国际竞争中把握了主动权。基于此，发达国家都制定了契合本国科技创新现状、引领未来科技发展的创新政策。美国作为世界唯一的超级大国，始终将科技创新和发展置于国家发展首要位置，

致力于研发超前性、颠覆性技术。2019年，美国发布《面向国家安全创建技术突破和新能力》明确军用关键技术的重点领域。次年，美国公开列出涵盖军用生物技术、材料技术、网络技术及航天技术等多个领域研发项目，指引美国科研工作的方向。2019年，俄罗斯政府为了加强基础科学研究，推进科学技术的转化与应用，出台了面向2030年的《国家科学技术发展计划》。该计划指出，近10年，俄罗斯政府将累计投入10万亿卢布支持科技创新和基础研究。日本政府高度重视科技创新的战略布局，形成了立国战略、基本计划、综合战略三位一体的科技创新战略体系。其中，立国战略是长期战略思想，基本计划为5年内的短期规划，综合战略直击年度科技创新重点。三者之间环环相扣、紧密相连，为日本科技创新的稳步发展提供切实保障。

（二）加大科技创新的投入

科技创新投入是提升科技创新效率的前提和基础，是支持创新产出的源头活水。因此，西方发达国家凭借其先发优势，在科技创新投入层面建立了系统的投入机制，支撑未来科技的持续产出。第一，制定科技计划，保障科技创新的正常投入。日本自1996年起每5年启动一次"科学技术基本计划"，制定科技立国战略，稳步增加科技创新投入，推进重点领域的研发；法国政府于2017年发布《高等教育与科研白皮书》，计划在未来10年在高等教育与科研领域增加100亿欧元的投入。第二，设立专门机构，推进科技创新的合理投入。美国形成了以联邦政府为中心，各大高校、科学院等积极参与的"多部门决策、中央协调"的管理体系；澳大利亚成立科技理事会，有效整合技术、卫生、国防等多个部门的意见和建议，保障了基础科学领域、关键前沿领域的有效投入。第三，实行优惠政策，鼓励企业加大研发投入。1986年的美国《国内税收法》规定，一切增加研发经费的商业公司和机构，可获得相当于新增值20%的退税；日本的促进基础技术研究税则和增加实验研究费税额扣除制度等税收政策调动了企业投入科技研究、从事研发活动的热情；英国力争推行研发税收优惠政策，连年提高企业研发支出税收提扣率，2018年已提升至12%。

（三）大力培育关键领域的专业人才

破解关键领域的技术性难题，不仅要有持续的科技研发投入作为物质基础，还要有一流的科技人才队伍提供智力支持。以美国、日本、德国等为代表的发达国家都拥有强大的科技人才资源，都将人才队伍建设作为关键环节，其培养科技人才的经验值得借鉴。美国的教育以创新意识的培养为核心，重视基础研究和学科交叉，为育人提供自由、宽松的创新氛围。例如，美国专门开设STEM（科学、技术、工程、数学）项目，鼓励学生实现深层次的学习，培养学生的科技理工素养。二战后，日本之所以能迅速崛起，离不开日本政府对人才教育的重视。在科技立国战略的指导下，日本针对"科技人才领域过窄"这一现实问题，实施教育改革，建立"官产学"一体的教育机制。首先，政府为学校、企业指明培养方向，即培养"能够将自然科学、社会科学与科技政策研究相结合"的创新型人才。其次，学校在基础教育阶段注重对青少年科学技术的启蒙，在高等教育阶段侧重培养跨学科创新型人才。此外，日本企业一方面为人才提供主要实验基地和科研中心，另一方面为高校科技人才提供科研实践的机会。德国始终活跃于世界科技强国前列，得益于其严谨的人才评价激励机制。德国的科技人才评价机制呈现出多元化、制度化、专业性的显著特点。德国的大学和科研机构拥有人才评价的绝对主动权。在评价标准上，偏重学术综合能力而不是片面看重文献数量；在评价方式上，采取同行评议的方法；在评奖激励上，设有莱布尼茨奖、洪堡教席奖等少而精的奖项，极大地调动了科技人才的科研热情。

四、科技创新和发展要坚持面向国家重大需求

党的十九届五中全会指出："坚持创新在我国现代化建设全局中的核心地位，把科技自立自强作为国家发展的战略支撑，面向世界科技前沿、面向经

济主战场、面向国家重大需求、面向人民生命健康，深入实施科教兴国战略、人才强国战略、创新驱动发展战略，完善国家创新体系，加快建设科技强国。"其中，坚持面向国家重大需求，就是坚持需求导向和问题导向，着力解决国家目前亟需解决的科技难题，为人民日益增长的美好生活需要提供力量保障，为中华民族伟大复兴的实现提供支撑性力量。

（一）发挥科技创新新型体制的优势

21世纪以来，我国科技事业发展势如破竹，自主创新能力稳步提升，国际影响力持续扩大，但同时必须清醒地认识到，我国在某些关键领域仍存在被发达国家"卡脖子"的情况，严重影响了我国经济社会发展目标的实现。党的十九届四中全会指出："加快建设创新型国家，强化国家战略科技力量，健全国家实验室体系，构建社会主义市场经济条件下关键核心技术攻关新型举国体制。"集中力量办大事是中国显著的制度优势，要解决"卡脖子"技术问题，将核心技术掌握在自己手中，离不开新型举国体制。过去，我们党团结带领着人民艰苦奋斗，研发"两弹一星"，发射神舟五号，培育杂交水稻，取得众多历史性成就。现在，我们更能够攻坚克难，建设科技强国。习近平总书记指出："我们最大的优势是我国社会主义制度能够集中力量办大事。这是我们成就事业的重要法宝。"我们要立足当前亟需解决的科技难题，建立国家科技攻关"白名单"，建立数字化、网络化新型管理系统，集中全国各方面人力、物力、财力，优化配置有限的科研资源，形成以国家级研发机构为中心的强有力研发队伍，最大限度地发挥各类创新主体的作用，为突破国外技术封锁，满足国家重大发展需要，实现科技创新和发展跨越式的进步提供强大的科技支持。

（二）改革国家科研经费管理体制

科研经费是科技创新的必要支持和条件。2020年，我国科研经费投入总量达到了24426亿元，占GDP比重达2.4%，总量稳居世界第二。然而，科研经费越来越多,"怎样花得有效"成了难题。一方面,要提高基础研究投入比重。新中国成立初期,"积贫积弱"是最大的国情,我们没有经济实力、科技能力进行基础科学研究,这为我国科技发展埋下了巨大的隐患。基础科学研究需要长时间、持续性的投入,才能达到厚积薄发的实效。因此,科研经费要向基础研究倾斜,重点支撑高校基础研究的发展。另一方面,要简化科研经费管理程序。习近平总书记强调:"要着力改革和创新科研经费使用和管理方式,让经费为人的创造性活动服务,而不能让人的创造性活动为经费服务。"科技创新前进的每一步都离不开科研经费。科研经费管理体制僵化,申报难、拨款慢束缚了科技人才的手脚,延缓了科技创新发展的速度。因此,在严格把关科研经费的同时,还要精简经费审批流程,建立"数字化""规范化"的管理平台,推动科研经费管理工作高效运行,为科研人员潜心研究提供必要的物质条件和保障。

(三)聚焦国家科技缺口领域人才培养

习近平总书记曾强调:"创新的事业呼唤创新的人才。""实现中华民族伟大复兴,人才越多越好,本事越大越好。"科技创新人才是世界科技比拼中的重要战略资源。要想掌握核心技术,突破国家科技难题,在科技战中占据制高点,必须聚焦国家科技缺口领域的人才培养。第一,发挥高校育才主阵地作用,为"卡脖子"领域输送高质量人才。高校拥有深厚的研究基础、强大的科研队伍、广阔的科研平台,是国家培育基础科研人才的"摇篮"。因此,高校要根据国家重大需要开设相应专业,提供师资力量,搭建稳固研究平台,营造良好科研氛围,发挥高校在稀缺领域人才培育中的重要作用。第二,统筹学校教育和实践锻炼,培养应用型科技人才。高质量科研人才必须拥有解决实际问题的能力,这不仅需要扎实的理论基础,还需要平时的实训积累。因此,在强调基础理论研究的同时,还要引导科研人才走向社会,学会用理论知识解决现实难题。第三,完善人才评价和激励机制,充分调动人才的创造性与积极性。当前,我国高等教育规模持续扩大,论文、专利数量不断攀升,但在某些核心领域还存在相对严重的技术空白。如果要改变当前现状,必须深入人才评价机制变革,实行分类评价和多元评价,在不同的领域设置不同的评价标准,落实同行评价、市场评价和社会评价机制,鼓励更多的科研人员钻研难点问题。

(四)强化产学研协同创新机制

习近平总书记明确指出:"深化科技体制改革,建立以企业为主体、市场为导向、产学研深度融合的技术创新体系,加强对中小企业创新的支持,促进科技成果转化。"面向国家重大需求的创新离不开产学研的深度融合,产学研合作创新机制将企业、大学、科研院3个创新主力军联合在一起,在政府、金融机构等相关主体的支持下,进行知识和技术的共享,打通了人才、金融、设备、信息、组织之间的联系,打破了科技经济"两张皮"的窘境。然而,我国产学研协作创新机制仍处于初级阶段,合作不稳定、效果不佳是最突出的问题。推进产学研机制,要努力做到:第一,着力发挥政府"润滑剂"作用。建立政府为主导的产学研管理机制,完善相关政策法规,协调企业、大学、科研院三方利益关系。第二,不断强化企业"龙头"作用。企业是以营利为目的的组织,对市场动向嗅觉敏锐,因此要突出企业在产学研中的带头作用,捕捉国家科技创新的最新需求,推动科技成果商品化。第三,充分调动高校、科研机构的积极性。高校、科研机构是产学研中的重要"引擎",为企业提供最新的科学技术和研究成果。因此,要为研究人员提供足够的试错机会,让科研人员在研发的过程中不再束手束脚;要为研究人员提供相应的科研报酬,激发高校、科研机构实现社会价值的意识。

科技创新事业发展要坚持面向国家重大需求,这是习近平总书记在科学家座谈会上的重要讲话中提到的"四个面向"之一,也是新中国科技工作一直保持的优良传统。坚持面向国家重大需求,就要坚持需求导向和问题导向,要注重从资源配置、基础研究、人才培养、科技改革等方面,加快解决制约科技创新发展的关键问题。科技兴则民族兴,科技强则国家强。坚持面向国家重大需求，在战略必争领域抢占科技制高点，不断借鉴西方发达国家科技创新的经验，提升我国科技创新能力与水平，必将为国家的繁荣富强和科技发展提供战略支撑力量。

[作者：李超民，湖南师范大学科研处副处长、马克思主义学院教授、博士生导师]

[作者：谢莹，湖南师范大学公共管理学院硕士研究生]

科技创新和发展要坚持面向人民生命健康

科技兴则民族兴,科技强则国家强。习近平总书记在2020年9月11日的科学家座谈会上强调,我国经济社会发展和民生改善比过去任何时候都更加需要科学技术解决方案,都更加需要增强创新这个第一动力,并嘱托广大科学家和科技工作者肩负起历史责任,坚持面向世界科技前沿、面向经济主战场、面向国家重大需求、面向人民生命健康,不断向科学技术广度和深度进军。

面向人民生命健康,给科技事业指明方向,成为新时期科技创新的主攻方向之一。虽然过去的科技发展解开了许多生命密码。但是,生命健康是一个复杂的问题,尚有许多未解之谜等待科学家去探索、去解答、去突破。

生命健康是宇宙的永恒主题,生老病死是生命健康的集中表现。在现实生活中,生老病死问题尚未完全解决。此外,新冠病毒感染疫情的全球大流行,更是让我们看到了生命健康的复杂性,以及人类面临健康威胁的隐蔽性。到目前为止,国内新冠病毒感染疫情虽然得到了有效控制,疫苗研发也取得了突破性成果,但是全球仍然没有消灭病毒、彻底控制疫情的能力。人类同疾病较量最有力的武器就是科学技术,人类战胜大灾大疫离不开科技创新和发展。要把疫情防控科研攻关作为一项重大而紧迫的任务，综合多学科力量，统一领导、协同推进，为打赢疫情防控的总体战、阻击战提供强大科技支撑。

总之，由于科技尚未能解决生命健康的所有问题，所以科技事业更要坚持面向人民生命健康，为生命健康提供更多的科技支撑。科技是国之利器，国家赖之以强，企业赖之以赢，人民生活赖之以好。中国特色社会主义进入新时代，我国社会主要矛盾转变为人民日益增长的美好生活需要和不平衡不充分的发展之间的矛盾。要保障人民生命健康，满足人民群众日益增长的美好生活需要，需要科学技术解决方案，让科技成果惠及人民生命健康，凸显以人为本、人民至上的价值理念。

面向人民生命健康，开启科技事业新局面，以人民生命健康为科技事业新的主攻方向，科技事业在人民生命健康领域将大有可为。

一、科技的原创动力

科技是科学和技术的统称，前者解决理论问题，后者解决实际问题。无数的社会实践告诉我们一个真理：科学技术是第一生产力。

TIP（技术创新计划）通过在国家关键需求领域进行高风险、高回报的研究，支持、促进和加速我国的技术创新。TIP具有灵活性，可以对转型研发进行有针对性的投资，通过持续的技术领先，确保我们国家的未来技术发展。

人民的需求尤其是健康的需求是科技创新和发展的强大驱动力。同时，科技创新对医学产生了巨大的影响，促进了医学诊断、治疗、研究技术的现代化，扩大了医学的范围，形成了医学模式的转变，也要求医生更新知识结构和传统观念。医学研究成果构成现代生物科技革命的一个重要部分，丰富了现代科学技术革命的内容。现代生物医药等高科技企业的迅速增长，保障生命健康水平的大幅度提高。

二、人民健康需求的增加

中共中央政治局于2016年8月26日召开会议，审议通过《"健康中国2030"规划纲要》。会议认为，健康是促进人的全面发展的必然要求，是经济社会发展的基础条件，是民族昌盛和国家富强的重要标志，也是广大人民群众的共同追求。党的十八届五中全会明确提出推进健康中国建设，从"五位一体"总体布局和"四个全面"战略布局出发，对当前和今后一个时期更好保障人民健康作出了制度性安排。编制和实施《"健康中国2030"规划纲要》是贯彻落实党的十八届五中全会精神、保障人民健康的重大举措，对加快推进社会主义现代化建设具有重大意义。同时，这也是我国积极参与全球健康治理、履行我国对联合国"2030可持续发展议程"承诺的重要举措。党的十八大以来，以习近平同志为核心的党中央坚持以人民为中心的发展思想，把人民健康放在优先发展的战略地位，全面推进健康中国建设。

我国健康领域改革发展成就显著，人民健康水平不断提高，但一些新情况和新挑战的出现，需要统筹解决关系人民健康的重大和长远问题。《"健康中国2030"规划纲要》是今后推进健康中国建设的行动纲领。要坚持以人民为中心的发展思想，牢固树立和贯彻落实创新、协调、绿色、开放、共享的新发展理念，坚持正确的卫生与健康工作方针，坚持健康优先、改革创新、科学发展、公平公正的原则，以提高人民健康水平为核心，以体制机制改革创新为动力，从广泛的健康影响因素入手，以普及健康生活、优化健康服务、完善健康保障、建设健康环境、发展健康产业为重点，把健康融入所有政策，全方位、全周期保障人民健康，大幅提高健康水平，显著改善健康公平。

健康中国建设既关乎民生福祉，又关乎国家全局与长远发展、社会稳定和经济高质量发展，具有重大战略意义。健康科技是国家科技创新体系的重要组成部分，是全面推进健康中国建设的动力所在，是满足人民群众日益增长的健康需求的重要支撑。

全面推进健康中国建设需要以科技创新为支撑。习近平总书记指出:"纵观人类发展史,人类同疾病较量最有力的武器就是科学技术,人类战胜大灾大疫离不开科学发展和技术创新。"正是依靠科学技术发展,人类才拥有了同疾病搏击、战胜大灾大疫的有力武器。面对突如其来的新冠病毒感染疫情,我们能够率先控制住疫情,离不开尊重科学、充分发挥科技的力量。没有全民健康,就没有全面小康。全面推进健康中国建设需要科技赋能、科技支撑。从新药的研制、高精尖医疗器械的研发,到医疗科技创新成果的广泛应用,再到网络信息技术创新与医疗产业的结合,可以促使医疗领域发生翻天覆地的变化。全面推进健康中国建设,离不开科技创新的有力支撑。

三、科技助力满足人民的健康需求

人民对美好生活的向往,最基本的需求就是生命健康。科技工作面向人民生命健康,必须聚焦人民关心的重大疾病防控、食品药品安全、人口老龄化等重大民生问题,加大对医疗卫生领域的科技投入力度,加强对公共卫生事件的监测预警和应急反应能力,加快生物医药、医疗设备、健康、环保等领域的科技发展,依靠科技创新建设低成本、广覆盖、高质量的公共服务体系,发展低成本疾病防控和远程医疗技术,让科技为人民生命健康保驾护航。

新冠病毒感染疫情严重影响了人民的健康甚至生命,我们党始终把人民群众生命安全和身体健康放在第一位,首先考虑尽最大努力防止疫情传染,尽最大可能挽救生命:从刚出生的婴儿,到年逾百岁的老人,我们不放弃一个患者;从最优秀的医生,到最先进的设备,我们集中医疗资源进行全力救治。同时这也给广大科学工作者尤其是医学科学工作者提出了迫在眉睫的任务。

相信科学、尊崇科学、依靠科学,才能有效遏制疫情蔓延。党和政府把科学精神、科学态度贯穿到决策指挥、病患治疗、技术攻关、社会治理等各个环节:中国第一时间分离鉴定出病毒毒株并向世界共享病毒基因序列;第一时间研发出核酸检测试剂盒；实行中西医结合治疗，先后推出10版诊疗方案；中国的多款新冠病毒疫苗进入临床试验，以保障国人乃至世界人民的生命健康。

在这场伟大抗疫的实践中，在党中央的坚强领导下，"人民至上、生命至上"理念融入每次抗疫行动中，科技这一战胜疫情的有力武器得到了最有效的应用。医学、药学、生物学、计算机、大数据、人工智能、智能制造……不同学科、不同领域的科技力量都被凝聚起来，最大限度地保护人民生命安全和身体健康。

新冠病毒感染疫情也让我们看到了社会治理的一些短板和不足。面对重大公共卫生事件、疑难重大疾病，医疗资源不足会给人民群众带来生命健康威胁。这警示我们，要把"面向人民生命健康"作为科技事业发展的新方向。

现在，筑牢人民健康的堤坝比过去任何时候都更加需要科学技术的支撑，更加需要增强创新这个第一动力。广大科学家和科技工作者，尤其是医学科技工作者要肩负起历史责任，在构建国家医学科技创新体系、引领推动健康产业发展、构建人类卫生健康共同体上作出应有贡献，不断向科学技术的广度和深度进军。

四、科技创新面向人民生命健康值得突破的领域

科技的进步不仅提高了我们的生活水平，相信未来我们的生命价值更会因科技的进步而得到保障。随着科学的发展和人民健康需求的增加和多样化，催生了各个领域的创新实践，大有百花齐放的趋势。

1. 微创治疗减轻病人痛苦。微创，顾名思义，就是微小的创口、创伤，是指在手术治疗过程中只对患者造成微小创伤、术后只留下微小创口的技术，是相对于传统手术的科技成果。科技推动医学革命，带来了微创治疗技术的崭新发展，减轻了病人痛苦，提高了诊断的准确性与速度。

2. 医疗器械的创新和革命。比如机器人，甚至可以在提供指导或远程协

作的情况下使用。在社交和专业环境中，有效的沟通是一个关键因素，其中包括分享不止一个人的技能和行动。但是，有时候在遥远的环境中，当分开参与者时，从不同的角度进行合作是很困难的。而机器人恰恰可以解决这个问题。除了有自己的大脑外，它会让你觉得自己有三头六臂，这大大提高了患者的治疗水平。

3. 大力开展新药和高端医疗器械等重大产品攻关，积极建设市场导向的绿色技术创新体系，加快推进公共安全防控与应急技术攻关，全面提升防灾减灾的科技创新能力，形成面向人民生命健康的新发展格局。

4. 安全医疗服务增强人民的幸福感与获得感。推进前沿科技、智能预测、风险感知和应急联动的融合发展，进一步加大安全风险防范技术的研发投入，建立应对多重安全风险的科学防范标准体系，加强安全防范科普工作，不断提高面向人民生命健康的应急保障能力与水平。

5. 发展数字生态系统，提升智慧医疗服务能力，加速健康领域数字化进程，为创造美好生活提供支撑。大数据时代，智慧医疗从初期的概念普及到后来的技术研发与场景应用都取得了一定的成果，在新基建的推动下，全民健康医疗必将引来新一波发展热潮。5G急救、远程会诊与手术、医疗数据管理等智慧医疗手段将打通医疗行业上下游生态，改变医学模式。

6. 人工智能远程诊断与院后管理，变革未来医疗领域。这种模式实现信息的获得性与技术性，它的出现也将会给人民带来更大的福音。不仅可以减少很多烦琐的、耗时耗力的工作，还可以获得更多信息。人工智能整合分析医疗数据形成健康管理体系。它打破科室与地域界限，跨界实现资料整理、汇总、分析，更好地服务于人民的健康需求。

7. 加强数据的管理，为医疗数据的产生、储存、查询、分享和分析提供必要的支持和保障。因为数据化的智慧医疗作为一套融合物联网、云计算等技术，以患者数据为中心的医疗服务模式，以及生命科学和信息技术交叉学科，为用户提供医疗健康互动服务保障，也逐渐成为未来生活必不可少的一部分。比如我们可以集中体检数据，分配个人查询档案数据权限。同时，海量的医疗数据想要实现共享，需依靠国家、政府部门的协调。

总之，我们须进一步加强医学科技创新体系建设，助力医疗行业的数字化转型，优化医学科技发展的组织模式，加快推进智慧医疗的技术突破，促进数字化医疗服务的普及推广，加速健康产业的变革发展，真正实现科技为民、科技便民、科技惠民。

五、科技创新促进人民健康的实现步骤

实现科学技术为健康服务是一个崭新的方向，同时也是大有可为的事业，但还需要很长的路要走，值得每个科技工作者尤其是医学科技工作者上下求索。

我国的医学科技创新体系尚未形成整体优势，在医学科技创新的能力与产出、体系与机构、投入与支持等关键方面还存在不足。具体表现在基础研究能力和原始创新能力亟待加强，科技资源统筹机制和自主可控的创新体系有待完善，医学科技创新投入与投向的引导性仍需提升，等等。我国医学科技在总体创新体系和创新能力上与世界先进国家相比还有较大差距，离实现为建设世界科技强国提供强有力支撑的目标还有很长的路要走。

不断向科学技术的广度和深度进军，为"面向人民生命健康"提供强有力的科技支撑，这就要求我们遵循医学科技创新规律、深化科技体制改革、建设国家医学科技创新体系、建设新型国家医学科学院，使各类创新主体有效联动，形成研究领域完整、学科体系完备、转化平台完善的协同创新网络。新时代，我国医学科技工作者肩负着更大的使命，需要有更大的担当。

要有战略的眼光，加强医学科研的布局。健全科研布局，需要整合国家最优医学研究资源，按照国家战略需求，采取"中心网络"的建设方式，进行优化组合、系统集成，实现基础医学、临床医学、预防医学、公共卫生、护理学、药学、生物医学工程、卫生管理与政策等重要医学学科领域的全覆盖。将国家医学科技创新体系建设与医学领域国家实验室组建相结合，围绕

服务国家目标的重大科技命题持续攻关。同时，坚持开展长周期、高难度研究，培育立于全球医学科技前沿、可承担国家使命的创新战略力量。

同时注意理论与实践相结合。"穷理以致其知，反躬以践其实。"作为我国科技发展的重要主体，广大医学科研工作者应当进一步尊崇和弘扬科学精神，把论文写在祖国的大地上，把科技成果应用在实现社会主义现代化的伟大事业中，应用在人民群众的实际需求中。面向科学技术的未来，我们要大力弘扬科学报国的光荣传统，追求真理、勇攀高峰的科学精神，勇于创新、严谨求实的学术风气，自觉把个人理想融入国家事业发展全局，瞄准经济社会发展特别是事关国家安全的重大工程科技问题，推进我国科技进步；把满足人民对美好生活的向往作为科技创新的出发点和落脚点，把惠民、利民、富民、改善民生作为科技创新的重要方向。

加强机制的创新，随着社会的发展和改革的不断深化，革除一些体制机制的弊端。当前，我国医学科技创新还面临一些体制机制弊端的制约。不断向科学技术广度和深度进军，要求我们在尊重医学研究特殊性和专业性的基础上，借鉴国际经验，加快推进设置合理的医学学术与研究体系。建立健全体制机制要在载体平台上下功夫，如构建能够引领统筹国家医学研究大格局的国家级医学研究机构，开展高水平战略与政策研究，为国家医学科技发展提供战略、业务和组织保障，并能够承担起引领我国医学科技创新的职能。

建立更为科学合理的学术评价体系。以科技成果维护人民生命安全和身体健康，需要进一步深化科研评价体系改革，充分激发科研人员的创新活力。比如"SCI论文至上"的科研评价体系，片面根据SCI期刊的喜好来确定研究方向。长此以往，会导致科研人员研究课题同我国实际需要相脱节，也会降低我国科研资金的投入产出比。为有效改变这种状况，需要建立科学合理的学术评价体系，破除过度看重论文数量、影响因子而忽视标志性成果质量、贡献、影响等"唯论文"的不良导向，让更多的论文、成果和前沿科技服务于经济社会发展和广大人民群众，形成理论与实践的良性互动。

加强对医疗科技创新领域的资源投入。为"面向人民生命健康"提供强有力的科技支撑需要加大投入，这个投入是全方位的，不仅有经济上的投入，还有人才队伍上的投入。应当看到，世界医学科技迅猛发展，对人民健康、经济发展和国家安全的影响日益显著。这些客观情况要求我们的投入是动态的、连续的。可以设立常态化国家医学健康科学基金，重点支持临床医学、公共卫生学、转化医学研究以及基础性科研工作，进一步提升医学领域科技投入在国家总体科技投入中的占比。

加强人才的培养，强化教育体制。教育机构尤其是高等医学教育机构要创新人才培养机制和教育方法，为国家现代化建设培养更多合格人才、创新人才，培养更多立足国情、立足实践、善于把理论研究成果转化为实践成果的科技人才；不仅要培养学生的专业知识和专业技能，更要帮助他们形成正确的价值判断、道德标准，厚植学生的爱国主义情怀，引导学生把个人理想自觉融入民族复兴伟业。要加强学科建设，重点开展自由探索的基础研究，加强和科研院所合作，推动目标导向研究和自由探索相互衔接、优势互补，形成教研相长、协同育人新模式。

把科技的成果应用到日常为人民服务中，运用到预防和治疗疾病的实践中。从医疗发展的角度来看，"互联网+智慧医疗"正是当前医疗中运用的新技术。采取信息化的手段，对全民的健康状况进行全面筛查，才能对全民健康进行管理，同时依托各种医疗机构的辅助功能，承担起健康重托。在医疗实践过程中，将设备、大数据、互联网结合起来，对人进行管理，一方面有利于提高效率，另一方面推进了精细化管理。健康管理与互联网结合是大势所趋，也是全球医疗发展的方向。

六、科技创新和人民健康相辅相成

科学技术是人类同疾病较量最有力的武器，人类战胜大灾大疫离不开科学发展和技术创新。比如在抗击新冠病毒感染疫情中，科学技术发挥重大作用，为战胜疫情提供了强大支撑。全国抗击新冠病毒感染疫情斗争取得重大战略成果的实践再次证明,把人民健康放在优先发展战略地位,要尊重科学、依靠科学。

全面推进健康中国建设需要推动健康科技创新。健康中国与科技创新融合将促进多个前沿学科交叉研究,从学科层面推动健康科技的创新发展,包括医学与光学、电子、材料、纳米技术、生物信息、大数据等领域的结合等。推动健康科技创新要求我们做好多种前沿先进技术的落地和应用工作,而前沿学科的理论和技术突破也将为健康事业发展提供动力和支撑,并形成新的经济增长点。

同时,全面推进健康中国建设又为科技创新提供了新机遇。随着人民群众多层次、多样化健康需求的持续快速增长,健康产品、健康服务等总需求急剧增加,对健康产业规模、健康管理模式等的要求也相应提高。大健康产业是先进制造业和新兴服务业深度融合的新型产业。以生物技术和生命科学为先导,涵盖医疗卫生、营养保健、健身休闲等健康服务功能的健康产业,已经成为21世纪引导全球经济发展和社会进步的重要产业。随着生物、信息等多学科交叉融合的发展,科技发展、技术升级将推动产业进一步升级和融合,还将推动健康产业交叉汇聚、跨界融合发展。健康产业将与互联网、现代农业、智能制造、文化旅游等产业深度融合,同时不断催生各种新产业、新业态、新模式。近年来,"互联网""物联网"以及人工智能等新技术正在为健康产业带来重大变革,大健康产业形成了极具潜力的产业蓝海。

七、科技创新促进生命健康的国际经验与借鉴

医疗健康和护理不断发展和改进。我们已经从许多疾病被认为是无法治疗的时代,迈入一个普通民众都可以接受良好的医疗健康保健和治愈许多疾病成为现实的时代。这一演变的核心是科技发展,科技发展促进人民的生命健康保健进入一个崭新的时代。

随着分子生物学及基因组学研究的飞速进展,许多国家看到了将该项技

术应用于人类健康、应用于治疗人类疾病的契机。科技发达的国家诸如美国，在2011年由美国科学院、美国工程院、美国国立卫生研究院及美国科学委员会共同发出倡议"迈向精准医学"。梅纳德·奥尔森博士，作为著名基因组学家参与起草了美国国家智库报告《走向精准医学》。该报告提出要通过遗传关联研究和与临床医学紧密接轨，来实现人类疾病的精准治疗和有效预警。4年后，美国总统在国情咨文演讲中提出了"精准医学（Precision Medicine）"计划，呼吁美国要增加医学研究经费，推动个体化基因组学研究，依据个人基因信息为癌症及其他疾病患者制定个体医疗方案，为每个病人创造符合自己个人特征的、量体裁衣式的治疗方案，从而极大地促进医学和人类健康的发展。

癌症是当今世界的一项重大课题，许多人被癌症夺去了生命，让人闻之色变。著名医学家帕斯卡尔说："人只不过是一根苇草，是自然界最脆弱的东西。"唯有科学技术的发展，以及更多的高层次人才在医学领域的不断积极探索和突破，才能在死神和病魔面前，使人类"保持尊严和气质"成为可能。为此，NHS（英国国家医疗服务体系）做了许多卓有成效的努力。NHS投入更多的资金和人力，积极鼓励癌症方面的研究，在英国全国范围内建立一套体制，通过科技和管理制度的创新，极大地改善了癌症的预防和治疗。

在科技创新促进人类健康方面，我们的邻居日本也做了许多很好的工作。iPS细胞一般指诱导多能干细胞。日本学者武部贵在2013年通过iPS技术反复进行各种细胞混合试验，最终创造出脏器移植所需的人工脏器，在将来可能具有改变器官移植模式的划时代意义。肝脏是人体最大的脏器，功能非常复杂，如果移植可以成长为肝脏的脏器，不久身体就会恢复正常功能，而且疾病不再复发。还有一些新的技术不断应用于生物医学领域，比如3D打印技术。还有具有划时代意义的一些新设备，比如日本的鹤冈女士发明了一种小型设备，可以安装在马桶上，人每次小便后，该装置可以检测其尿成分，通过身体变化预测生活习惯方面的疾病，以便及早发现疾病，可以有效提高治愈率，为医疗保健提供了一种全新的思路。

八、科技创新促进人民健康的发展与展望

当前，人民对健康生活的需求不断提升，卫生健康事业在国家战略中的地位也在不断上升。人民群众多层次、多样化的健康需求还会持续快速增长，所以国家对于医学科技创新也将提出更高要求。

在保障人民生命健康方面，科技事业的发展必将是一大助力，也必将推动与生命健康相关的科学研究迈上新台阶，带动生命健康产业进入快速发展新阶段，并进一步夯实人民幸福生活的健康基础。

人民健康是社会文明进步的基础，是民族昌盛和国家富强的重要标志，也是广大人民群众的共同追求。习近平总书记在教育文化卫生体育领域专家代表座谈会上强调要把人民健康放在优先发展战略地位，在科学家座谈会上将"面向人民生命健康"列为科技工作的"四个面向"之一。历史和现实都充分证明，卫生健康事业发展必须依靠科技创新的引领和推动，保障人类健康离不开科技发展和技术创新。

"四个面向"既为我国科技发展明确了新坐标，也为我国医学科技工作提供了根本遵循。其中，"面向人民生命健康"的提出，充分表明生命安全和身体健康已经成为人民日益增长的美好生活需要的重要内容，彰显了以习近平同志为核心的党中央保障人民群众生命安全和身体健康的坚定决心。在实现"两个一百年"奋斗目标的历史进程中，卫生健康事业始终与国家整体战略紧密衔接并发挥着重要支撑作用。在全面建设社会主义现代化国家新征程上，全面推进健康中国建设，需要在普及健康生活、优化健康服务、完善健康保障、建设健康环境、发展健康产业等方面下大功夫、真功夫。

[作者：公磊，北京清华长庚医院主治医师，医学博士]

[作者：赖家材，北京大学信息工程学院兼职研究员，高级经济师、高级工程师]

科技创新和发展要坚持需求导向和问题导向

科技创新和发展要坚持"四个面向",即"面向世界科技前沿、面向经济主战场、面向国家重大需求、面向人民生命健康"。这是坚持创新驱动发展、全面塑造发展新优势的根本遵循和行动指南。科技创新必须坚持需求导向和问题导向,实践和社会的需求是谋划科技发展的目标和意义。

一、需求牵引科技创新和发展

(一)我国的急迫需求

2020年9月11日,习近平总书记在科学家座谈会上的讲话指出,当前我国经济社会发展、民生改善、国防建设面临许多需要解决的现实问题。

农业上,科技成果转化与应用水平过低,成果与应用脱节已成为目前我国农业科技创新体系面临的最大难题之一。近年来,我国每年通过评估的农业科技成果约8000项,但有效转化的成果仅占40%左右。此外,我国在农业设施投入上与国外相比仍有较大差距,设施水平有待提高。我国多数的日光温室为使用者以土法建造而成,其投资不高于100元/平方米。而以色列的现代化温室须投资500元/平方米,美国的现代化温室仅覆盖的聚碳酸酯硬质塑料板就要投资190元/平方米。

在工业上，许多产业尤其是中高技术密集度产业在关键技术上的缺失给我国未来工业发展带来了很大的局限性。制造业产品链或者产业链所需的核心关键零部件、关键材料缺失也是我国工业发展的一大痛点。通过工信部对全国30多家大型企业中的130多种关键基础材料的调查发现，中国仍有大约32%的关键材料是缺失的，大约52%的关键材料依靠进口。

在信息产业方面，尽管在"十三五"期间，磁性材料、覆铜板材料、电子铜箔材料、光纤及预制棒、太阳能硅片等材料的产能规模及产量连续多年位居全球第一，并在半导体材料、电子封装材料、显示材料等方面也取得了较大的技术进步与发展，如集成电路大硅片、电子气体、靶材、碳化硅材料、显示用液晶材料、微电子封装基板等材料新技术都取得了一系列突破，但整体而言，我国电子材料发展仍存在企业规模小、高端产品不足、创新投入少等问题，尚不能满足我国快速发展的电子信息产业的需求，且在"十四五"期间，我国电子信息产业发展面临新形势、新特点，在国家对5G、人工智能、工业互联网、物联网等"新基建"加速推进、形成"双循环"新格局的形势下，新型显示、集成电路等产业加速向国内转移，在带来新的应用前景的同时也对战略性先进电子材料提出了迫切需求。

在软件服务业产业方面，尽管我国已经大力推行信息化建设，重视国有自主软件的开发和使用，但就当前形势来看，主流软件的开发权依旧由欧美国家所主导，在操作系统和数据库管理系统等方面，我国尚不具备自主研发的实力和水平。尽管我国已经意识到自主研发系统的重要性，也陆续推出了"深度操作系统""中标麒麟""统信UOS""COSIX""红旗Linux"等操作系统，但由于各个方面的原因，并未在操作系统领域占据一席之地。开发自主研发的操作系统已成为我国打破国外操作系统垄断，实现信息化建设的最迫切需求。

在医疗产业方面，随着人民对健康生活的要求不断提升，医疗设备以及相关技术的相对落后问题也越发凸显。例如，美国心跳骤停病例抢救成功率在10%上下，个别条件较好的大城市甚至可以达到30%；而我国每年的50余万例心跳骤停病例中，即使在大城市抢救成功率也不足3%。这些问题都是我国在发展经济、改善民生时需要解决的短板和弱项。在前所未有的百年之大变局中，国家对战略科技支撑的需求比以往任何时期都更加急迫。氢能源、锂电池技术亟需进一步成熟，海洋碳汇和森林碳汇技术亟需进一步开拓和发展。

此外，随着碳达峰、碳中和目标的确立，亟需一场新技术的变革，以实现当前我国能源结构的深度调整。据测算，我国的二氧化碳总排放量预计到2030年前达到峰值，达到110亿吨左右。而我国目前的碳汇吸收碳的能力大概是10亿吨。由此推算，如果要在2060年前实现碳中和，则意味着要减少超过90%的碳排放量。而化石能源的燃烧是碳排放的主要来源，所以"解绑"化石能源依赖势在必行，这就凸显出我国对相关技术的依赖和需求。

（二）我国的长远需求

当前我国发展面临的国内外环境发生了深刻而复杂的变化，我国"十四五"时期以及更长时期的需求也随之变化。目前我国的长远需求主要体现在以下几个方面：

1. 党的十九大首次提出的高质量发展理念对我国的经济发展提出了更高的要求，高质量发展的根本取决于经济的活力、创新力和竞争力，而这些属性的提高与科技创新和发展有着紧密的联系。

2. 党的十九届五中全会将"民生福祉达到新水平"作为"十四五"时期我国经济社会发展的主要目标之一。为了增进民生福祉、提高人民生活品质，就需要让科技创新成果惠及民生，发展出更多便利人民群众的创新产业。

3. 党的十九届五中全会通过的《中共中央关于制定国民经济和社会发展第十四个五年规划和二〇三五年远景目标的建议》提出，要加快构建以国内大循环为主体、国内国际双循环相互促进的新发展格局。产业循环的平稳运行也需要科技实力来为各级产业链、供应链保驾护航。

4.《中华人民共和国国民经济和社会发展第十四个五年规划和2035年远景目标纲要》提出的"开启全面建设社会主义现代化国家新征程"继承并发扬了"四个现代化"的思想要领，将科学现代化视为我国建设社会主义现代化国家的重要目标。习近平总书记指出，目前我国经济社会发展和民生改善比过去任何时候都更加需要科学技术解决方案，都更加需要增强创新这个第一动力。

同时，在激烈的国际竞争面前，在单边主义、保护主义上升的大背景下，我们必须走出适合国情的创新路子，特别是要把原始创新能力提升摆在更加突出的位置，努力实现更多"从0到1"的突破。

（三）需求牵引我国科技创新发展

面对我国在经济发展、民生改善以及国防建设的一系列急迫需要和实现高质量发展、增进民生福祉的长远需求，社会各界积极采取措施，大力发展科技创新，取得了优异的成果。

在制度及政策上，我国基本形成了"科研机构+高等院校+企业+新型主体"的多层次、多主体参与的科技创新体系，印发了《国家中长期科学和技术发展规划纲要（2006—2020年）》《国家创新驱动发展战略纲要》《关于新形势下加快知识产权强国建设的若干意见》等一系列激励和规范科技创新体系的纲要文件。

在农业发展上，2018年规模以上农副产品工业企业研发投入为261亿元，比2011年的47.83亿元增长了4.46倍。针对我国水稻产量不足、部分贫困地区不能解决温饱问题的需求，以袁隆平院士为首的中国科学家于2018年在云南省个旧市创造了水稻每亩平均单产达到1152.3公斤的纪录，刷新了世界水稻大面积种植产量的纪录。

在工业上，我国在基建、通信、高速铁路及重载铁路等多个领域取得了世界领先的地位。为了我国人民日益增长的美好生活对交通的需求，我国大力发展了各种复杂地质及气候条件下高铁建造成套技术，同时自主研制了复兴号动车组，树立起世界高铁建设运营的新标杆。在当今信息革命以及物联网高速发展的大环境下，我国包括华为、中兴通讯、中国通信技术研究院在内的企业和各级机构都积极发展5G通信技术。

恩格斯说："社会一旦有技术上的需要，这种需要就会比十所大学更能把科学推向前进。"正是国家、民众的需要驱动着我国科技的高速发展，才使得我国在多个领域处于世界领先水平。

二、"卡脖子"问题驱动科技创新和发展

（一）我国的"卡脖子"问题

"卡脖子"问题是一个被持续热议的问题。所谓"卡脖子"问题，是指那些我们国家尚未完全掌握的前端技术及其相关的产品，如芯片、航空发动机等，而这些技术又恰恰对于国计民生乃至国家安全十分重要。缺少这些技术或产品，将严重影响国家的发展与安全。但是，掌握这些技术和产品的国家及相应的厂商又不准或不愿意将其提供或销售给中国。尤其是在当前全球性经济危机与社会危机叠加发生、国际政治经济秩序面临深刻调整的复杂国际形势中，由于霸权主义、地缘政治和商业利益等原因，国与国之间相互对抗，国际贸易秩序被破坏，各国对战略性技术和物资进行相互"断供"，这给我国的经济、民生发展带来了严重的影响。

制造业是我国"卡脖子"问题的重灾区，近年来美国对中兴等中国企业的制裁更让国人意识到加强基础研究、夯实工业发展基础的重要性。我国工业基础的现状是中国制造业大而不强，其中的原因有很多，主要是缺乏核心和关键共性技术。关键基础零部件元器件、关键基础材料、先进基础工艺及相应的产业技术基础，简称"四基"。"四基"的薄弱已经成为制约我国工业由大变强的关键，也是我国提高技术创新能力和全球竞争力的瓶颈所在。

我国的"卡脖子"问题主要集中在以下领域，包括光刻机、芯片、操作系统、航空发动机短舱、触觉传感器、真空蒸镀机、手机射频器件、iClip技

术、重型燃气轮机、激光雷达、适航标准、高端电容电阻、核心工业软件、(ITO)靶材、核心算法、航空钢材、铣刀、高端轴承钢、高压柱塞泵、航空设计软件、光刻胶、高压共轨系统、透射式电镜、掘进机主轴承、微球、水下连接器、燃料电池关键材料、高端焊接电源、锂电池隔膜、医学影像设备元器件、超精密抛光工艺、环氧树脂、高强度不锈钢、数据库管理系统、扫描电镜等。

(二)"卡脖子"问题的危害

"卡脖子"问题对我国发展带来的负面影响是多方面的。一方面,关键技术受制于人使得我国许多产业的转型升级和国际竞争力的提升受到限制。例如我国部分制造业的一些重要零部件和工艺技术主要从国外引进,陷入了"引进—落后—再引进"的恶性循环。在贸易相对自由的背景下,我国以昂贵的价格购买关键材料和零部件,造成产业链的大部分利润外流,阻碍了我国制造业的发展。另一方面,"卡脖子"问题对国家信息安全造成重大威胁,随着信息时代的到来,我国对互联网技术的需求越来越大,但由于互联网的发展比西方国家晚了100余年,在网络安全以及信息技术的发展上仍有不足。例如,我国的大部分民用电脑以及部分政府使用的电脑操作系统都来源于美国微软公司,但在2016年举办的C3安全峰会中,中国工程院院士沈昌祥表示,微软Win10在各个端口全面执行可信版本,将对中国的网络安全构成严重威胁。因此,大力推动科技创新,解决关键技术缺失的"卡脖子"问题,既是响应我国发展急迫需求,保障各个产业有序发展的重要举措,又是从根本上突破美国等发达国家对我国的遏制、打压,以加快提升我国产业国际竞争力和综合国力的根本之道。

(三)"卡脖子"问题驱动我国科技创新和发展

"卡脖子"问题尽管近期被持续关注,但这种现象自新中国成立以来就一直存在。1950年,在美国多次的核威胁下,我国决定进行原子弹研发工作。

正式的研究开始于1957年下半年，当时的苏联决定向中国提供原子弹和导弹研制方面的技术和装备。但从1958年起，中苏关系迅速恶化，苏联单方面撕毁协约，拒绝向中国提供技术和装备援助。尽管如此，我国的研究脚步却没有中止，虽面临着重重困难，但在党中央的坚强领导下，在人民的不断努力下，最终研发出核弹技术。随着1964年10月16日第一颗原子弹的试爆成功，中国从此不再惧怕美国、苏联的核威胁，原子弹技术的研究成功大大提高了我国的国际地位，增强了民族自信心。中华民族是百折不挠、不惧艰险的坚强民族。由于发展起步较晚带来的科技差距以及技术缺失不仅不会压弯我们的脊梁，反而会激发出我们自主创新、不断前进的斗志，随着中国的不断发展，越来越多的"卡脖子"问题不再是我们发展的束缚。

21世纪初，我国的国防军工碳纤维材料全部依赖进口，军工业发展受制于人，但在以两院院士师昌绪先生为首的科研团队不畏艰难的刻苦攻关下，我国高性能纤维制备科学技术与应用技术取得了重大突破，从完全依赖进口、无法制备出合格的T300级碳纤维的极为窘迫尴尬状况，到目前已建立较为完整的产业体系。由此可以看出，"卡脖子"问题不会成为我国发展的障碍，只会成为国民自主创新、突破技术壁垒的动力。

三、我国当前研究现状与不足

（一）科技创新的现状

王娜教授在《中国科技创新思想演变的内在逻辑及历史经验》中列举了我国在科技创新方面出台的一系列重要政策文件。2015年3月出台的《中共中央、国务院关于深化体制机制改革加快实施创新驱动发展战略的若干意见》，明确了从"创新体系建设"向"创新驱动发展战略"的转变。2016年5月，中共中央、国务院发布的《国家创新驱动发展战略纲要》明确提出到2050年建成世界科技创新强国"三步走"的战略目标。2016年8月，国务院正式印发《"十三五"国家科技创新规划》，承袭了中国制定科技计划推动科技创新的优良传统，明确"十三五"时期科技创新的总体思路、发展目标、主要任务和重大举措。这一时期，我国非常密集地出台了一系列科技创新的整体规划，这在新中国成立以来是比较少见的。这也表明中国的科技创新思想进入了新阶段。科技创新成为驱动国家发展的第一动力，涉及知识创新、技术创新、制度创新等多个主体；基础研究投入、科技成果产业化、创新生态环境多层面的系统创新工程，形成了整体的顶层规划。

杨孝青教授指出，党的十八大以来，我国在量子通信、人工智能、基因工程、高铁、5G网络、超高声速以及太空探索和利用等关键领域的科技创新取得了骄人的成绩，已处于国际"同行者"甚至"领跑者"的水平。《2021年全球创新指数报告》显示，我国是跻身全球创新前30名的唯一一个中等收入经济体国家，这表明我国的创新在国际舞台上已开始展现竞争力。但也要认识到，我国与发达国家在创新方面仍存在一定差距，尽管现在这种差距在不断缩小。

总的来看，与发达国家的科技创新能力相比，我国的基础还不够扎实，创新水平的差距还十分明显，甚至在少数领域的差距有扩大化的趋势。同时，我国在传统的科技发展轨道上严重缺乏国际话语权，大多时候只是规则的参与者，缺少制定和主导规则的能力是我国科技创新的短板；在高端机床、高端芯片、光刻机、航空发动机等关键技术领域受制于人的局面还没有得到根本改变，与建设世界科技强国的目标存在很大差距。建设世界科技强国要求我们必须跟上乃至引领世界科技发展潮流，在新一轮全球科技竞争中掌握战略主动权。尽管我国科技创新取得的成就举世瞩目，科技实力正从量变转向质变、从单点突破转向整体提升，但存在科技创新体系还没有完全形成、科技与经济社会发展之间的通道还没有打通、科技成果转化还不充分等问题。

（二）当前面临的挑战与困难

我国作为世界上最大的发展中国家，幅员广大与发展问题多样化、不平衡是我国的基本国情，在创新发展的道路上面临着诸多困难和挑战。针对实际情况，徐明霞教授在《新时代背景下科技创新发展对策研究》中总结出我国目前面临的挑战和困难，具体表现为以下4个方面。

1. 创新研发人才资源稀缺

我国各项建设虽取得巨大成就，但由于人口基数大，在研发人员比例上的要求和科技领域国际奖项的占有率与其他发达国家相比不可同日而语，国际大奖人数占比不高，一些制约我国科技发展的瓶颈仍存在。以诺贝尔奖为例，美国获奖人数占比达到50%以上、共计172项，日本平均一年获一项，而我国目前只有2项；美国人在重要科技领域的国际大奖中获奖占比达54%，有1144人，我国仅14人；在高被引科学家科目分布上，美国绝大多数科目远高于其他国家，我国的科目分布却极不平衡，某些学科领域如空间科学、社会科学、精神心理学等方面甚至为0。

2. 企业创新积极性欠缺

习近平总书记指出，创新就是生产力，企业赖之以强，国家赖之以盛。企业是科技和经济紧密结合的重要力量，创新效果不突出，大投入、长周期的创新活动缺乏产权保护将抑制企业的创新积极性，"不创新坐着等死、创新跑着赶死"。且多数企业缺乏原始创新动力，关键技术受制于人，如2018年美国制裁中兴通讯公司一事，切实让我们领悟了"缺芯"之痛、被美国"卡脖子"之尬。

3. 产学研协同落实不到位

现今，中国科研人才更倾向于通过申请课题、发表论文以确保职业晋升，尤其在日益激烈的晋升竞争条件下，科技人员的职业理性使其选择偏重学术研究而非产学研合作。但在新型科研机构中，学术研究水平地位下降，却成为产学研协同发展的黏合剂。

4. 创新资源配置不合理

我国作为后发国家，创新资源的配置和选择成为影响我国如何走向特色自主创新道路的重要因素，主要问题是如何有效地进行资源配置，而在资源配置中起着决定性作用的就是市场。政府如何事半功倍地发挥作用、实现合作共赢、平衡利益，在市场配置资源的基础上，解决好利益各方的共同需求是十分困难的。另外，市场配置资源具有一定盲目性，有时不能很好地解决社会化大生产所要求的社会总供给、总需求平衡和产业结构合理化问题。

四、对策与建议

如何解决我国当前创新体系所面临的一系列问题，提升我国的科技创新水平和能力，是当前要关注的重点。姚树洁和房景在《科技创新推动"双循环"新格局发展的理论及战略对策》中提出了从国家、产业及企业层面建设全方位的科技创新体系的政策建议。

（一）国家层面

第一，要坚持开放，促进国际交流，敢于进军"卡脖子"问题的关键领域，突破技术空白的"无人区"。即使外部环境经历百年未有之大变局，发达国家对中国展开的市场脱钩和技术封锁风险不断加大，中国依然要坚持深化改革、扩大开放，加强与发达国家的技术和人才交流，坚决避免与全球科技创新和技术前沿脱钩，杜绝由于技术封闭造成落后的可能。在技术空白的关键领域，要敢于攻坚克难，重视基础科学研究，大力促进基础研究与应用研究齐头并进。构建以大学、科研院所和大型企业为主体的基础研究体系，构建以广大市场主体为依托的科技应用场景，打通"从上到下"和"从下到上"科技创新及应用的一切堵点，解决实际生产活动的难点和痛点，提高系统性和全域性基础研究和科技应用的社会经济效益。

第二，在能够形成规模经济和范围经济、能够产生巨大经济社会效应和促进民生不断提高的关键领域，要始终坚持独立自主、着重发力，力争达到世界前沿。牢牢把握科技发展的主动权，着力突破涉及军事、国防、民生等关键领域的技术壁垒，努力创造核心科技，以技术进步构建富有韧劲、充满活力的"双循环"新格局，用科技促进实现社会经济持续高质量发展，为实现中华民族伟大复兴提供动力源泉。

（二）产业层面

第一，要建立健全科技创新体制机制、管理机制和激励机制。科技创新体制机制改革可以激发创新发展活力。党的十八大以来，我国在科技计划管理、科技成果转移转化体系和科技创新体制机制推行了一系列改革措施，取得了显著成效，但是还存在诸多亟待改进和完善的空间：科技创新行政服务体系不够完善，科技创新产业结构引导仍不合理，尤其是基础研究有待进一步提高，技术成果转化、产学研用体系需要加强和提升，不同地区、不同产业之间的资源分配不够平衡，科技创新评价体系有待进一步提高。我国要着力解决和优化管理评价体系中不完善、不合理的制度设计，使体制机制真正服务于科技创新。

第二，要平衡好产业、地区和城市之间的发展结构，形成完整而各有特色的创新体系和产业体系。在发展过程中，路径依赖是落后地区起步阶段通常会出现的问题，落后地区在发展之初可以依靠吸收和承接发达地区技术和产业的方式，快速积累人力资本和物质资本，但盲目模仿、一味承接而不考虑本地独具特色的比较优势，势必会造成产业雷同，导致没有竞争力。因此，各地区应当充分考虑本地的要素和区位条件，构建各有分工、环环相扣的完整产业链条，同时发展独具特色且符合本地比较优势的特色产业，形成联动互通、各有优势的跨区域、跨城乡综合产业布局。

（三）企业层面

第一，要加强人才培养和集聚。科技创新人才的培养要坚持"两条腿"走路，要健全多样化评价体系，针对不同领域制定符合需要的切实标准，避免造成引进人才资源的浪费。同时要做好人才引进的配套服务，提供人才发挥能动性、开展技术创新的配套设施和资源配置，加强对引进人才的科学引导，避免人才"水土不服"。更重要的是，在引进科技创新人才的同时，加强对本土人才的重视，提高本土人才的待遇水平，充分评估本土人才和引进人才的成果贡献，杜绝"一刀切"的做法，真正做到吸引人才、培养人才、留住人才，促进人才集聚。

第二，要打通科技成果转化应用的"最后一公里"。虽然从总量上来看，我国毫无疑问已经成为全球创新大国，研发投入、研究人员、专利成果等各项指标的总数量都已经接近或达到美国的水平，但是从技术创新的质量尤其是成果转化等方面来看，我国还有很大的发展空间。所以要充分调动超大规模国内市场的内需潜力，打造科技创新成果转化试验田，以市场选择作为判断成效的依据，打通科技创新成果转化应用的"最后一公里"。

[作者：宋英华，中国应急管理研究中心主任，湖北省人民政府参事，武汉理工大学首席教授、博士生导师、安全科学与应急管理学院院长]

创新是引领发展的第一动力

"创新是引领发展的第一动力。抓创新就是抓发展,谋创新就是谋未来。"

大力加强基础研究

党的十九大确立了到2035年跻身创新性国家前列的战略目标,并且党的十九届五中全会提出了坚持创新在我国现代化建设全局中的核心地位,把科技自立自强作为国家发展的战略支撑。加强基础研究是科技自立自强的必然要求,是我们从未知到已知、从不确定性到确定性的必然选择。尤其是面对百年未有之大变局,基础研究作为科技创新的源头,我国大力加强基础研究势在必行。

一、党和国家始终高度重视基础研究

2023年2月21日,习近平总书记在主持中共中央政治局第三次集体学习时强调,加强基础研究,是实现高水平科技自立自强的迫切要求,是建设世界科技强国的必由之路。他在听取讲解和讨论后指出,新一轮科技革命和产业变革突飞猛进,学科交叉融合不断发展,科学研究范式发生深刻变革,科学技术和经济社会发展加速渗透融合,基础研究转化周期明显缩短,国际科技竞争向基础前沿前移。应对国际科技竞争、实现高水平自立自强,推动构建新发展格局、实现高质量发展,迫切需要我们加强基础研究,从源头和底层解决关键技术问题。

党和国家历来重视基础研究工作。毛泽东同志在《实践论》中指出:"马克思列宁主义认为:认识过程中两个阶段的特性,在低级阶段,认识表现为感性的,在高级阶段,认识表现为论理的,但任何阶段,都是统一的认识过程中的阶段。"1956年,中华人民共和国完成了社会主义改造,开启了全面建设社会主义的道路,党中央发出了"向科学进军"的号召,实行"百花齐放、百家争鸣"的方针,通过了《1956—1967年科学技术发展远景规划纲要》,对科学技术发展进行了远景规划,并对基础研究作了全面布局。邓小平同志一贯重视科学技术在社会和经济发展中的作用。早在1975年9月26日,他在听取中国科学院的工作汇报时,针对当时的实际情况就明确指出:"科学技术叫生产力,科技人员就是劳动者!"改革开放后,邓小平同志提出"科学技术是第一生产力"的重要论断,确立了科学技术在建设有中国特色社会主义事业中的重要地位。随着"863计划""973计划"的提出与实施,我国的基础研究持续推进,在载人航天工程、杂交水稻、高速铁路等领域取得了举世瞩目的重大成就。

为了全面推进科学技术进步,发挥科学技术是第一生产力、创新是第一动力、人才是第一资源的作用,促进科技成果向现实生产力转化,推动科技创新支撑和引领经济社会发展,全面建设社会主义现代化国家,全国人大常委会负责制定并多次修订《中华人民共和国科学技术进步法》,明确了国家遵循科学技术活动服务国家目标与鼓励自由探索相结合的原则,超前部署重大基础研究、有重大产业应用前景的前沿技术研究和社会公益性技术研究,支持基础研究、前沿技术研究和社会公益性技术研究持续、稳定发展,加强原始创新和关键核心技术攻关,加快实现高水平科技自立自强。

二、基础研究对于人类社会发展的重大影响

按照联合国教科文组织的规定,人类从事的R&D(研究与实验发展)活动可分为基础研究、应用研究和试验发展三类。所谓基础研究,主要是为了取

得关于现象和可观察的事实的基本原理的新知识，并不以任何特定的或具体的应用为目的而开展的实证性工作或理论性工作。为了加强基础研究建设，我国加强了规划和部署，推动基础研究自由探索和目标导向有机结合，围绕科学技术前沿、经济社会发展、国家安全重大需求和人民生命健康，聚焦重大关键技术问题，加强新兴和战略产业等领域的基础研究，提升科学技术的源头供给能力。

中国的人均寿命，已经从1950—1955年的43.8岁增长到了2021年的78.2岁。这除了与我国医生人数的增长和医疗基础设施的增强有关，更得益于我国对痢疾、斑疹伤寒、破伤风、肺炎、脑膜炎、疟疾等疾病的控制，青霉素、青蒿素、胰岛素等各种药物及疫苗的投入使用，CT检查（一种利用X射线对身体结构进行扫描的较先进的医学影像检查技术）、血液检测、基因检测等手段的广泛应用以及外科手术水平的持续提高。未来医学的进步，有赖于整个医学前沿以及化学、物理学、解剖学、生物化学、生理学、药理学、细菌学、病理学、寄生虫学等基础科学的广泛发展。在21世纪，癌症、精神疾病、遗传疾病、大规模传染性疾病的治疗与控制，将进一步得益于包括医学在内的各相关学科基础科学的发展，甚至人工智能、通信科技等也将发挥巨大作用。

海湾战争时运用的卫星系统、电子战、隐形飞机、巡航导弹，让世界看到了现代化战争中可以做到远程操作即可结束战争。未来，我们则需要面对高超音速导弹、空间武器、生物武器、蜂群无人机、智慧弹等新领域新质武器的发展。而这些武器的发展，无不依赖于物理学、化学、材料学、电子学、人工智能学、密码学、基因学、生物学、机械学、空气动力学等的发展。在这些领域，计算机仿真技术表现出非常重要的作用，同时也更需要数学、物理学、化学动力学、空气动力学等基础科学的发展，因为没有基础科学提供公式，仿真技术将无从谈起，而没有仿真技术，越来越复杂的设计就难以实现，实验失败所带来的时间、物质等成本将会使研发止步不前。

范内瓦·布什在《科学：无尽的前沿》中说："科学本身并不能为个人、

社会和经济方面的弊病提供灵丹妙药。无论是在和平时期还是战争时期，科学都只是以团队中一员的身份贡献于国民之福祉。但是如果没有科学进步，其他方面再多的成就也无法确保我们作为一个国家在现代世界中的健康、繁荣和安全。"

三、我国基础研究的现状以及面临的主要问题

（一）科技整体实力迈上新台阶

2017年，时任第十二届全国人大常委会委员、国家自然科学基金委员会主任的杨卫院士在专访中表示，从我国发表的国际科技论文总量占世界的比例来看，从20年前不到3%上升到了2015年的18%左右，特别是自2006年以来，一直到2016年都居于世界第2位；高水平论文，从1997年的占比不到0.5%，增长到2016年的超过20%。2022年，中国科学技术信息研究所发布的《中国科技论文统计报告》显示，根据SCI数据库，2021年，世界的科技论文总数为249.92万篇（以出版年份统计），比2020年增加了7.2%；我国被收录的科技论文为61.23万篇，已经超过美国，排在世界第一位；我国热点论文的世界占比持续增长，数量首次排名第一位，高水平论文被引用数量继续保持世界第二位；我国发表在国际顶尖期刊的论文数量世界排名继续保持在第二位，高水平的国际期刊论文数量排名保持在第一位。

2021年，我国的专利申请授权数为460.1万项，是2012年125.5万项的3.7倍；发明专利申请授权数为69.6万项，是2012年21.7万项的3.2倍；每万人发明专利拥有量为19.1件，是2012年的5.9倍；PCT（专利合作条约）专利申请量从2012年的1.9万件增加到2021年的6.95万件，连续3年居于世界首位。

（二）我国研发经费投入规模跃升世界第二

1. 研发经费方面。大连理工大学发布的《中国研发经费报告（2022）》指出，从1995年到2020年，我国的研发经费从300亿元增长到30870亿元

（4590亿美元），位居世界第二。在国际方面，2022年，美国的研发经费为7132亿美元，欧盟的为3780亿美元，日本的为1354亿美元。我国的研发经费为美国的64.3%，超过了欧盟，是日本的3.39倍。我国的基础研究投入从2012年的499亿元提高到2022年的约1951亿元，占全社会研发经费的比重由4.8%提升至6.3%，年均增长近15%，接近全社会研发投入增长速度的2倍。我国对于国家自然科学基金委员会（1986年成立）的财政拨款，由1986年的8000万元增长到2016年的248亿元、2022年的330亿元，增长的速度让国际瞩目。

2. 研发人员方面。党的十八大以来，我国的科技创新人才队伍不断壮大。2012年，我国的研发人员全时当量为324.7万人年；2013年，我国的研发人员全时当量超过美国位居世界第一；2021年，我国的研发人员全时当量为562万人年，是2012年的1.7倍，已连续9年稳居世界第一。2012—2021年期间，我国每万名就业人员中，研发人员数量由2012年的42.6人年增长到2021年的75.3人年，增长幅度高达76.8%。

（三）重大科技创新成果不断涌现

我国在量子通信、高温超导、脑科学、暗物质粒子探测卫星等研究领域取得了一大批重大原创科技成果，在基础研究领域的国际影响力大幅度提升。例如，500米口径球面射电望远镜、上海光源、全超导托卡马克核聚变装置等重大科研基础设施为中国开展世界级科学研究奠定了重要的物质技术基础。此外，我国的超级计算机多次蝉联世界冠军，第四代隐形战斗机和大型水面舰艇相继服役，北斗导航卫星组网成功，国产大型客机C919顺利试飞，集成电路制造、水陆两栖飞机、高档数控机床、大型船舶制造装备等加快追赶国际先进水平，在高速铁路、5G移动通信、语音识别、第三代核电、新能源汽车等部分战略必争领域抢占制高点，实现了从"跟跑"到"并跑"甚至"领跑"的跃升。

(四)我国科技创新对经济发展的支撑和引领作用不断显现

2021年,我国企业的科研投入占全社会研发投入的比例为76.9%,高于研发机构的13.3%和高等院校的7.8%。规模以上工业企业的科研投入在全体企业研发投入中占比81.4%,超过40%的规模以上的工业企业开展了科技创新活动。2021年,我国企业的研发经费为2.15万亿元,同比增加15.2%。2012年,我国高新技术企业的纳税额为0.8万亿元,到2021年我国高新技术企业已增长到33万家,高新技术企业的纳税额增长到2.3万亿元,其研发投入在全国企业研发投入中所占比重增长到70%。2012年,我国高技术产业研发投入强度为1.68%,到2021年已提升到2.67%。规模以上高技术制造业企业数从2012年的2.46万家增长到2021年的4.14万家,培育出了如字节跳动、华为、大疆、比亚迪、宁德时代、长江存储等一批具有国际竞争力的创新型领军企业。在技术合同交易额方面,2021年,国家科技成果转化引导基金的资金总额已达到624亿元,我国共登记技术合同670506项,同比增长22.1%。2021年,我国的技术市场交易额为37294.3亿元,是2012年6437亿元的5.8倍。

(五)区域创新布局呈现新态势

近年来,国家全面建设国际科技创新中心和综合性国家科学中心,区域创新引领作用不断增强。北京、上海、粤港澳大湾区三大国际科技创新中心持续提升国际化水平,已跃升为全球十大科技创新集群。目前,我国累计拥有国家自主创新示范区23个、大众创业万众创新示范基地212个。2012年,我国国家级高新区数量为105个,园区生产总值为5.4万亿元,到2021年,国家级高新区数量增长至173个,园区生产总值增长至15.3万亿元。我国国家级高新区拥有的高新技术企业数量连年倍增,到2021年已达到11.5万家,吸纳从事研发活动的人员数量达到563.6万人。特别是在抗击新冠病毒感染疫情期间,国家级高新区表现出强劲的抗风险能力和逆势增长势头,集聚了各种创新资源要素,为稳定生产经营、吸纳社会就业发挥了重要作用,极大地促进了区域科技创新发展。

（六）科技体制改革取得新突破

党的十八大以来，党中央、国务院系统推进科技体制改革，陆续出台了《深化科技体制改革实施方案》等一系列重要的有关科技体制改革的文件和方案，为科技创新营造了良好的政策环境，科技创新活力不断增强。同时，我国进一步完善国家科技计划体系，印发了《关于深化中央财政科技计划（专项、基金等）管理改革的方案》，明确了专业机构全面承接国家科技计划具体项目管理；建立国家科技管理信息系统公共服务平台，促进科技资源优化配置；制定促进新型研发机构发展的指导意见，推动新型研发机构健康有序发展；加快建立现代科研院所制度，持续推进科研院所改革发展；建设新型研发机构数据库，开展新型研发机构跟踪评价。

在科技成果转移转化体系建设方面，我国陆续出台了《中华人民共和国促进科技成果转化法》《国家技术转移体系建设方案》《赋予科研人员职务科技成果所有权或长期使用权试点实施方案》等，对科技成果转化的权利义务、分配方式、保障措施等进行明确，并支持各部门和地方进一步细化具体落实举措，形成了具有中国特色的科技成果转化制度体系，有效破除了科技成果向现实生产力转化的体制机制性障碍。

《关于深化项目评审、人才评价、机构评估改革的意见》的印发，使得科技评价、科研诚信和科技伦理体系愈加完善，有利于落实科研项目评审、科技人员评价、科研机构评估改革，实现"三评"联动，破除"四唯"倾向；有利于完善重大科研诚信案件调查处理工作机制，全面实施科研诚信承诺制，加强科研诚信审核；有利于完善政府科技伦理管理体制，组建国家科技伦理委员会，建立科技伦理审查和监管制度；有利于推动设立中国科技伦理学会，健全科技伦理治理社会组织体系。

2021年，第十三届全国人大常委会第三十二次会议修订了《中华人民共和国科学技术进步法》，就全面促进科学技术进步，发挥科学技术是第一生产力、创新是第一动力、人才是第一资源的作用，促进科技成果向现实生产力转化，推动科技创新支撑和引领经济社会发展，全面建设社会主义现代化国家进行了系统立法。

（七）仍然存在的不足和问题

中国工程院院士黄震认为，我国在基础研究方面与发达国家相比仍然存在一定差距，主要体现在：一是我国具有国际影响力的重大原创成果偏少，缺乏开创重要新兴学科和方向的能力；二是引领科学潮流的大师级人物和世界级科学家匮乏，青年人才的成长环境有待改善；三是基础研究促进经济社会发展、保障国家安全的作用有待提升；四是创新文化氛围有待改善，科研诚信状况不佳，不端行为时有发生，科研伦理未得到应有的重视。同时，我国在科技人才方面也存在不足：一是在科学发展方面缺乏具备顶层设计能力的人才，即能够提出科学路线图的人才；二是缺乏引领科学潮流的大师级人才；三是缺乏具备承担大科学项目能力的人才。

吕淑琴等人在《诺贝尔奖的启示》中提到我国的大学教育存在"培养学生、贡献社会、科学研究"的功能被行政化、"学而优则仕"的传统使学者对做官的兴趣超过了对做学问的、高校体制是产生形式主义的工作作风和学术腐败的温床、专业设置和课程安排没有特色、教学评价和科研评价制度存在缺陷、科研经费分配制度和实际操作方法存在漏洞等问题，特别是人文教育和科学方法论教育的缺乏、大学校长的官僚化和平庸化、知识分子的平庸化等，是目前尤为突出的问题。这些都是我国未来加强基础研究要直接面对的重要问题。

四、基础研究的未来发展趋势

（一）以我国为首的发展中国家在国际科学研究中的贡献占比增加

随着时代的进步，科学及其服务的社会和经济发生了巨大的变化，即研究规模更大，更具国际性与跨学科性，更加依赖大型设施，并与企业、军事部门、高校、研究机构和慈善机构等联系更加紧密。增加科研投入，促进科研成果的产出已经成为世界各国的共识。NFS（美国国家科学基金会）对全球科研绩效进行统计时发现，全球研发投入由2000年的7260亿美元增长到2019年的2.4万亿美元，增长了两倍多。其中，美国研发投入持续增长，增长了一倍多，在2019年为6560亿美元。我国研发投入则保持了两位数的较快增长速度，达到了5260亿美元，两国的研发投入约占全球研发总投入的50%。而法国、德国、英国、日本、韩国、印度的研发投入保持缓慢增长趋势。我国目前在全球的研发投入增长速度及投入资金量方面处于重要地位。

目前，欧美日等发达国家仍然是全球研发投入和产出的重要力量，但以我国为代表的发展中国家逐渐登上了科学研究的重要舞台。

（二）关键技术领域的科学研究竞争加剧

《无止境的前沿：科学的未来75年》报告提出将美国国家科学基金会重新命名为国家科学和技术基金会，并在基金会内部设立技术与创新部门，加强关键技术领域的基础研究、人才培养、成果转化等工作，以帮助实现与经济竞争力、制造业、国家安全、能源和环境、卫生、教育等相关的国家目标。在此背景下，美国国家科学院提出要制定和实施新的科研战略，推进关键技术领域的创新，并提出在10个关键技术领域开展战略性科研攻关，分别为：人工智能和机器学习，高性能计算、半导体和高级计算机硬件，量子计算和信息系统，机器人、自动化和先进制造，自然或人为灾害预防，先进的通信技术，生物技术、基因组学和合成生物学，网络安全、数据存储和数据管理技术，先进能源，以及材料科学、工程和勘探。报告指出，关键技术领域的研究需要长期、持续的科研投入，并建议联邦政府在5年内投资1000亿美元，支持上述10个关键技术领域的科学研究、人才培养和成果转化，以重振美国在全球竞争中的领先地位。为了应对未来面临的挑战，美国索性将《无尽前沿法案》《2021年战略竞争法案》《国土安全和政府事务委员会条款》《2021

年迎接中国挑战法案》《2021年贸易法案》等捆绑在一起，替代原本提交参议院表决的《无尽前沿法案》，起了一个统一的名字——《2021美国创新和竞争法案》，并以68票对32票的高票通过。

根据我国的实际情况，除上述需要解决的共性问题外，对于需要突破或补短板的装备、制造技术等，我国同样需要加强体系化的协同攻关，并且在立项时就要做好推进产业化发展的准备，如EUV（极紫外）光刻机、电子显微镜、量子计算机及通信、三维集成电路制造、人型机器人等技术在国外基本已经实现或接近实现产业化，但我国仍然有很多基础科学问题和关键技术有待攻克，需要有主体单位承担责任或有目标地组织全国力量开展攻关。对于已有基础的技术，如高速通信、28nm芯片及等比例缩小半导体制造技术、高性能计算、超级计算机、高铁、核能、太阳能电池、特高压输变电、飞机、新能源汽车、舰艇及潜航器、高档数控机床、航天科技等领域，我国需要针对其下一代发展开展基础问题和技术攻关，可以以现有实体为中心开展广泛协作，以实现技术突破。

（三）从计算机辅助到AI辅助

摩尔定律从提出至今已近60年，虽然器件等比例缩小的速度有所放缓，但以集成度和算力为指标的增长速度一直没有停滞，特别是AI（人工智能）的硬件算力，从2012年至2019年的7年间增长超过30万倍，增长速度远超摩尔定律，以至于每3.43个月就会翻倍。2022年，Open AI公司发布的ChatG-PT，让机器具备了语义识别能力，让基于沟通的人机自然交互成为可能。这是继农业革命、工业革命、信息革命后的新革命，汽车、个人终端硬件、机器人、操作系统、编程软件、办公软件、基础工业软件、网络社交、购物及服务等业态都将发生变革。基于AI辅助的工作模式，将成为未来计算机辅助工作的进化模式。同时，随着AI算力的提升，AI自身探索问题、仿真验证答案甚至组织与人类合作的实验计划将成为可能，人类与AI共存、共同推进基础研究的发展也将逐步成为现实。如何尽快具备AI的基础实施条件，加大对大学生和从业人员的培养，是否要像当年计算机专业一样尽快建立相应的学科和大学课程，这些都是亟待我们思考的问题。

（四）面向未来的科学

通过100多年的努力，以量子理论、相对论、凝聚态物理、DNA结构、计算机架构及软件、卷积神经网络、通信、有机化学、化学动力学等为代表的科学目前已经或将进一步极大地促进社会科技的进步和物资丰富。2005年，《科学》杂志在庆祝创刊125周年之际，公布了125个最具挑战性的科学问题，比如遗传变异与人类健康的相关程度如何等。这些问题都是基于现有基础科学和技术手段所能探寻的具体问题，但在下一个百年甚至更远的未来，人类仍然面临着系统性的科学工程，比如从基因到生物的生长机制及仿真方法，大脑的工作机理，人机交互及意识移植如何实现，人类如何大规模地离开地球及太阳系，夸克、中微子、希格斯玻色子等更小的粒子有什么用及如何操控，宇宙探索的目的，量子理论之后的理论是什么，等等。最重要的是，人类如何保证内部的安全以让这些研究得以延续。

五、切实加强基础研究，夯实科技自立自强根基

（一）强化基础研究的前瞻性、战略性、系统性布局

基础研究处于从研究到应用再到生产的科研链条起始端，只有地基打得牢，科技事业大厦才能建得高。我国要坚持"四个面向"，坚持目标导向和自由探索"两条腿走路"，把世界科技前沿同国家重大战略需求和经济社会发展目标结合起来，统筹遵循科学发展规律提出的前沿问题和重大应用研究中抽象出的理论问题，凝练基础研究关键科学问题；要把握科技发展趋势和国家战略需求，加强基础研究重大项目可行性论证和遴选评估，充分尊重科学家意见，把握大趋势、下好"先手棋"；要强化国家战略科技力量，有组织推进战略导向的体系化基础研究、前沿导向的探索性基础研究、市场导向的应用

性基础研究，注重发挥国家实验室引领作用、国家科研机构建制化组织作用、高水平研究型大学主力军作用和科技领军企业的"出题人""答题人"和"阅卷人"作用；要优化基础学科建设布局，支持重点学科、新兴学科、冷门学科和薄弱学科发展，推动学科交叉融合和跨学科研究，构筑全面均衡发展的高质量学科体系。

（二）深化基础研究体制机制改革

世界已经进入大科学时代，基础研究的组织化程度越来越高，制度保障和政策引导对基础研究的影响越来越大。我国必须深化基础研究的体制机制改革，发挥好制度、政策的价值驱动和战略牵引作用；要稳步增加基础研究财政投入，通过税收优惠等多种方式激励企业加大投入，鼓励社会力量设立科学基金、开展科学捐赠等，提升国家自然科学基金及其联合基金的资助效能，建立完善竞争性支持和稳定性支持相结合的基础研究投入机制；要优化国家科技计划基础研究支持体系，完善基础研究项目组织、申报、评审和决策机制，实施差异化分类管理和国际国内同行评议，组织开展面向重大科学问题的协同攻关，鼓励自由探索式研究和非共识创新研究；要处理好新型举国体制与市场机制的关系，健全同基础研究长周期相匹配的科技评价激励、成果应用转化、科技人员薪酬等制度，长期稳定支持一批基础研究创新基地、优势团队和重点方向，打造原始创新策源地和基础研究先锋力量。

（三）协同构建中国特色国家实验室体系

我国要协同构建中国特色国家实验室体系，布局建设基础学科研究中心，超前部署新型科研信息化基础平台，形成强大的基础研究骨干网络；要科学规划布局前瞻引领型、战略导向型、应用支撑型重大科技基础设施，强化设施建设事中事后监管，完善全生命周期管理，全面提高开放共享水平和运行效率；要打好科技仪器设备、操作系统和基础软件国产化攻坚战，鼓励科研机构、高校同企业开展联合攻关，提升国产化替代水平和应用规模，争取早日实现用我国自主开发的研究平台、仪器设备来解决重大基础研究问题的目标。

（四）加强高层次基础研究人才培养体系建设

加强基础研究，归根结底要靠高水平人才。我国必须下大力气打造体系化、高层次基础研究人才培养平台，让更多基础研究人才竞相涌现；要加大各类人才计划对基础研究人才的支持力度，培养战略科学家，支持青年科技人才挑大梁、担重任，不断壮大科技领军人才队伍和一流创新团队；要完善基础研究人才差异化评价和长周期支持机制，赋予科技领军人才更大的人财物支配权和技术路线选择权，构建符合基础研究规律和人才成长规律的评价体系；要加强科研学风作风建设，引导科技人员摒弃浮夸、祛除浮躁，坐住坐稳"冷板凳"；要坚持走基础研究人才自主培养之路，深入实施"中学生英才计划""强基计划""基础学科拔尖学生培养计划"等，优化基础学科教育体系，发挥高校特别是"双一流"高校基础研究人才培养主力军作用，加强国家急需高层次人才培养，源源不断地造就规模宏大的基础研究后备力量。

（五）努力增进国际合作和开放共享

人类要想破解共同发展难题，比以往任何时候都更需要国际合作和开放共享。我国要构筑国际基础研究合作平台，设立面向全球的科学研究基金，加大国家科技计划对外开放力度，围绕气候变化、能源安全、生物安全、外层空间利用等全球问题，拓展和深化中外联合的科研合作；要前瞻谋划和深度参与全球科技治理，参加或发起设立国际科技组织，支持国内高校、科研院所、科技组织同国际对接；要努力增进国际科技界的开放、信任、合作，以更多重大原始创新和关键核心技术突破为人类文明进步作出新的更大贡献，并有效维护我国的科技安全利益。

（六）大力弘扬追求真理、勇攀高峰的科学精神

我国几代科技工作者通过接续奋斗铸就的"两弹一星"精神、西迁精神、载人航天精神、科学家精神、探月精神、新时代北斗精神等，共同塑造了中国特色创新生态，成为支撑基础研究发展的不竭动力。我国要在全社会大力弘扬追求真理、勇攀高峰的科学精神，广泛宣传基础研究等科技领域涌现的先进典型和事迹，教育引导广大科技工作者传承老一辈科学家以身许国、心系人民的光荣传统，把"论文"写在祖国的大地上；要加强国家科普能力建设，深入实施全民科学素质提升行动，线上线下多渠道地传播科学知识、展示科技成就，树立热爱科学、崇尚科学的社会风尚；要在教育"双减"中做好科学教育的"加法"，激发青少年的好奇心、想象力、探求欲，培育具备科学家潜质、愿意献身科学研究事业的青少年群体。

［作者：曾传滨，中国科学院微电子研究所研究员、博士生导师］

［作者：闫明正，诺伯特智能装备（山东）有限公司董事长］

依靠改革激发科技创新活力

习近平总书记指出，科技领域是最需要不断改革的领域，科技体制改革要敢于啃硬骨头，敢于涉险滩、闯难关，破除一切制约科技创新的思想障碍和制度藩篱；要坚持科技创新和制度创新"双轮驱动"，以问题为导向，以需求为牵引，在实践载体、制度安排、政策保障、环境营造上下功夫，在创新主体、创新基础、创新资源、创新环境等方面持续用力。

党的十八大以来，党中央、国务院出台了一系列重大改革部署，将改革作为激发创新活力的"关键一招"，坚持以深化改革激发创新活力，推出一系列科技体制改革重大举措，加强创新驱动系统能力整合，着力打通科技与经济社会的发展通道，有效打破制约创新的制度藩篱，加速聚集创新要素，不断释放创新潜能，提升国家创新体系整体效能，创新型国家建设取得历史性成就。

一、创新驱动发展的制度体系不断完善

党的十八大报告提出要实施创新驱动发展战略，强调创新驱动是科学发展观的要求，也是转变经济发展方式的要求。只有通过创新驱动，中国经济才能实现由大到强。党的十八届五中全会讨论通过了关于国民经济和

社会发展第十三个五年规划的建议,进一步强调了创新在国家发展全局的核心和基点地位。

2014年8月18日,中央财经领导小组第七次会议对实施创新驱动发展战略作出全面部署。2015年3月,党中央、国务院发布了《关于深化体制机制改革加快实施创新驱动发展战略的若干意见》,围绕破除制约创新驱动发展的制度障碍提出了8个方面的30项具体举措,并陆续出台了深化科技体制改革实施方案和系统推进全面创新改革试验方案。

2016年1月,党中央、国务院发布《国家创新驱动发展战略纲要》,明确"一个体系、双轮驱动、三步走目标"。其中,一个体系就是建设国家创新体系,双轮驱动就是科技创新和体制机制创新两个轮子相互协调、持续发力。纲要进一步明确体制机制创新要调整一切不适应创新驱动发展的生产关系,统筹推进科技、经济和政府治理等三方面体制机制改革,最大限度释放创新活力。由此我国创新驱动发展的顶层制度设计基本形成。

为了加速构建适应创新驱动发展的制度环境,习近平总书记在中央财经领导小组第七次会议上作出部署,研究了在一些省区市系统推进全面创新改革试验,授权这些地区在知识产权、科研院所、高等教育、人才流动、国际合作等方面进行改革,形成几个具有创新示范和带动作用的区域性创新平台。

2015年8月,党中央、国务院印发《关于在部分区域系统推进全面创新改革试验的总体方案》,明确在京津冀、上海市、广东省、安徽省(合肥、芜湖、蚌埠)、四川省(成都、德阳、绵阳)、湖北省武汉市、辽宁省沈阳市和陕西省西安市8个区域率先开展全面创新改革试验。

全面创新改革试验遵循创新区域高度集聚的规律,授权8个区域与现有国家自主创新示范区、国家综合配套改革试验区、自由贸易试验区、创新型试点省份、国家级新区、跨省区城市群、创新型试点城市、高新技术产业开发区、经济技术开发区、承接产业转移示范区、专利导航产业发展试验区、境外经贸合作区、高技术产业基地等相关工作做好衔接,以实施创新驱动发展转型为目标,以推动科技创新为核心,在知识产权、科研院所、高等教育、人才流动、国际合作等方面开展系统性、整体性、协同性改革的先行先试。

3年改革试验期间，各试验区域围绕科技成果转化的政策性梗阻、体制机制性障碍开展改革探索，取得了一系列突破，形成了3批改革经验举措，相继由国务院办公厅发布并向全国推广。

二、科技管理体制改革迈出实质性步伐

实施创新驱动发展战略，迫切需要系统推进科技管理体制改革，构建创新驱动发展所要求的新型科技生产关系，才能够最大限度地激发全社会的创新动力与活力。根据《关于深化体制机制改革加快实施创新驱动发展战略的若干意见》《"十三五"国家科技创新规划》等文件的部署，党的十八大以来，我国科技管理体制改革取得了积极突破。

（一）科技计划体系进一步优化

为了解决我国科技计划管理存在的分散、重复、孤岛问题，2014年，国务院印发《关于改进加强中央财政科研项目和资金管理的若干意见》《关于深化中央财政科技计划（专项、基金等）管理改革方案的通知》，并于2015年启动中央财政科技计划（专项、基金等）管理改革，对我国的科技计划体系进行了系统性改革，形成国家重大科技专项、国家重点研发计划、国家自然科学基金、基地和人才专项、技术创新引导计划等五类国家科技计划（见图1）。新的科技计划体系对基础研究进行了系统布局：国家自然科学基金聚焦基础和前沿，注重自由探索和学科交叉，强调学科发展和人才团队培养；"科技创新2030—重大项目"面向国家长远发展部署基础研究任务；国家重点研发计划专门部署一批战略性、前瞻性基础研究重点专项和项目；基地和人才专项支持国家实验室、国家重点实验室等科技创新基地建设和能力提升。此外，通过中央引导地方专项，支持省部共建国家重点实验室，加强地方基础研究等工作。

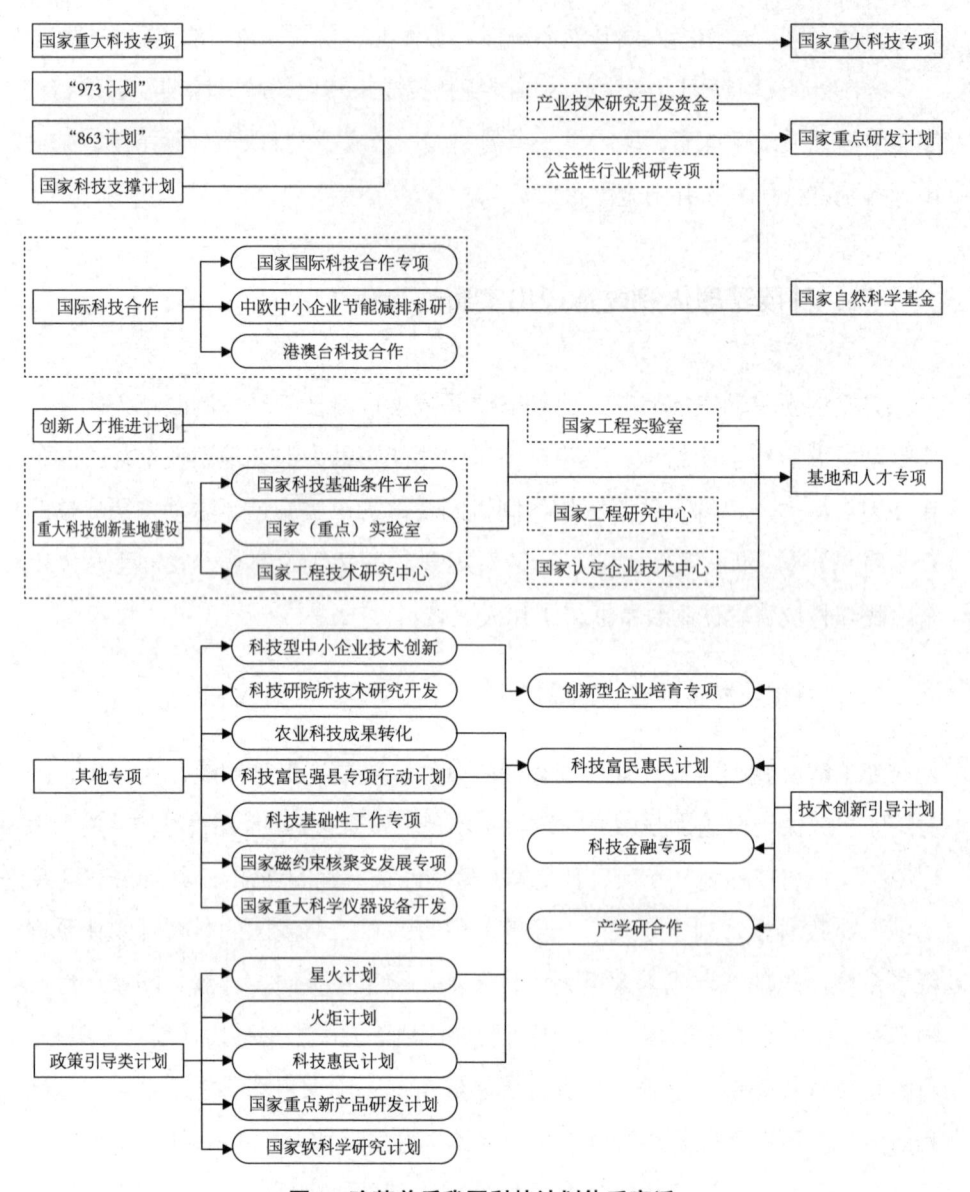

图1 改革前后我国科技计划体系变迁

（二）科研项目和资金管理更加科学规范高效

我国针对管理不够科学透明、经费使用效益有待提高等突出问题，不断改进资金预算、执行、监督等各环节的制度，加快国家科研项目资金管理制度框架体系建设。2016年，中央办公厅、国务院办公厅印发《关于进一步完善中央财政科研项目资金管理等政策的若干意见》，提出了一系列给科研人员"松绑+激励"的政策措施，在项目预算调整、劳务费支出、间接费用分配、结余资金使用、差旅会议费标准等方面赋予科研单位和科研人员更大的自主权。2018年，国务院印发《关于优化科研管理提升科研绩效若干措施的通知》，通过扩大科研单位科研项目经费管理使用自主权、加大对承担国家关键领域核心技术攻关任务科研人员的薪酬激励、合并财务验收和技术验收等措施，进一步优化科研项目和经费管理，提升科研绩效。

（三）科研院所分类改革有序开展

针对科研院所目标定位模糊化、发展路径趋同化等问题，在科技部、财政部、人社部等部门的协同推进下，科研院所分类改革有序开展，制定分类标准，明确政策口径，与科技体制改革、事业单位改革密切衔接。改革进一步明确了基础性科研院所、综合性科研院所、技术开发类科研院所的类型定位；推进拟转企科研机构改革，明确该类型院所划入生产经营类；深入推进社会公益类科研机构改革，与分类改革推进密切衔接。

例如，中国科学院积极落实《中国科学院"率先行动"计划暨全面深化改革纲要》，以研究所分类改革为突破口，明确不同类型科研院所的核心使命和任务，尊重不同性质科技创新活动的特点和规律，从国家战略科技力量的使命与定位出发，按照四类科研机构对现有研究机构进行分类改革。一是面向国家重大需求，组建若干科研任务与国家战略紧密结合、创新链与产业链有机衔接的创新研究院，探索政产学研开放协同、共同参与的新型治理架构。二是面向基础科学前沿，高起点、高标准建设若干卓越创新中心，力争在优势学科领域形成一批具有鲜明学术特色的世界级科学研究中心。三是依托一批国家重大科技基础设施，建设若干具有国际一流水平的大科学研究中心，实现高效率开放共享、高水平国际合作、高质量创新服务。四是面向经济社会可持续发展和行业、区域发展的独特需求，通过持续重点支持、与地方和行业共建、科教融合等多种治理方式,做强一批特色鲜明、规模适度的特色研究所。

截至2023年8月,中国科学院先后组织开展了70个四类机构建设工作,包括24个卓越创新中心、24个创新研究院、17个特色研究所、5个大科学研究中心。

三、人才发展体制机制改革持续优化

习近平总书记曾强调,各级党委和政府要积极探索集聚人才、发挥人才作用的体制机制,完善相关政策,进一步创造人尽其才的政策环境,充分发挥优秀人才的主观能动性。党的十八大以来,我国人才管理体制进一步优化完善,为人才发挥作用、施展才华提供了更加广阔的天地,让他们人尽其才、才尽其用、用有所成。

(一)人才引进培养机制不断优化

1. 强化各类人才培养

加大对高水平领军人才引进培养、中青年和后备人才培养、基础研究人才队伍建设、高水平实验技术人才成长、优秀创新团队等各类培育和支持的力度。我国人才队伍规模居世界第一,涌现出一批德才兼备的科学大家。于敏、孙家栋、袁隆平、黄旭华和屠呦呦等5名杰出科学家被授予"共和国勋章",叶培建、吴文俊、南仁东、顾方舟、程开甲被授予"人民科学家"国家荣誉称号。我国取得了一批重大科学研究成果,点的突破带动系统创新能力提升,前沿技术领域取得了多项世界级成果,形成群体优势。

2. 鼓励吸引创新创业人才

创新创业的氛围充分激发了人才创新创业活力,增强了对国际高层次人才的吸引力,促进人才的回流趋势,为加快形成规模宏大、结构合理、素质优良的创新创业人才队伍提供了支撑。

全面创新改革试验区域充分利用全球科技成果和高端人才的资源,开展更高层次的国际创新合作。上海市实行外籍人才居留政策试点；广东省为外籍高层次人才和创新创业人才提供出入境和停居留便利；北京市完善"一体运行、双管齐下、三地联动"的144小时过境免签政策管理服务机制，依托公安部出入境管理局信息系统，联动津冀两地公安机关，对过境免签外国人实行全流程综合管理，提高人性化服务水平，工作效果显著。

3. 创新人才流动体制机制

中央办公厅、国务院办公厅印发《关于促进劳动力和人才社会性流动体制机制改革的意见》，提出要推动经济高质量发展，筑牢社会性流动基础，包括实施就业优先政策创造流动机会、推动区域协调发展促进流动均衡、推进创新创业创造激发流动动力。同时，要畅通有序流动渠道，激发社会性流动活力，包括以户籍制度和公共服务牵引区域流动、以用人制度改革促进单位流动、以档案服务改革畅通职业转换；完善评价激励机制，拓展社会性流动空间，包括拓展基层人员发展空间、加大对基层一线人员奖励激励力度、拓宽技能技术人才上升通道。

全面创新改革试验区域通过改革事业单位编制、提高人才引进工资发放的灵活性，大胆试验，探索出了"事业单位可采取年薪制、协议工资制、项目工资制等灵活多样的分配形式引进紧缺或高层次人才""事业单位编制省内统筹使用"等一系列改革举措，大大提高了人才引进制度的灵活性，提升了对人才的吸引力，为区域产业创新发展聚集了宝贵的智力资源。安徽试验区域首创"事业单位编制省内统筹使用"，建立"全省一体、余缺调剂"的事业单位编制周转池制度，截至2023年上半年，已在全省本科院校、高职院校、中小学、公立医院、乡镇卫生院及长江禁捕退捕等重点领域有序推行，统筹存量空编近12万名，为引进创新人才提供了充分的编制保障。

（二）人才评价激励机制持续完善

1. 实行以增加知识价值为导向分配政策

2016年，中央办公厅、国务院办公厅印发《关于实行以增加知识价值为导向分配政策的若干意见》，旨在充分发挥收入分配政策的激励导向作用，激发广大科研人员的积极性、主动性和创造性，鼓励多出成果、快出成果、出好成果，推动科技成果加快向现实生产力转化。充分发挥市场机制作用，通过稳定提高基本工资、加大绩效工资分配激励力度、落实科技成果转化奖励等激励措施，使科研人员收入与岗位职责、工作业绩、实际贡献紧密联系，在全社会形成知识创造价值、价值创造者得到合理回报的良性循环。

2. 建立符合科研规律的人才评价体系

2018年，中央办公厅、国务院办公厅印发《关于深化项目评审、人才评价、机构评估改革的意见》，旨在"突出品德、能力、业绩导向，克服唯论文、唯职称、唯学历、唯奖项倾向，推行代表作评价制度，注重标志性成果的质量、贡献、影响"。针对人才"帽子多"、标准"一刀切"、评用脱节等突出问题，坚持"干什么评什么"的分类原则，"评用结合、谁用谁评"，论文发表和引用排名等不作为限制性指标，扭转少数人急功近利、作风浮躁的问题，让作风和学风得到转变。2018年，相关部门开展清理"唯论文、唯职称、唯学历、唯奖项"专项行动，旨在转变科研中存在着的不当作风，创新人才评价机制，建立健全以创新能力、质量、贡献为导向的科技人才评价体系，形成并实施有利于科技人才潜心研究和创新的评价制度。通过实施有针对性的举措，让科技工作者不再疲于应付名目繁多的评审评价，让人才管理制度更能适应科技创新要求和科技创新规律。

3. 国家科技奖励制度进入"深改时间"

2018年，国务院出台《关于深化科技奖励制度改革的方案》，在法规制度上做"加法"，在提名材料上做"减法"，实行提名制、建立定标定额评审制度、调整奖励对象等重点改革任务陆续落地实施。推进法规制度体系建设不断完善，重点修订《国家科学技术奖励委员会章程》等规范性文件，研究制定专家遴选、授奖指标分配等规则办法；精简提名材料，强化客观材料佐证和诚信承诺等方面改进提名工作，国家自然科学奖提名书取消填写论文期刊影响因子的硬性规定，鼓励发表在国内期刊的论文作为代表作。

四、有利于创新发展的经济制度逐步建立

习近平总书记指出要营造有利于创新创业创造的良好发展环境。要向改革开放要动力,最大限度释放全社会创新创业创造动能,不断增强我国在世界大变局中的影响力、竞争力。党的十八大以来,我国社会主义市场经济制度不断完善,市场竞争环境日益优化,市场主体敢创新、愿创新、能创新的生态逐步形成。

(一)激励创新的竞争环境大幅改善

1. 创新创业的营商环境愈益优化

习近平总书记指出,营商环境只有更好,没有最好。"十三五"规划纲要明确提出,营商环境包括四个维度:公平竞争的市场环境、高效廉洁的政务环境、公正透明的法律政策环境和开放包容的人文环境。规划实施以来,政府不断推动投资体制改革,简政放权的力度前所未有,营商环境不断优化提升。2019年,国务院公布《优化营商环境条例》,标志着我国市场化、法治化、国际化营商环境建设进入新阶段。"十四五"规划纲要则进一步提出要构建一流营商环境,具体包括"深化简政放权、放管结合、优化服务改革,全面实行政府权责清单制度,持续优化市场化法治化国际化营商环境""完善营商环境评价体系"等措施。

我国围绕发挥创新对经济发展的引领作用,深入推进投资审批、市场竞争、价格管理、产权保护等领域重大改革,为经济转型提供源头活水。党的十八大以来,经济体制改革的创新导向更加突出,科技与经济改革更加协调,优胜劣汰的市场竞争机制有效激发了深层次创新活力,不断优化市场环境,变"要我创新"为"我要创新",逐步形成有利于创新发展的利益轨道。通过简政放权,投资准入大门敞开了,中央层面核准的项目已经累计削减约90%,98%以上的境外投资项目改为网上备案管理,95%以上的外商投资项目实现备

案管理。

2. 推动新动能领域包容审慎监管

习近平总书记曾强调，产业变革具有技术路线和商业模式多变等特点，必须通过深化改革，让市场真正成为配置创新资源的力量。特别是要培育公平的市场竞争环境，发挥好中小微企业应对技术路线和商业模式变化的独特优势，通过市场筛选把新兴产业培育起来。2017年，国务院办公厅出台《关于创新管理优化服务培育壮大经济发展新动能加快新旧动能接续转换的意见》，提出对新动能领域实施包容审慎的监管制度。与此同时，国家在大数据、电子商务、人工智能、物联网、共享经济等新兴领域出台了一系列政策措施，深入推进监管制度改革，布局建设了新一代人工智能创新发展试验区，探索人工智能赋能城市经济、优化城市治理、引领高质量发展的新模式。我国已经成为全球创新成果场景化、商业化、普惠化水平最高的国家，新产品"飞入寻常百姓家"，普通大众享受到科技进步的便利和实惠，创新获得感明显增强。

3. 知识产权保护制度不断强化

党的十八大以来，我国知识产权工作取得新的进展，知识产权在国家治理体系中的作用更加凸显。2019年，中共中央办公厅、国务院办公厅印发实施《关于强化知识产权保护的意见》，建立了知识产权法院，明确实施恶意侵权惩罚性赔偿制度等一系列研发的知识产权保护制度，知识产权侵权易、维权难等问题得到了初步缓解。知识产权审查质量和效率持续提升，高价值发明专利审查周期压缩至17.3个月，商标注册平均审查周期压缩至4.5个月。截至2023年6月底，我国发明专利有效量达456.8万件，知识产权事业发展稳中有进、稳中提质。

全面创新改革试验区域将知识产权改革试点作为重点，探索出了"专利快速审查、确权、维权一站式综合服务""专利、商标、版权三合一执法机制"等一批改革举措。比如，建立知识产权司法执法有机衔接机制，湖北武汉市成立知识产权法庭，建立跨区域民事、刑事、行政案件"三合一"审判机制，结案率提高到90%以上；北京、上海知识产权法院率先建立技术调查官制度，大幅度提升案件审理的质量和效率。北京知识产权法院积极探索惩罚性赔偿制度，加大惩罚力度，例如某侵权案件被判赔4900万元，创造了我国专利侵权最高赔偿纪录。创建知识产权快捷综合服务，广东开展集快速审查、确权、维权于一体的一站式综合服务，外观设计专利授权时间由6个月缩短至7～10个工作日。

（二）技术创新的市场导向机制基本形成

1. 企业在组织实施国家科技重大专项方面发挥越来越突出的作用

国家科技重大专项是为了实现国家目标，通过核心技术突破和资源集成，在一定时限内完成的重大战略产品、关键共性技术和重大工程，是我国科技发展的重中之重。科技部、国家发改委、财政部于2018年12月共同研究制定《进一步深化管理改革 激发创新活力 确保完成国家科技重大专项既定目标的十项措施》，以进一步优化、简化国家科技重大专项的组织管理和工作流程，激发创新活力，推动重大专项的组织实施。通过《民口科技重大专项资金管理暂行办法》等各类科技计划经费管理制度，规范和加强中央财政科技经费的管理，进一步突出了企业在实施科技重大专项中的牵头和主力作用。

在已有国家科技重大专项的基础上，"科技创新2030—重大项目"加快启动实施。在立项环节，积极畅通产业界参与决策的渠道，提高企业家尤其是民营企业家参与决策的程度，并在立项环节就确定最终战略用户，使得重大科技项目的成果有明确的市场归宿；在组织实施环节，探索实施"项目经理人"制度，大幅精简科研项目管理流程，提高决策效率；在评估环节，引入专业第三方评估机构，客观公正地评估项目成果，倒逼科研活动组织效率，把"科技创新2030—重大项目"打造成为融通创新的重要载体。

2. 实施更具普惠性的税收优惠制度

加大研发费用加计扣除力度，扩大政策范围，完善研发费用加计扣除政策为企业带来实质性利好。比如，财政部、税务总局、科技部联合印发《关于提高科技型中小企业研究开发费用税前加计扣除比例的通知》，将科技型中小企业研发费用加计扣除比例从50%提高到75%。同时，加大高新技术企业政策落实力度，实施高新技术企业15%的所得税率优惠，放宽高新技术企业和科技型中小企业的亏损结转年限至10年。

3. 探索企业牵头的订单式研发和成果转化等新模式

针对科研项目与产业发展结合不紧密问题，依托全面创新改革试验在高校科技项目选题、高校制度改革等方面的成果，探索出定向研发、定向转化、定向服务"三定向"的订单式研发和成果转化机制，推出在科研选题中设置成果转化5%的股权激励机制等一批改革举措。比如，沈阳依托重点高校，推行"三定向"的订单式研发和成果转化机制，以校地产业研究院为平台，为企业量身定制设计研发项目，2018年即实施机制的第一年，试点学校申请发明专利115项，转化科技成果101项，是上一年的近2倍，合同额达7093万元，比上一年增长500%。

（三）科技成果转化激励制度取得重大突破

2015年，我国施行新修订的《中华人民共和国促进科技成果转化法》，发布《实施〈中华人民共和国促进科技成果转化法〉若干规定》《促进科技成果转移转化行动方案》，大幅提高对成果完成人和对转化工作作出重要贡献的人员的激励力度。各部门和地方落实全面创新改革试验要求，出台一批具体落实措施，在科技成果转化方面作出突破性探索，中国特色促进科技成果转化制度体系初步形成。

1. 探索科技成果转化激励新机制

试验区域从科技人员积极性不高、无形资产价值评估难等根本性问题入手，探索出科技成果转化的一系列有效路径。比如，西安试点基于"技术股+现金股"的股权激励模式，支持西北有色金属研究院开展无形资产入股和量化激励改革，通过组建股权多元化的高技术产业化公司，实行研究院控股、战略投资者参股、经营层和技术层持股的股权结构，依托科技成果转化项目成立了28家高技术产业公司，其中4家已上市，极大地激发了科研院所以及成果转化公司等的积极性。

2. 建立科技成果转化确权新制度

部分改革试验区域从激发发明人内生动力入手，率先探索职务科技成果权属混合所有制改革，明确科研人员对职务发明的所有权，推动职务发明从"国家所有"转变为"国家和发明人混合所有"，从"先转化、后确权"转变为"先确权、后转化"，从"奖励权"转变为"所有权"，推动科研人员有能力、有动力、有权力转化职务科技成果，探索出了职务科技成果转移转化的有效路径。比如，四川开展单位与发明人共同拥有职务成果所有权试点以来，从根本上调动发明人转化成果的主动性，使得西南交通大学在1年多的时间内完成了176项职务发明专利所有权分割确权，创办了16家高技术企业，成果转化数量、转化收益都得到了极大的提升。

3. 科技成果加速转化的效果显现

党的十八大以来，我国科技成果转化规模持续攀升，对高质量增长的促进作用越来越凸显。高校院所以转让、许可、作价投资方式转化科技成果的合同金额、合同项数持续增长，财政资助项目产生的科技成果转化合同金额增势明显。同时，科技成果的高价值转化案例不断涌现，科技成果交易合同均价大幅提高，大额科技成果转化项目频出。比如，中国科学院上海药物研究所2022年的科技成果转化项目合同金额高达17.17亿元。

[作者：董阳，中国科协创新战略研究院副研究员]

坚决破除"四唯" 激发创新活力

2020年9月11日,习近平总书记在科学家座谈会上发表重要讲话,强调要依靠改革激发科技创新活力。通过深化科技体制改革把巨大创新潜能有效释放出来,坚决破除"唯论文、唯职称、唯学历、唯奖项"。这一重要讲话进一步彰显出我国深化评价改革、激发创新活力的坚定决心。

长期以来,科技界诟病已久的人才评价"四唯(唯论文、唯职称、唯学历、唯奖项)"倾向突出,导致出现学术活动功利化、资源配置不合理、科技创新被弱化等现实问题,如同济大学经济与管理学院特聘教授陈强等针对全国科技工作者状况的调查显示,10%的人占有全部科研经费的近80%,20%的人占有全部科研经费的近90%,一些具有强烈学术愿望并初具科研能力的年轻人,在"四唯"导向的资源争夺中往往处于弱势地位。面对我国"十四五"时期甚至更长时期的经济社会发展对加快科技创新的迫切要求,如何有效发挥人才评价的指挥棒作用,树立新型人才评价导向、创新人才评价方式,为人才发挥作用、施展才华提供更加广阔的天地显得尤为迫切。

一、科技评价关键：创新中国科技评价体系

知识体系是一个内涵宏大的概念范畴。鸦片战争以来，近代西方的知识体系和思想价值观涌入中国，冲击着中国传统知识体系。中国传统知识体系的"经史子集"四部之学在当时社会与思想的剧烈变动中，逐渐转型为"文理法商医农工"七科之学。这一转变，成为传统学术门类向现代意义上的学术门类转变的重要标志之一；伴随着中国传统知识体系的解体，转化和移植于西方的中国近代知识体系逐步建立。

改革开放40多年来，我国逐步完善了中国特色的学位制度，建立起十三门类划分的学科体系，建构了以统一、量化为特征的科技评价机制，相对于改革开放前依托行政手段而言，对调动科技人员的积极性和创造性发挥了重要作用。科技评价工作在探索中前进、在改进中发展，对加强科研管理、培养高层次科技人才、提升科研实力发挥了重要作用。在全面提高质量和创新驱动发展的时代要求，特别是在评价结果与资源分配和待遇挂钩日益密切的条件下，我国现行科技评价体系中的问题日益显现：重数量轻质量、重形式轻内容、重短期轻长远的现象依然存在；评价指标单一化、评价标准定量化、评价方法简单化、评价结果功利化等倾向明显……这些问题将严重影响科技工作的持续健康发展。

在近百年的知识体系评估史上，评估的理论和方法始终在批判与竞争中融合与创新的进程。美国著名评价专家古贝和林肯将评估划分为测量、描述、判断、建构4个阶段：第一代评估强调使用合适的工具进行技术性的测量，第二代评估是一种以描述某些规定目标的优劣模式为特征的评估方法，第三代评估推崇帮助委托人决定判断的标准，第四代评估探索了响应式的聚焦方式和建构主义方法论。评估理论的演进体现了评估理论在不同阶段的发展特点，前4个阶段的评估理论已不再适应信息高速发展时代对教育评估的要求。以往评估理论的评估主体设置、客体选择、价值判断特别是评估方法等，已不能

满足新时代强调动态监测、多元综合的评价要求，而监测评估理念的提出，为新时代科技人才评价体系的构建提供了坚实的理论基础。

习近平总书记曾指出，创新是国家强盛之基，创新是民族进步之魂。急功近利的评价体制和自身知识体系的缺乏，是制约我国原始创新的瓶颈。清理"四唯"，创建激励原始创新的评价体系，将为需要长期积累的自主性基础研究创造相对宽松的学术环境，激发原始创新主体的活力；重构中国知识体系，消解西方知识体系垄断，将从根本上为原始创新提供驱动力，根除"抄袭""造假""重复"等不正之风。破除"四唯"，重构中国知识体系，创新评价机制，是时代给予我们的新挑战、新机遇、新任务。

二、"四唯"现象探究："唯量化、唯权威"是其本质

价值判断是科技评价最基本的特征。张先恩教授认为科技评价既是科学共同体包括科研单位为识别科学发现和知识创造优先权、引导科学发展方向、激励科研人员所建立的学术评价机制，也是政府为优化配置公共科技资源、实现国家科技发展战略目标、提高财政科技投入绩效所开展的科技管理的重要手段。随着科研活动日益复杂且分工精细，科学和以科学为基础的技术已成为社会各领域的支撑，其对社会的影响日益凸显。各国政府都十分重视对科研组织管理过程的科技评价及针对研究绩效开展的评估活动。无论是同行评议阶段还是宏观科技评价阶段，评价工作都是一个围绕价值判断与评价效果在动态变化中不断修正的过程。因此，从本质特征看，科技评价是对科研活动及其产出和影响的价值进行认识和判断的过程，价值判断是科技评价最基本的特征。

科技评价方法的不被认可及其与评价结果的功利结合是被批评诟病的根本原因。评价不与激励挂钩将难以发挥作用，但与激励挂钩则容易导向功利的结果。有些"工程、计划"，评估的主要是量化指标，太多功利因素的掺入必然会对学术造成"伤害"，会给国家科技发展带来负面影响。发表学术论文

是科研工作特别是基础研究的主要成果形式之一，论文的质量可以反映基础研究人员的学术水平和贡献，但是，不能简单用SCI论文数量、被引次数、高被引论文、影响因子、ESI排名等文献计量指标代替同行评议来判断论文的质量或个人的学术水平。在宏观层面，采用文献计量指标分析一国科学产出能力、科学前沿发展趋势、学科总体发展水平等具有统计学意义上的合理性，对国家宏观科技政策和管理具有一定的参考意义；但是，在微观层面，文献计量指标无法体现对论文创造性的"价值判断"。因此，中国科学院大学公共政策与管理学院副院长刘云教授认为不能将此运用于评价个人的学术水平和贡献，那种"数论文"的评价方式只会误导科研人员片面追求形式化的东西，采取"唯论文"的急功近利的短期行为。现实中，大家误以为期刊影响因子高、论文被引用次数多，论文水平就高，其实，这是对文献计量学的无知，是错误的理解。实际上，关于文献计量指标不能替代同行评议用于评价机构、个人和项目的问题，在《科学》社论、《旧金山宣言》和《莱顿宣言》中都有明确的表述。因此，破除"四唯"弊端，树立新型人才评价导向，创新人才评价方式是大势所趋。

自20世纪80年代以来，新自由主义的发展催生了一场"市场文化"的狂飙突进，即市场被认为对大多数（如果不是全部）商品和资源的分配具有更高的效率。该思潮倡导私有化、自由化，导致了西方国家角色及其治理理念的重新塑造，新公共管理运动应运而生。目前，我国现行科技评价体系对绩效的关注与强调过分偏重，南京大学教育研究院副院长操太圣教授认为对绩效的偏爱不可避免地会关注经济成本，吸纳市场机制的一些有价值因素。这是值得注意的倾向性问题，与人们通常认为的不同，新自由主义并没有选择进一步强化既有的监督方式，而是选择了实际监管效果更强的新模式——审计。审计最初与金融账户的控制有关，但随着新公共管理运动的兴起、社会对问责制和透明度要求的提高以及强调组织控制的质量保障模式的兴起，审计成为一项社会组织的构成原则、一种应用广泛的社会控制技术，以至于在社会上出现"审计激增"现象。用伦敦政治经济学院迈克尔·鲍尔教授的话来说，我们已经进入一个"审计社会"。

审计的社会管理功能主要在于向以前专业自治的领域传播"管理"的价值观和理念。审计对问责制和各项工作指标及数据的透明度的强调，决定了它是以量化指标及其准确测量为评价基础的，换言之，需要审计的活动应该是可量化的、可测量的、可比较的。无论如何，在审计社会中，学者们已经成为永久的"受审核者"，被嵌入复杂的"机构化的问责链"，使得科学与行政、政治和社会紧密地联系在了一起。学者所做的每件事都变得或应该成为可识别的、可测量的、可审计的，并且应该被允许作简单的比较。可见，在一个公开透明的评比排行系统中，一个人希望随波逐流、冷眼旁观或痛心疾首都不容易，因为评价结果只有达标与不达标、成功与失败，人们不再是"不甘落后"，而是"不敢落后"。

然而，科技评价不像工业生产评价和农业生产评价等有公认的度量衡标准——工业生产评价（加工了多少件，每件工资是多少，每小时件数多少），农业生产评价（种植多少亩地，每公斤价格多少，每亩产量多少）——度量标准明确无争议。科技评价改革的任务十分紧迫，但由于改革没有明确的受益方，而利益受损方（SCI论文受益者）又以影响公平为借口明确反对，导致改革的动力明显不足。具体表现在以下两个方面：一是科技分类评价改革难以落实，二是存在着定性评价好还是定量评价好的争议。定量评价方法是通过把评价指标量化，并采用模型和数学统计方法对评价对象作出数量的价值判断的方法。定性评价不采用数学的方法，而是根据对评价对象的平时表现、现实状态或文献资料的观察和分析，直接对评价对象作出定性结论的价值判断。

三、破除"四唯"：重在科技评价的持续创新

习近平总书记强调，要完善好人才评价指挥棒作用，为人才发挥作用、施展才华提供更加广阔的天地。在新时代，改革人才评价方式，破除"四唯"

弊端、树立新型人才评价导向、创新人才评价方式是大势所趋。

（一）建立监督与纠偏体系

所谓"元评价"是指对评价本身的评价，其主要目的是检验评价中可能出现的各种偏差，运用统计和其他的方法来估计产生的偏差对评估结论的影响。美国州立威诺纳大学校长克鲁格曼曾经指出，无论哪一类评价，其结果经得起推敲的前提都必须经过元评价的检验。"四唯"不良倾向在以往学术评价领域长期盛行的深层次原因是对原有评价体系缺乏监督与纠偏，因此，运用元评价对原有科技评价体系进行评估与纠偏是十分重要的。目前，世界各科研强国大多采用元评价的方式实现对现行科技评价体系的监控与纠偏。如美国采用元评价标准对教育、科研等评价活动进行监控与再评价；日本在科研评价中基于元评价理念将自评与他评相结合，重视"戴明循环"在科研成果评价中的作用。

我国的科研元评价尚处于理论探索阶段，破"四唯"不良倾向的提出，虽未提及"元评价"一词，但其实质是通过反观现有评价体系的漏洞及不足，提出修正和纠偏策略，完全属于元评价的理念范畴。现行科研绩效评价虽然能够引导科研发展的方向，但在绩效评价的过程中，由于对事物发展形态存在认知局限性，或是由于存在系统内外环境中可变因素的影响，使得科研绩效评价出现偏差，不能达到预期的评价效果。对科研绩效评价开展元评价，能够实现科研绩效评价角色的转变，使其由评价行为的发出主体变为被评价的客体对象，并对原有体系开展检验及审视。因此，我国务必利用破"四唯"的良好机会，采用元评价的理念及方法开展对旧评价体系的调整，纠正现行科技评价体系缺乏适时监控及评价反馈等弊端，从而在破旧立新中提升科技成果评价质量。

（二）建立过程性动态评价体系

阶段性成果作为反映研究过程科研绩效的重要数据，尤其是对应用类学科的项目成果鉴定具有重要的参考价值。阶段性成果包含获奖、四大期刊转载、发表国内外论文、阶段研究性报告、专著等指标。其中学术论文、学术专著、学术研究报告是人文社科成果形式的主要体现。一方面，学术论文不仅是科技成果的主要表现形式，也是科研质量的主要评价维度。"不唯论文"与"不评论文"是两个不同的概念，事实上，论文在科技成果中体现了重要的载体作用。"不唯"的内在要求是不以论文作为单一的成果评价指标，而应注重改变评价的实质内涵，将这一指标正本清源，推行代表作制度，通过构建科技成果评价体系引导论文质量提升。学界对类似指标的研究也较为成熟，比如邱均平教授等人提出将转载作为评价指标之一的文摘评价法，是对论文水平进行间接评价的良好手段，很大程度上减少了由单一引文分析带来的公允性争议。

另一方面，要注重科技过程性管理。科技成果评价属于事后评价，虽然反映的是最终结果一个点的状态，但结果是过程的综合反映，评价结果可以适用于以下三类对象：一是对项目管理者而言，可作为项目调整、后续支持的重要依据；二是对相关研发、管理人员和项目承担单位、项目管理专业机构而言，可作为业绩考核的参考依据；三是对项目资助机构而言，可以反映科技计划项目管理过程是否完善、是否到位、是否有改进的空间或余地，因而可以对完善科技计划项目过程管理提出建议。因此，加强过程动态管理，利用好阶段性成果指标时效性强的优点，更利于知识的扩散与传播，并且数据易于计量。阶段性成果评价是对科研过程的评价，可通过建立相对齐备的项目阶段性成果数据库，分析研究过程中存在的问题、研究过程与研究结果之间的关系。在原有的最终成果鉴定的基础上，增加对科研过程的绩效评价模块，形成完备的科技成果过程性评价体系。

（三）建立分类评价体系

破"四唯"就是要避免"一把尺子量所有"的一刀切式评价。要根据评价对象的不同，选择具有适切性的评价方法；要根据各学科研究类型及成果产出形式的不同，充分考虑学科特点及差异；要根据不同类型科技活动特点，针对科技活动人员、创新团队、平台基地、科研项目等不同对象，按照基础研究、应用研究、技术转移、成果转化等不同科技创新工作的特点，分别建立涵盖科研诚信、创新质量、学术贡献、人才培养、科学普及与开放共享等内容的不同评价标准。

首先，对基础研究人员的评价，要以有利于潜心研究、长期积累、催生重大原创性成果为重点；对应用研究人员的评价，要以聚焦需求、具有自主知识产权和重大技术突破为重点；对从事技术转移、科技服务和科学普及等科技活动人员的评价，要以创造更多经济社会效益、为社会生产作出更大贡献为重点；对从事科技支撑和服务工作的科技活动人员的评价，要以其服务质量与实际效果为重点。其次，对科研团队的评价，要以解决重大科技问题的能力、协同攻关与合作机制为重点进行整体性评价，围绕团队自身梯队和学风建设、代表性成果、人才培养等方面，考评团队科技成果所有参与者的实际贡献。再次，对科研创新平台（机构、基地）的评价，要以综合绩效和开放共享为评价重点，鼓励创新平台深化科教结合，注重创新成果转化、技术服务和科学普及；鼓励提高技术支撑人员服务技能，加强自主开发仪器设备，基地接受国内外访问学者、科研基础设施依照规定对社会开放程度都应该成为评价内容。最后，对不同类别科技项目的评价，要制定科学合理的评价标准。基础研究项目要以原始创新性成果和创新型人才培养为评价重点，着重评价科学价值和国际影响；应用研究项目要以关键技术和核心技术突破、自主知识产权成果、经济社会效益等为评价重点，着重评价目标完成情况、成果转化情况以及技术成果的突破性和带动性；产业化开发项目要以技术、产品的成熟度和市场反应为评价重点，着重评价对产业发展的实质性贡献。

（四）建立质量导向型综合评价体系

破除旧"四唯"后，如何避免新构建的评价体系迈入另一种新"四唯"，这是需要思考的问题。笔者认为要遵从学科特点，建立成果评价新体系，确定良好科研导向，建立科研良性循环，可以使更多优秀的科技成果脱颖而出。

定性与定量相结合的综合评价是当前学界最主流、最科学的评价方式。同行评议既保证了科研质量，又对科研成果的隐性特质进行了最大限度的挖掘，是应当坚持的主体评价方式。特别是要注意回归到小同行评议上来，因为小同行是最了解科研人员科研工作、能力、价值的，他们不需要看职务、论文数量和影响因子等外在东西，而是通过论文内容、口头报告和其他形式，就可以对科研人员进行定性评价，结果也相对真实。与此同时，计量评价的指标具有易于量化、数据客观等特点，能规避一部分由同行评议带来的个人主观因素的干扰，是同行评议的重要补充和重要辅助方式，定性评价与定量评价可以相互渗透、互为补充。

建立定性为主、定量为辅的综合评价方式，基本原则是看研究成果是否"顶天立地"。从横向看，首先，基础研究有其自身的规律，过度竞争不利于潜心研究，采用中长期考核评价是较为可行的方式，要重点关注基础研究是否代表世界最前沿的方向，是否对所在学科的认知体系背后的基础科学问题有实质贡献，有没有产出创新性成果的可能；其次，应用研究则看是否为重要科学问题的解决提供了新的、关键的、可靠的证据，是否进行了产业化，是不是切实解决了企业需求；最后，是否创立了原创性的科学研究方法，可被用来解决重要科学问题的研究工作是否可以导致领域研究方向、范畴、视野（视角）的变革或者领域认知体系的显著进步，从而促进学科发展。从纵向看，发挥高水平科学家组成的委员会作用，对"阶段成果+代表成果"开展全面评价，既能克服同行评议的主观性，又能消除"四唯"可能带来的不良影响，是实现破立并举的重要途径。

总而言之，把"坚持科学分类、多维度评价"作为解决"分类评价体系不健全，评价指标单一化、标准定量化、结果功利化"问题的破题之举，一是在解决"评什么"方面，要根据科技成果不同特点和评价目的，全面准确评价科技成果的科学、技术、经济、社会、文化价值。二是在解决"谁来评"方面，要坚持"谁委托科研任务谁评价""谁使用科研成果谁评价"，突出评价的用户导向、应用导向、绩效导向。三是在解决"怎么评"方面，要健全完善科技成果分类评价体系，按照基础研究、应用研究、技术开发和产业化等不同成果类型，形成符合科学规律的多元化分类评价机制。四是在解决"怎么用"方面，要从需求侧入手，以科技成果评价为指挥棒，激发科研人员积极性。

科技创新本质上是人的创造性活动，党的二十大报告指出："教育、科技、人才是全面建设社会主义现代化国家的基础性、战略性支撑。必须坚持科技是第一生产力、人才是第一资源、创新是第一动力，深入实施科教兴国战略、人才强国战略、创新驱动发展战略，开辟发展新领域新赛道，不断塑造发展新动能新优势。"人才评价是人才发展体制机制的重要组成部分，是人才资源开发管理和使用的前提。只有真正做到科学化、全面化、创新化，坚持数量与质量结合、道德与才能并重、贡献与影响共进，才能真正激发人才的活力和动力，推动我国经济社会持续、快速、健康地发展。不断向科学技术广度和深度进军的号角已经吹响，我国有着数量众多的科技工作者、规模庞大的研发投入、集中力量办大事的制度优势，随着科技创新生态的持续改善、创新创造活力的充分释放，我国广大科技工作者有信心、有意志、有能力登上科学高峰。

[作者：彭怀祖，南通大学原党委副书记、副校长、教授、博士生导师，江苏先进典型研究中心主任、首席专家]

推动科技成果不断转化为现实生产力

面对世界百年未有之大变局，立足新发展阶段，构建新发展格局，加快科技成果转化为生产力，是推动我国高质量发展的重要途径。习近平总书记曾强调，疏通应用基础研究和产业化连接的快车道，促进创新链和产业链精准对接，加快科研成果从样品到产品再到商品的转化，把科技成果充分应用到现代化事业中去。因此，如何克服科技经济"两张皮"现象，打通"不能转""不愿转""不敢转"三道"关隘"，推动科技成果不断转化为现实生产力，是当前我国亟待攻克的一项重大课题。

一、科技成果转化制度变迁

2015年修订的《中华人民共和国促进科技成果转化法》（以下简称《促进科技成果转化法》）明确指出，本法所称科技成果，是指通过科学研究与技术开发所产生的具有实用价值的成果。科技成果可分为职务科技成果和非职务科技成果。职务科技成果是指执行研究开发机构、高等院校和企业等单位的工作任务，或者主要是利用上述单位的物质技术条件所完成的科技成果。除此之外的科技成果，即为非职务科技成果。科技成果转化是指为提高生产力水平而对科技成果所进行的后续试验、开发、应用、推广直至形成新技术、新工艺、新材料、新产品，发展新产业等活动。

新中国成立以来，特别是改革开放后，党和国家高度重视科技成果转化工作，先后出台了一系列促进科技成果转化为现实生产力的政策法规，逐渐形成具有中国特色的科技成果转化制度体系。

（一）科技成果转化政策初步形成

1985年颁布的《中共中央关于科学技术体制改革的决定》提出，应当按照经济建设必须依靠科学技术、科学技术工作必须面向经济建设的战略方针，开拓技术市场，促进技术成果商品化。国家科技行政部门通过"星火计划""火炬计划"进行科技成果推广。为提升成果转化率，我国相继出台了《国务院关于深化科技体制改革若干问题的决定》《中华人民共和国科学技术进步法》《中共中央关于建立社会主义市场经济体制若干问题的决定》等，初步建立了推动科技成果转化的制度环境。

（二）科技成果转化政策法制化

1996年，我国颁布的第一部《促进科技成果转化法》规定，国家设立的研究开发机构、高等院校所取得的具有实用价值的职务科技成果的知识产权由该单位保留，单位应当从转让净收入中提取不低于20%的比例，对完成该项科技成果及其转化作出重要贡献的人员给予奖励。这标志着我国科技成果转化政策逐渐步入法制化轨道。

1999年，科技部、财政部等7个部门联合颁布了《关于促进科技成果转化的若干规定》，对鼓励高新技术研究开发和成果转化、保障高新技术企业经营自主权、为高新技术成果转化创造环境条件等作出了具体规定。同年，中共中央、国务院颁发的《关于加强技术创新，发展高科技，实现产业化的决定》指出，通过深化改革，从根本上形成有利于科技成果转化的体制和机制，加强技术创新，发展高科技，实现产业化，提高综合国力，实现跨越式发展。

与此同时，发布的《财政部 国家税务总局关于促进科技成果转化有关税收政策的通知》《国家税务总局关于促进科技成果转化有关个人所得税问题的通知》，为科技成果转化政策法规的落地落实提供了税收支持政策。

（三）科技成果转化政策体系化

2006年，《国家中长期科学和技术发展规划纲要（2006—2020）》对国家自主创新作出总体部署，为科技成果转化塑造了良好外部环境。2007年修订通过的《中华人民共和国科学技术进步法》规定，利用财政性资金设立的科技项目所取得的科技成果，除涉及国家安全、国家利益和重大社会公共利益的外，依法授予项目承担者知识产权，项目承担者可以按照实际贡献比例分配知识产权收益。这开启了我国向科研机构和科研人员赋权激励的制度先例，被看作中国版的《拜杜法案》。财政部、科技部先后于2011年、2015年联合出台了《国家科技成果转化引导基金管理暂行办法》《国家科技成果转化引导基金贷款风险补偿管理暂行办法》，通过设立国家科技成果转化引导基金，引导社会力量和地方政府加大科技成果转化投入，引导基金贷款风险补偿，加速推动科技成果的转化与应用。

2015年修订的《促进科技成果转化法》，对科技成果及职务科技成果进行了界定，对科技成果的信息发布作了具体要求，对科技成果转化的资金投入、知识产权管理、绩效考核评价体系、奖励和报酬制度等进行法律规范。2016年相继出台的《实施〈中华人民共和国促进科技成果转化法〉若干规定》《促进科技成果转移转化行动方案》等配套文件，从税收优惠、股权激励等方面明确科研人员的激励政策。由此，《促进科技成果转化法》《实施〈中华人民共和国促进科技成果转化法〉若干规定》《促进科技成果转移转化行动方案》被称为推进科技成果转移转化工作的"三部曲"。

为了贯彻落实促进科技成果转移转化的"三部曲"，国家及相关部委又陆续发布了一系列政策文件。2016年，科技部、教育部联合发布《关于加强高等学校科技成果转移转化工作的若干意见》，首次明确高校科技成果转移转化收益全部留归学校,并将高校科技成果转移转化绩效纳入世界一流大学和一流学科建设考核评价体系。同年,教育部发布了《促进高等学校科技成果转移转化行动计划》,提出建设一批专业化服务机构,促进科技成果转移转化平台建设,培育一批具有一定成熟度、市场认可度高的科技成果。2020年,中央全面深化改革委员会第十二次会议审议通过《赋予科研人员职务科技成果所有权或长期使用权试点实施方案》,提出国家资助的科研项目取得不在负面清单内的科技成果可由国家赋予科研人员所有权,实施先赋权后转化、负面清单管理、设立知识产权交易平台、建设检验评估机构等举措。2021年,国务院办公厅印发《关于完善科技成果评价机制的指导意见》,围绕科技成果"评什么""谁来评""怎么评""怎么用"完善评价机制,作出一系列工作部署。至此,实现了科技政策、税收政策、金融政策的关联协同,科技成果转化政策逐步体系化。

二、科技成果转化现实扫描

(一)我国科技成果转化工作成效显著

改革开放40多年来,我国科技成果转化工作由点到面获得快速发展,特别是近年来取得了显著成效。国家科技评估中心副总评估师韩军认为,2016—2019年期间,全国出现"井喷式"成果转化热潮。国家知识产权局发布的《2020年中国专利调查报告》显示,"十三五"时期,我国有效发明专利产业化率整体稳定在30%以上,企业有效发明专利产业化率保持在40%以上。2020年,我国有效发明专利产业化率为34.7%,其中,企业为44.9%,科研单位为11.3%,高校为3.8%。《中国科技成果转化2020年度报告(高等院校与科研院所篇)》显示:2019年,3450家公立高等院校和科研院所以转让、许可、作价投资方式转化科技成果的合同项数有所增长,合同项数为15035项,比上一年增长32.3%;合同总金额达152.4亿元,当年到账金额达44.3亿元,比上一年增长29.8%;转化合同总金额超过1亿元的单位有29家;3450家高校院所的技术开发、咨询、服务合同金额为933.5亿元，比上年增长22.9%；高校院所兼职从事成果转化和离岗创业人员数量为14210人，比上年增长23.4%。可见，近年来我国有效发明专利产业化率，高等院校和科研院所科技成果转化的合同项数及合同金额，高校院所的技术开发、咨询、服务合同金额及兼职从事成果转化和离岗创业人员数量，均保持较高增速。

  上述成绩的取得，主要得益于我国科技成果转化激励驱动和服务保障体系逐步建立健全。一是科技成果转化管理工作得到加强。2018年，科技部成立"成果转化与区域创新司"，专门负责国家科技成果转化管理工作。二是科技成果转化激励政策不断优化。随着科技成果转化政策"三部曲"的出台，各部委发布了一系列激励科技成果转化政策的配套政策，通过下放科技成果使用、处置和收益权，加大财政奖补力度、提高科研人员科技成果转化收益等一系列措施，充分激发各类创新主体的科技成果转化活力。三是科技成果转化服务体系逐步完善。科技成果转化平台建设、服务专业人才队伍建设都逐步加强。2015年以来，国务院办公厅、科技部、财政部、教育部和科技部火炬中心等出台了一揽子支持中介机构发展政策，形成了"高校院所内部技术转移机构—众创空间—科技企业孵化器—大学科技园—技术市场"的政策支持体系，以及科技金融、财政资金支持、税收优惠和引导社会资本投入等多元化保障机制。

（二）我国科技成果整体转化率不高

  科技成果转化是一项涉及管理方（政府）、供给方（高校、科研院所）、需求方（企业）、服务方（中介机构）等多要素相互作用的复杂系统工程。供给方与需求方之间的天然鸿沟决定了科技成果转化是世界性难题，是世界多数国家创新体系建设的瓶颈，科技部原部长朱丽兰甚至称其为"世纪顽症"。虽然近年来我国受理的发明专利申请量、研究人员每年发表论文数量连续多年位居世界第一，科技成果转化活动持续活跃，但是还有相当一部分科技成果获得鉴定后就被束之高阁。

我国科技成果整体转化率不高的影响因素很多，原因很复杂，主要表现在：一是科技成果转化供给方动力不足。科技成果评价不合理的"四唯"标准，导致科研机构及科研人员倾向于"重基础研究、轻应用研究""重论文发表、轻成果转化"，取得的许多科技成果缺乏实用性和可操作性，与实际市场需求脱节，即"不能转"；科技成果奖励制度不合理，研发人员占科研成果转化得到的收益分配份额较低，导致科技人员进行科技成果转化的积极性不高，即"不想转"；《中华人民共和国专利法》《促进科技成果转化法》对职务科技成果权属的规定，使职务科技成果转化需要直面国有资产的"红线"，导致科技机构和科技人员"不敢转"。二是科技成果转化需求方承接力不强。企业特别是中小企业参与国家重大专项和行业共性技术攻关的机会很少，技术创新的意识和能力不强，承接科技成果转化的主体作用难以充分发挥；中试阶段投入大、技术风险和市场风险高，难以从常规的商业渠道获得足够的资金支持，加上政府投入有限，企业又担心风险大而不敢贸然投资，因此制约科技成果转化的"最后一公里"便无法打通，"死亡之谷"也就难以逾越。三是科技成果转化服务方能力不足。科技成果转化中介服务机构数量太少，正如科技部原部长王志刚所说：现阶段我国高校设立技术转移机构的仍是少数，已建立的机构也不同程度存在职能定位散、服务水平低、发挥作用弱、人才储备少等问题，难以有效承担高校科技成果转移转化的职责和使命。科技成果转化服务队伍建设滞后，我国科技成果转化中介服务机构中知识产权管理、法务管理、商务和营销、财务、经纪等专业人才相对匮乏，帮助供需双方精准对接的服务能力相对偏弱。

三、发达国家科技成果转化的先进经验

国外没有"科技成果转化"的概念，相近范畴是"技术转移"或"技术商业化"。尽管美、英、法、德、日等国推进技术转移的具体做法不尽相同，但形成了一些可资借鉴的共性经验。

（一）重视技术转移立法

西方发达国家普遍重视通过法律法规推动成果转化。1980年，美国通过《拜杜法案》，建立赋权激励制度，激发技术转移相关主体的动力，提高了技术转移率。之后，美国颁布了《史蒂文森—威德勒技术创新法》《联邦技术转移法》《国家竞争力技术转移法案》《国家技术转移与升级法》等系列法案，形成了保护知识产权、促进技术转移完善的法律体系。德国通过《专利法》《商标法》《版权法》《实用新型法》《反不正当竞争法》等开展知识产权保护，颁布《雇员发明法》，明确规定高校享有职务发明成果所有权，有权申请专利和使用专利，但应当向职务发明人支付专利实施纯收入的30%作为报酬，激发专利成果的转化应用。其他发达国家也颁布了促进大学职务发明成果的转化推广和产业化应用的法律法规，如法国的《技术创新与研究法》、日本的《产业活力再生特别措施法》等。

（二）重视建立技术转移专业化服务机构

美国于1989年成立的国家技术转移中心是美国技术转移及技术成果产业化领域的先驱者，美国联邦实验室技术转移联盟在全国范围内专门促进联邦实验室科研成果向国内产业界转移。《拜杜法案》实施之后，大多数研究型大学及科研院所普遍设置了技术转移内部机构，有力推动技术转移及产业化。如斯坦福大学的技术许可办公室带动了"硅谷"的形成和运作，麻省理工学院的技术许可办公室承担学校科技成果的商品化、技术评估、风险测评、技术许可、专利申请等几乎全部知识产权管理工作。德国的马普学会、亥姆霍兹联合会、莱布尼茨联合会等国立科研机构都建立了专业化的成果转移转化服务机构，如马普学会的马普创新公司、亥姆霍兹联合会各研究中心的技术转移机构、莱布尼茨联合会的应用实验室等。此外，德国还有很多市场化的独立科技成果转化机构，如德国技术转移中心、史太自技术转移中心和弗朗霍夫协会等。又如，英国建立了国家级大学技术转移协会、93所大学技术转移中心，形成了遍布英国全国各地的技术转移网络。

（三）重视建立激励与考评机制

一是重视建立技术转移收益分享机制。美国的《拜杜法案》规定，技术转移收益的1/3归发明人、1/3归投资机构和投资人、1/3归服务机构。德国的《雇员发明法》规定，高校雇员作为发明人应获得30%的发明收益，高校作为知识产权所有人获得70%的发明收益。独立于高校的科研机构有关发明收益的分配不尽相同，如马普学会的发明人可获得约20%的发明收益，亥姆霍兹联合会下属各研究中心的发明人可获得约30%的发明收益。

二是重视建立财税金融支持制度。发达国家重视运用税收刺激计划、补贴、贷款和风险投资、政府公共采购等财税金融政策工具来促进科技成果转化。英国对企业的技术转移给予经费支持或减免税优惠，中小企业符合条件的研发费用支出部分可享受最高达150%的税收减免额，新创办的公司如果放弃税收优惠则可获得占符合条件的研发费用24%的现金退款。法国中央政府和地方政府设立了风险发展基金，支持创新型中小企业解决融资问题，国防部重视创新型中小企业的创新技术或产品的采购。德国联邦政府对公共研发成果的转移转化给予经费支持或减免税优惠，并设立联邦风险投资项目促进技术创新企业的诞生。

三是重视建立技术转移绩效的考评机制。将技术转移指标纳入相关组织和人员的考核体系已经成为普遍趋势。美国《联邦技术转移法》规定，技术转移工作是所有联邦实验室雇员的职责，是人事绩效考核的重要指标之一。英国把技术转移绩效纳入大学评估体系，如牛津大学对技术成果转移相关人员进行直接的经济奖励，在晋升职称、在外挂职等方面给予非经济奖励。日本使用有效发明专利的"数目"及其"受正视程度"对大学及研究机构进行等级排名，建立技术转移绩效考评机制。

四、推动科技成果转化为生产力的可行方略

科技成果转化是一项复杂的系统工程，必须推动政府方"敢作为"、供给方"愿作为"、需求方"能作为"、服务方"会作为"，多轮驱动、同题共答、同向发力，协同推动科技成果不断转化为现实生产力，促进经济社会高质量发展。

（一）赋能政府方，营造激励科技成果转化的政策环境

一是加强科技成果转化的顶层设计。中央和地方政府应当将科技成果转化纳入国民经济和社会发展五年规划和中长期发展规划。对关系到国计民生的项目，组织开展产学研协同创新研究，通过研发资助、发布产业技术指导目录、示范推广等方式予以支持，加大对科技成果转化产品的政府采购力度。推进部门间科技成果转化相关政策法规衔接、实施细则配套及有效落地执行，改进科技成果评价、授奖和职称评定等办法，建立明晰的科技成果转化利益分配与奖励制度，激发科研人员主动对接市场需求和推进科技成果转化的积极性。加强对高校科研院所科技成果转移转化行为的规范和引导，推进职务科技成果权属改革，完善知识产权股权激励操作办法，唤醒"沉睡专利"。促进各类创新要素融通发展、创新主体协同创新，构建多层次、广领域、网络化的科技资源共享平台体系，形成政产学研一条龙创新体系。

二是加大科技成果转化金融支持。建立以政府资金支持为引导、企业经费投入为主体、各类金融与民间资本竞相跟进的多元化科技融资机制。设立创业投资引导、科技成果转化、知识产权运营等政府专项资金，对科技成果产业化的关键核心技术、"卡脖子"问题的攻关给予重点支持，扶持一般科技成果实现从"0到1"的转化。建立众筹银行、创客银行等新型科技金融服务机构，利用众筹等互联网科技金融平台，拓宽中小企业特别是小微企业科技成果转移转化融资渠道。构建覆盖企业全生命周期的资金支持体系，采用种

子基金、天使基金、科技信贷、股权投资、证券资本等组合支持方式，为企业的良性发展提供持续性资金支持。建立健全科技金融风控体系和科技风险补偿机制，构建企业大数据信用平台，对科技成果转化失败的项目和企业给予一定额度的财政补偿。动员各类资金共同投资"共享中试平台"，打通科技成果转化的"最后一公里"。

三是加强科技成果转化监督管理。改革"重立项、轻产出""重论文发表、轻成果转化"的固有科研模式，把科技成果转化和知识产权创造与运用作为应用类科技项目立项和验收的重要标尺。创新对成果转化机构、投资机构的评价考核模式，建立"白名单"式容错机制，为其提供尽职免责的政策保障。探索可转化科研成果入库管理机制，对符合产业发展方向且具有市场潜力的创新科技成果，建立入库管理机制和出台"首购首用"政策。

（二）激活供给方，创造易于产业化的高质量科技成果

"问渠那得清如许？为有源头活水来。"高校科研院所是科技成果创新的主要活水源头，只有激活高校科研院所应用性科技成果的创造力，才能为科技成果转化提供源源不断的高质量实用成果。

一是建立需求驱动的研发机制。把"服务国家战略需求和经济社会发展"作为高校科研院所科研的重要要求，突出"高精尖缺"导向，从源头上确保科技成果的可转化率。加快世界一流大学与科研院所建设，提升原创性和前瞻性科技成果供给能力。实施重大科研项目"揭榜挂帅制"，鼓励和引导科技人员瞄准"卡脖子"技术难题，勇当"揭榜挂帅"急先锋，产出高水平科技成果。允许科技人员依法依规到企业兼职、挂职或者参与项目合作并取得合法报酬，在职创办企业或者离岗创新创业。

二是健全科技成果评价体系及激励机制。完善科技成果评价体系，改变主要以论文数量、授权专利作为项目立项和成果评价的标准，加大技术创新成果原创性及其经济效益的考核权重。完善职务科技成果赋权制度，发挥职务科技成果权属改革的示范效应，促进科技成果转化。建立激发科研人员转

化科技成果的分类考核评价体系，将科技成果转化纳入人才评价、机构评估体系。

三是推进产学研深度融合发展。建立以企业为主体，以高校科研院所为依托，各创新主体共同参与的创新创业联合体；通过转让、并购、合作研发、产权买断等方式，加快产学研深度融合，贯通创新链与产业链；实施有效的概念验证资助计划，支持研究型大学探索建设概念验证中心，解决理论想法到产品原型过程中的技术验证问题；建设专业化产业园区，系统化布局重大科研设施产业创新体系，营造"鸡生蛋""蛋生鸡"的良好科技产业生态。

（三）扶持需求方，提高新技术需求及新成果吸收能力

一是鼓励企业参与技术研发。通过政府项目资助扶持企业独立承担或参与国家重大专项及行业共性技术攻关，提升企业技术创新能力。引导行业领军企业构建高水平研发机构，形成完善的研发组织体系。鼓励龙头企业联合高校科研院所共建研发平台，开展联合技术攻关，破解产业化过程中关键核心技术难题。推进"订单式"供需对接机制，引导中小企业与高校科研院所协同进行技术攻关，推进科技成果转化。

二是鼓励企业与研发机构共建科技成果转化平台。以国家级高新技术开发区、大学科技园等科技成果产业化平台为基础，构建以创业苗圃、孵化器、加速器等科技成果孵化转化基地，推动创新链对接产业链。

三是优化企业与高校、科研院所双向交流机制。依托"互联网+"，设置线上线下相结合的科技成果展示转化交易中心和技术交易市场，畅通企业与高校、科研院所的双向交流的渠道，促进科技成果供需双方深度融合。

（四）做强服务方，提升专业化服务能力

一是加强科技中介服务机构建设。引导发展若干全国性的专业化科技服务机构，打造网络化科技成果转化平台，加快完善全国技术交易市场体系。逐步建立"高校、科研院所内部技术转移机构—众创空间—科技企业孵化器—大学科技园—技术市场"的中介机构政策体系，支持高校内部技术转移机构建设及大学科技园进行成果转化，推进集约式、网络化众创空间发展，支持孵化器提供从成果研发、小试中试到产业化应用全链条的专业技术服务。

二是加强技术经理人队伍建设。鼓励高校、科研院所、科技企业、科技服务机构等单位加大技术经理人的培育、培训、培养力度，不断提高他们的技术转移能力与创新管理能力。

三是拓宽服务功能渠道。通过组织科技专家"技术坐诊""技术巡诊""技术会诊"，助推科技成果供求精准对接，打造"红娘"服务标杆，促进创新链与人才链、产业链、技术链、资本链有效融合，推进科技成果转化工作高质量发展。

[作者：危怀安，华中科技大学公共管理学院副院长、教授、博士生导师，科技部科技专家库专家，中国科学学与科技政策研究会公共管理专委会副主任，湖北省公共管理研究会副会长]

以科技创新助力乡村振兴发展

乡村振兴战略，是党的十九大作出的重大战略决策，是带动乡村产业经济发展、加快推进农业农村现代化的重要保障，是全面建设社会主义现代化国家的必由之路。乡村振兴战略的实施，关系到新时代中国特色社会主义主要矛盾的解决，是中国共产党践行以人民为中心发展思想的有力实践。科技创新是社会经济发展的重要驱动力，因此，乡村振兴的长远发展离不开科技创新的引领。通过对科技创新助力乡村振兴发展的必要性分析，审视当前科技创新助力乡村振兴的发展现实及存在的症结，有助于探求科技创新助力乡村振兴发展的路径，以推进农业农村现代化的健康发展。

一、科技创新助力乡村振兴发展的必要性分析

中国特色社会主义进入新时代，我国社会主要矛盾已经转化为人民日益增长的美好生活需要和不平衡不充分的发展之间的矛盾。当前，中国最大的不平衡不充分发展领域，就存在于城镇和乡村。城镇和乡村的发展一直是我国城镇化发展进程中需要突破的一个难题。因此，李军国在《实施乡村振兴战略的意义重大》一文中提出，现阶段我国已具备启动实施乡村振兴战略的条

件，实施乡村振兴战略是解决我国城乡发展不平衡不充分问题，满足人民日益增长的美好生活需要的迫切要求。因而，实施乡村振兴战略对于解决新时代社会主要矛盾、实现"两个一百年"奋斗目标、实现全体人民共同富裕具有重大意义。党的二十大报告就明确指出："全面推进乡村振兴，坚持农业农村优先发展，巩固拓展脱贫攻坚成果，加快建设农业强国，扎实推动乡村产业、人才、文化、生态、组织振兴，全方位夯实粮食安全根基，牢牢守住十八亿亩耕地红线，确保中国人的饭碗牢牢端在自己手中。"刘汉成认为实施乡村振兴战略不仅是解决新时代社会主要矛盾的重要手段，更是解决市场经济体系运行矛盾的主要抓手和解决农业现代化的重要内容。习近平总书记在2020年年末的中央农村工作会议上着重强调，在"向第二个百年奋斗目标迈进的历史关口"，要"举全党全社会之力推动乡村振兴"。

实施乡村振兴战略，是当前做好"三农"工作的总抓手。乡村振兴，落脚点在实现农业农村现代化，归根到底要靠科技创新的支撑和引领。习近平总书记高度重视"三农"问题，关心农业科技工作，强调"中国人的饭碗任何时候都要牢牢端在自己的手上。农业振兴要插上科技的翅膀，要加快构建适应高产、高效、生态、安全农业发展要求的技术体系"。习近平总书记强调，"纵观人类发展历史，创新始终是一个国家、一个民族发展的重要力量，也始终是推动人类社会进步的重要力量"，并明确提出科技创新是国之利器，是国家赖之以强的根本。改革开放40多年来，我国农业农村发展取得了举世瞩目的成就，发生了历史性的巨变。这离不开农业科技创新的支撑和引领。

我们知道，科学技术是第一生产力。一个乡镇地区的科技创新水平在很大程度上奠基了该区域经济和社会发展的基本面貌。因此，抓好科技创新的引领和支撑，对于我们国家这样一个农业大国来说，尤为关键。因此，全面实施乡村振兴战略，从根本上解决农村产业发展、农民致富等问题，需要坚实的科技创新作为有力支撑。

纵观世界各国，乡村衰落、城乡差距拉大等问题，是大多数国家在工业化进程中所面临的普遍性发展阶段问题。因此，实现乡村振兴，也是大多数国家致力于破除"中等收入陷阱"的桎梏、实现国家持续发展不得不努力完成的阶段性发展任务。日本为实现工业化进程中的城乡融合发展问题，于20世纪50年代开展农村振兴运动，从出台专门法律，到保障农业技术的推广，再到在农业各个环节推广机械化，从而带动品牌农业的新兴，最终推动了乡村振兴。韩国面对城乡之间失衡的问题，从20世纪70年代开始开展新村运动：从加强农村基础设施建设到推广先进科技、鼓励特色农业和产业发展、改善农居环境等，从政府主导到全民参与，实现了乡村振兴与经济社会发展的双向同行。自19世纪上半叶开始，美国开启了本国的乡村振兴发展，经过漫长的过程，逐步形成了以个性化小镇为聚居区、以大型农场为主要载体的融合格局，有效实现了城乡之间的均衡发展。

乡村振兴战略是我国经济社会发展方式一次大的转变，国家明确提出科技创新引领乡村振兴的重要作用。2018年8月，科技部印发《关于创新驱动乡村振兴发展的意见》，提出了科技支撑、创新引领乡村振兴的根本指向；2019年1月，出台实施《创新驱动乡村振兴发展专项规划（2018—2022年）》，其中强调，科技创新是引领发展的第一动力，是乡村振兴战略实施的新动能，更是农业农村现代化建设的关键。一方面，科技是乡村振兴战略的有力支撑；另一方面，科技创新有利于推动农村新业态的聚集，能为乡村振兴中僵化的产业模式提供新的方向，能够有效促进贫困户脱贫致富，能够吸引农民工和青年大学生返乡创业就业，促进农业农村的发展。

乡村振兴战略实施需要科技创新全面支撑，对科技创新有现实的诉求；同时，科技创新又在经济发展、制度创新、环境改善、人居和谐等方面具有重要的推动作用。因此，当前乡村振兴的有力发展，需要科技创新强有力的助力和支撑。因而，探索乡村振兴的实现路径中，强化科技创新的支撑引领作用，是乡村振兴的必由之路，也是当前实现共同富裕道路上的重大理论和现实问题。

二、当前科技创新助力乡村振兴发展现实审视及症结分析

改革开放40多年来，我国的经济发展、科技进步、生态环境、社会环境、民生发展等方面都取得了巨大的成就，这也为科技创新驱动乡村振兴发展奠定了一定的现实基础。特别是党的十九大以来，全面开展乡村振兴战略伟大工程，广大乡村的发展乘着科技发展的东风，焕发出了强大的生机与活力。

从全国整体来看，各地区在"科技创新+乡村振兴"实施过程中，作出了许多有益的探索，打造出了一些乡村振兴的亮丽样板，广大乡村的产业经济、乡容乡貌、综合实力、发展潜力等均得到了很大提升。但是，我们也要清醒地看到，在科技创新引领方面，整体发展水平不高、发展程度不深，还存在这样或那样的问题，在一定程度上制约着乡村振兴战略的实施，我们面临的挑战依然不轻松。

有不少学者探索当前科技引领乡村振兴战略在实施过程中存在的问题及解决途径。张祝平围绕农业大省河南进行探索，认为河南省在科技支撑乡村振兴方面存在的主要问题有：农业科技创新机制有待进一步完善，乡村基层科技人才流失和人才缺乏现象并存，农民科技创新意识仍然较为薄弱，农村经济发展滞后与基础设施建设滞后。宋保胜等认为，科技创新助推乡村振兴的有效供给与对接方面存在短板，现阶段部分地区存在科技创新驱动能力不强，与乡村振兴战略实施的内生需求衔接不充分、载体不突出等问题，乡村振兴战略实施规划不完整，科技创新外在动力不足；科技研发与实际需求不对称，无效供应问题突出。秦健、付小颖认为，当前，我国存在农业供给质量亟待提高、农村环境和生态问题比较突出、新型职业农民队伍建设亟待加强等问题，破解这些问题迫切需要科技创新的助力。万鹏、熊涛等认为，当前科技创新引领乡村振兴工作中，创新主体的研发能力不强、原创性高技术成果偏少、农业科技推广体系不够健全、科技成果难以有效转化、资金不足、人才难进难留等现象普遍。综合来看，我国农业农村领域技术水平低、创新

能力弱、发展不平衡不充分等问题尤为突出，农业不强成为现代化建设的短板，农村不美、农民不富成为共同富裕道路上的最大难题。

（一）科技创新供给能力不足

我国幅员辽阔，区域间资源各有各的特点，产业基础、气候环境等差别较大，不同地区对涉农科技的需求也存在较大差异。但就目前立足区域间乡村的不同需求来看，强化科技精准供给是乡村振兴的必由之路。我国农村地区占全国土地总面积的94%以上，拥有多种类型的山水、动植物、乡土资源等发展条件。然而，长期受科技供给不足的影响，大部分地区农村的发展存在短板。一是大部分农村尤其是中西部乡村资源开发利用不够充分，产学研融合的农业农村科技平台建设还不够充分，乡村资源优势向发展优势转化不足、品牌效应不显。二是各项保障科技创新规律的制度以及管理方式没有有效地与时俱进，创新动能没有得到全面激发；在科技推广体系方面，科研、农技服务、生产三者的紧密结合度还不够。三是科技创新布局面不够广泛，科技创新主体方面不够全面，科技创新元素没有得到全面高效的配置，导致出现农产品"多而不优"的情况，甚至区域发展同质化比较严重，农产品产业链延伸不足，且规模难以提升，无法满足当前消费升级状况下人们对优质、绿色、无害农产品的高品质需求，难以形成支撑农业产能可持续发展的基础。

（二）科技与产业融合不够

产业是乡村振兴的经济基石。实现农业农村现代化，关键是以科技创新促进农业发展方式转变。一是当前农业高新技术产业和企业培育的力度还不够，没有发挥出产业的辐射带动作用。二是农业高新技术产业示范区和农业科技园区的集群效应还不够明显，特色还不够突出；每个县域或者乡镇的本土特色与科技运用还不够突出。三是地方政府、高等院校、科研院所、产业企业的深度融合协同平台构建还不够全面。

（三）农业科技成果转化不显

当前，我国农业科技正在加速发展，但仍然存在农业科技成果转化不足的问题。一是现代育种技术、低碳农业科技、农业信息化和精准农业科技等方面的科技运用还不够到位，尤其是功能性作物、低脂肪高蛋白的动物良种在农业产业中得不到广泛应用。二是虽然现在农产品和食品安全问题得到广泛重视，但是替代化学品的农业生物技术、生物肥料、生物农药研发和转化还不够，从"农田到餐桌"的农产品全过程监控技术和保障技术体系还不够完备。三是山水林田湖草生命共同体的构建还不够全面：耕地健康管理和保护技术、农田生态生产系统构建技术、土壤生物多样性保护技术需要不断突破和运用。

（四）农业科技人才支撑不强

科技助力乡村发展，离不开人力资源的有效利用。目前，实施乡村振兴战略面临着人才支撑不强的问题。一是乡村人才资源结构配置不合理，劳动力综合素质较低，劳动力结构不完善，农业技术人才数量短缺，综合性科技管理人才比较匮乏。在广大农村地区的乡村就业人员中，第一产业人员所占比重仍然较大。因此，亟需提升劳动力的科学文化素质并逐步促使其向第二、三产业逐步过渡和转移。二是农村人才资源整体技能水平较低。我国农民人口基数大，但是优质的、高技术水平的人才依然比较短缺，科学素质较低、剩余劳动力外溢的情况严重。据统计，2020年全国进城农民工已达2.8亿，一些人口流出大省的乡村耕地抛荒比例接近1/4。目前，针对农民工的职业技能培训在实际运行中存在着供需矛盾。三是乡村教育整体依然比较薄弱，人才资源缺失，科技人才开发管理体系有待完善。从乡村社会的教育氛围看，因看不到教育投资的速成收益，故还存在着"教育无用论"的错误思想观念。与城市相比，乡村教育在其师资、硬件等方面还存在缺口。在人才流失方面，一方面是本土人才流失的问题，另外一方面是外来人才留不住的问题。在人才开发方面，还没有形成稳定的"尊重知识、尊重人才"的风气，在人才的开发、选拔、培养、晋升、管理等方面还存在不足。

三、科技创新助力乡村振兴发展的路径探究

习近平总书记强调，没有农业现代化，没有乡村繁荣富强，没有农民安居乐业，中国现代化是不完整、不全面、不牢固的。民心是最大的政治，民生是最大的政绩，民心连着民生。实施乡村振兴战略，就是最大的民心工程和民生工程。当前，中国经济社会发展呈现出城镇化不断提升、社会经济发展水平持续提高的现象。然而，从乡村振兴战略的整体推进情况来看，科技创新的支撑力量还没有完全得到体现，科技创新供给能力、科技与产业融合、农业科技成果转化、农业科技人才支撑等方面，都存在短板，严重制约了乡村振兴战略的推进。因此，在乡村振兴战略背景下如何从这些方面着力，就成为我们当前关注的焦点。

（一）提升科技创新供给能力

宋保胜认为，科技创新有效供给要兼顾需求，以科技资源优化配置为基础运作平台，注重制度创新，注重高附加值的技术创新成果，让技术成果与技术需求良好对接，并将其转化为现实生产力。因此，在提升科技创新供给能力方面，我们要做到以下几点。一是做好科技创新战略规划，与时俱进，构建好保障科技创新规律的制度以及管理方式。目前，随着国家深入推进共同富裕的进程，科技创新在经济社会发展全局中的地位不断增强。因此，必须因地制宜，做好科技创新的顶层设计和战略谋划，及时关注和回应乡村振兴的实际诉求，充分激发和发挥科技供给的动能，这是乡村振兴战略稳定建设的有效保证。二是加大农业科技投入，做好农业科研攻关，不断激发科技创新原发活力；做好需求结构配套对接，充分促进乡村资源优势向发展优势转化。三是开阔科技创新局面，激发科技创新主体的发展潜力，做好科技创

新元素的高效配置，打造高品质的农业产业品牌。

（二）加强科技创新与产业深度融合

产业是乡村振兴的经济基石。实现农业农村现代化，要大力促进科技创新与农村产业的深度融合。一是大力加强农业高新技术产业示范区和农业科技园区建设，提高园区的集群效应。同时，也要把园区的建设与当地的资源优势、产业特色相融合，全力凸显和挖掘特色农业产业的竞争优势；科学规划园区的整体布局和功能分布，并与当地的经济规划和谐衔接。二是提升农业高新技术产业和企业培育的力度，有效发挥产业的辐射带动作用；构建好科技园区企业的联农带农机制，运用"订单农业""电商农业"等方式，保障农民产业增值收益。三是强化地方政府、高等院校、科研院所、产业企业的深度融合协同平台的构建。加强地方政府的宏观指导和政策的支持，加强与高等院校、科研院所的长期稳定合作，寻求技术、人力、资金等方面的长效支持和长效合作。要充分挖掘农业的多维功能，盘活乡村资源，在此基础上，大力开拓农村现代化发展新空间，优化城乡间公共资源配置，创建城乡融合发展的制度政策环境，构建协同平台。

（三）促进农业科技成果转化

以科技创新引领农业发展，就必须与时俱进，做好农业科技成果的转化，让科技真正作用于和助力于农业的现代化发展。同时，实现乡村振兴需要农业科技成果走向产业、走向市场，破除障碍，让创造出的财富惠及农村和农民大众。一是加强农业科技成果走向实践转化的政策支持和制度保障。完善保障农业科技推广体系建设的农业法律法规，加强知识产权的保护，提高研发主体的创造力和创新积极性，为科技创新营造良好的外部环境。二是运用农业科技创新，加强平台建设，加强农产品的深层加工和农业产业的内涵挖掘。发展农产品的精细加工，加强现代农业在装备、信息化进程等领域的科技成果应用，以绿色生态农业为目标，让农业科技成果落地生根。鼓励区域内农业高校或科研平台将科研成果转化作为实践的重要环节,助推科技成果落到实处,并紧密参与市场化运转。三是发挥科技人才和科研机构在成果转化中的驱动作用。构建农业科技创新人才激励机制,培养一批懂技术、知农业、懂市场的创新人才队伍,保障农业科技主体人员的专业性和知识的与时俱进,并以科技人才带动村民进行大众创业、万众创新,实现科技成果转化的良好局面。

(四)构建农业科技人才支撑体系

实现乡村振兴,乡村人才是非常重要的一环。当前,实现乡村振兴离不开人力资源的运用,实施乡村振兴战略必须破解人才制约,构建强有力的人才支撑体系。一是优化乡村人才资源结构配置,提高劳动力综合素质,充分鼓励和引导社会多方力量参与乡村振兴,畅通公民服务乡村的渠道。鼓励和引导公民个人通过多种方式服务乡村振兴,强化公民参与意识,提升服务乡村的自觉性。构建科学的利益联结机制,打造最大化利益共同体,保障农民获得合理、稳定的增值与收益。二是提高农村人才资源整体技能水平。要提升乡村振兴主体的素质与技能水平,锻造服务乡村的能力水平,提高其法律素养、专业水平、参与热情和参与能力等。三是重视乡村教育整体氛围建设,强化对人才资源的重视力度,完善科技人才开发管理体系。建立以城乡间、区域间为主的多层次人才培养合作与交流机制,满足不同乡村对人才的需求。加强乡村教育人才资源建设,通过政策倾斜,不断充实和增强乡村专业人才队伍力量,持续实施农村特岗教师计划、"三支一扶"计划、高校毕业生基层成长计划。强化扶贫创业致富带头人培训工程;搭建平台,开展农民工返乡创业培训;加强乡村青年创业致富"领头雁"培养工程;不断推行科技特派员制度,加强科技特派员队伍建设,拓宽科技特派员的服务领域和辐射领域。

科技创新是社会经济发展的重要驱动力。从乡村振兴战略的推进情况来看,科技创新是其重要的支撑力量。因此,根据乡村在各异的自然条件与振兴基础上实现振兴的不同科技需求,强化科技精准供给,加强科技创新与产业深度融合,促进农业科技成果转化,强化科技创新人才支撑,是增强科技创新驱动乡村振兴发展的必然选择,也是推动乡村振兴跨越式发展的现实路径。乡村稳则天下安,农业兴则基础牢,农民富则国家盛。所以,要始终如一重视科技创新在乡村振兴中的支撑作用,运用科技创新助力乡村发展,从而保证农民收入提高、生活富裕、乡村和谐,促进乡村振兴战略健康、有序发展。

[作者:温圆玲,江西经济管理干部学院习近平新时代中国特色社会主义思想概论教研室主任]

[作者:王峰鹃,江西现代服务业发展研究院(江西省级重点高端智库)办公室副主任]

聚焦原始创新　实现科技自强

创新发展的问题，是当代颇受关注的话题之一。尤其是党的十八大以来，习近平总书记敏锐地洞察到当今中国以及世界所处的"百年未有之大变局"，并发表了有关科技创新的一系列重要讲话和论述。这些重要讲话和论述作为马克思主义中国化的最新理论成果，丰富了习近平新时代中国特色社会主义思想，也为接下来我国科技事业的发展提供了重要的指引。

习近平总书记在 2023 年 2 月 21 日举行的二十届中央政治局第三次集体学习时指出："党的十八大以来，党中央把提升原始创新能力摆在更加突出的位置，成功组织一批重大基础研究任务、建成一批重大科技基础设施，基础前沿方向重大原创成果持续涌现。"同时，他又指出："我国支持基础研究和原始创新的体制机制已基本建立但尚不完善，必须优化细化改革方案，发挥好制度、政策的价值驱动和战略牵引作用。"总书记的相关论述，既点明了当下我国科技发展迫切的需求，又为未来的科技发展提供了重要的行动指南。

一、牵一"芯"而动全身：关键科技领域的自主性决定了产业发展的自由度

自 2018 年以来，美国对于我国发展的制约，从开

始的增加关税，逐步延伸到现如今对关键技术领域的限制乃至封锁。例如，美国将矛头对准了在5G领域颇有建树且市场份额和业界影响力都足以威胁到高通公司在通信行业地位的华为公司，出台了一系列限制措施，特别是在芯片领域加强了制裁。

美国的做法，让我们深刻体会到了什么叫作在关键领域被"卡脖子"的感受。同时，当前相对紧张的国际大环境也让我国的企业开始反思以往发展模式存在的问题。以手机行业为例，当我们计算产品乃至企业的利润时，就会发现高通公司等手机芯片供应商瓜分了大部分的利润，手机厂商实际能分得的利润可能不足售价的10%。相似的问题也出现在汽车行业，我国有着十分庞大的汽车消费市场，但是在传统汽车生产领域，我国对于发动机和变速箱等核心部件的技术掌握得不够；新能源汽车生产领域本来是我国可以期待弯道超车的领域，但在锂电池等核心部件的技术方面我国依旧没有绝对的话语权。在如今"万物智能化"的时代，无论是出于安全驾驶的考量，还是出于驾驶体验的考量，传统汽车和新能源汽车的生产都需要使用智能芯片，这也是芯片的短缺掣肘我国汽车行业的原因。

我国的市场需求之巨大和市场消费潜力之巨大是其他国家无法企及的，正如习近平总书记所形象比拟的："中国经济是一片大海，而不是一个小池塘。"但要想遨游于这片"汪洋大海"，必须要有足够强大的、能够满足国民对美好生活期待的产业经济，这要求我国的产业发展要有足够高的自由度，以保证我国的产业经济不会被某些别有用心的国家所限制，更不会只为某些居心叵测的国家的利益所服务。

习近平总书记指出："我国面临的很多'卡脖子'技术问题，根子是基础理论研究跟不上，源头和底层的东西没有搞清楚。"关键科技领域的自主性，才是保证产业发展自由度的压舱石。"关键核心技术是要不来、买不来、讨不来的"，过往以与外方合作、共同开拓市场的方式获得技术支持的发展模式，已经不太符合当前国际形势的发展。尤其是在全球信息化的时代，我国必须着力推动关键科学技术领域取得重大突破，加快实现高水平科技自立自强，不然的话可能会在未来几十年的发展中居于被动的地位。

二、以中国创造强化中国制造：原始创新与集成创新并举以保证国家发展的可持续

我国过去在消费级数码产品和汽车等领域取得的进步，其实主要得益于产品设计层面的创新，这本质上属于浅层次的集成创新；而掌握了部分核心技术，并通过革新技术带来相关产业更新换代的，则可能涉及较为深层次的集成创新以及底层理论创新，如华为公司基于 ARM 架构（32 位精简指令集处理器架构）的麒麟芯片的研发，严格意义上来说就属于这一类型的创新。还有一类创新，则是基于基础理论的新发现，进而衍生出新兴领域或者带来既有领域革命性发展的创新，则属于严格意义上的底层理论创新，也就是原始创新。

我们依旧以通信领域为例，高通公司之所以可以在通信行业有着如今的地位，就是因为具有丰富的原始创新资源。早在二战时期，美国为了满足军事通信需求，在无线通信领域积累了相当多的研究成果，其中海蒂·拉玛和乔治·安太尔等发明的，包括跳频技术和一系列无线信号技术在内的全新保密通信系统概念，都被从原本的军事领域推广到了民用领域，成为后来我们所熟知的 CDMA 技术（通过编码区分不同用户信息，实现不同用户同频、同时传输的一种通信技术）和 Wi-Fi 技术（无线宽带）的理论基础。这些都成了高通公司——这家具有深厚美国军方背景的通信公司发展的基石。基于在 3G 通信时代积累的技术优势，高通公司在研发 4G、5G 技术时充分展现了先发优势，使其通信行业霸主的地位至今难以被撼动。海蒂·拉玛和乔治·安太尔等在 20 世纪 30—40 年代作出的原始创新，保证了以高通公司为代表的美国通信行业至今仍保持着强劲的竞争力，可见原始创新对于一个行业发展所产生的重要作用。

汽车行业更是如此，决定着当今世界传统汽车生产行业格局的重要技术

基础，实际上在20世纪40年代前后已经奠定，这就是为什么以通用、福特等公司为代表的美国车企，以大众、宝马等公司为代表的德国车企，以及以丰田、本田等公司为代表的日本车企，能够在瓜分中国乃至世界汽车市场上一直占据着有利的地位。

反观我国，在经过了70多年艰苦卓绝的伟大奋斗后，已经基本站稳了世界第一制造业大国的地位，但是与产品的覆盖率相比，我国各行业的生产流水线中"中国制造"的比例，以及中高技术产品的零配件中"中国制造"的比例，显得有些低。因此，我们有必要思考：一方面是如何更好地保障"中国制造"的现有地位，另一方面是助推更多的领域涌现出更多的"中国创造"。

从我国目前的科技发展水平来看，极有可能出现的情况是："中国制造"要先在很长的一段时间里为"中国创造"赢取时间和空间上的资源，以等待"中国创造"在取得突破后给予"中国制造"长期有力的支持。这一方面是由某些国家对我国开展的技术封锁导致的，另一方面也由底层理论创新的长周期性和艰深性所决定。

习近平总书记指出："发展理念是否对头，从根本上决定着发展成效乃至成败。"所以在具体的科研实践中，我国有必要将更多的精力投入到集成创新和原始创新中，在集成创新和原始创新并举的基础上保证国家发展的可持续。

三、"冷板凳"上争创新：加强基础理论研究，保持原始创新的原动力

在科研领域，一个国家的科研影响力是与市场经济规模的拓展不同步的。换言之，当我国的市场份额在国际上无可替代时，如果我国的科技产出却能被替代，那将意味着我国已经让渡出了绝大部分在生产层面的自主性，也变相地让渡了很大一部分的市场自主性。

纵观近些年来相关行业的发展对于教育和科研领域的影响，可以说是积

极与消极并存。积极的影响表现在，我国在互联网和汽车等行业的高速发展，使得高校的相关专业能够迅速吸引大量的优质生源，相应地也能够提供丰富的人才供给和人才储备。消极的影响表现在，相比于上述行业更加诱人的就业前景和优厚的社会回报，基础物理学、化学和生物学等从事基础研究的专业，就会较难吸引到优质生源。这一方面导致了很多的高校在相关专业的招生份额逐步减少，另一方面也导致了研究者不得不将自己的研究重心从理论性转向实用性。

这种现象对于我国在科研领域保持长久的竞争力有着不可忽视的影响。一个国家在诺贝尔奖上所取得的成就，基本上可以反映这一国家在基础理论研究领域所作出的贡献，而我国在这方面是鲜有斩获的。虽然屠呦呦获得了诺贝尔生理学或医学奖，实现了零的突破，但其研究成果其实是在20世纪70年代取得的。这也说明了，近四五十年来我国在基础理论研究领域所取得的突破是相对有限的。

一个值得倡导的观点是，我们应该尊重基础理论研究和应用型研究之间存在的区别，对于两者的考核不应该采用相同的标准。如果当年对于陈景润等数学家也执行严格的绩效考核，要求其保证每一年的科研工作量，那么陈景润是否还有探索"哥德巴赫猜想"的动力呢？

习近平总书记指出："国家科技创新力的根本源泉在于人。"要想在基础理论研究取得突破，需要研究者坐得住"冷板凳"。所以，我国如果要想在教育和科研领域积累更多的原始创新，需要花费更多的时间和精力，并在经费和人才等方面给予更多的支持，以对抗浮躁的学术氛围，从而培养出一批从事相关领域研究的人才队伍。

四、意义远超"家""国"：原始创新是"人类命运共同体"发展的必然诉求

当今世界正处于"百年未有之大变局"中，我国正在为"人类命运共同

体"的可持续发展而反思和努力。其中,科技创新尤其是原始创新的意义将显得更加重要。

近年来对于世界而言,最大的变局就是突如其来的新冠病毒感染疫情。在这场全人类的攻坚战中,世界格局正在悄然发生着改变,尤其是曾经在科研领域有着先发优势的国家,未必在面对新问题和新变局时就一定能展现优势。可见在这场人与病毒的赛跑中,国家之间在制度层面上所展现的差异,或者释放或者制约了科技的力量。

习近平总书记指出:"推进自主创新,最紧迫的是要破除体制机制障碍,最大限度解放和激发科技作为第一生产力所蕴藏的巨大潜能。"经过新冠病毒感染疫情的洗礼后,我国的制度优势已经充分展现,我国的科研人员在这场与病毒的赛跑中取得了相当不错的成绩,我国通过自主研发的多款新冠病毒疫苗顺利投产,证明了我国有能力让广大民众享受科技创新带来的成就。

人类的命运是休戚相关的,在应对世界的新事物和新变化时,人类应抛弃相对狭隘的民族主义,要有"兼济天下"的胸襟,做到共同进退。我国之所以要强调提升原始创新能力和实现高水平科技自立自强,在战略层面的考虑是为了避免别有用心的国家的恶意封锁,但同时也是为了让科学回归"公有性"和"无私利性"的正确定位上。居里夫人没有就镭的提取方法申请专利,而是将其作为"人类共同的财产",与当下西方发达国家动辄采取技术封锁的手段形成了鲜明的对比。然而要让科学回归正确的定位,需要的是一个负责任的大国在原始创新上实现突破。

新冠病毒感染疫情让我们意识到,只有当科技创新的成就掌握在负责任大国的手中时,科技本身所代表的才不是某些特定国家、某些特定阶级的利益,科技创新的成就才能真正属于全人类,"人类命运共同体"才可能走向一条共荣而非内耗或分裂的发展轨道上。

但是不得不面对的现实是,我国在很多的领域并没有十足的话语权。目前原始创新能力最强的依然是以美国为代表的西方发达国家,并且依然尽其所能地对我国开展技术封锁。所以,我国只有将原始创新放在更高的战略地位上，才能突破西方发达国家既有的科技利益体系，更加彻底地实现科技自立自强！我们坚信，在党和国家的领导下，我国定会以高水平的科技自立自强实现"两个一百年"的奋斗目标！

［作者：毕丞，北京科技大学马克思主义学院科技与社会研究所副教授］

创新之道，唯在得人

"深入实施新时代人才强国战略，全方位培养、引进、用好人才，加快建设世界重要人才中心和创新高地，为2035年基本实现社会主义现代化提供人才支撑，为2050年全面建成社会主义现代化强国打好人才基础。"

加强创新人才教育培养

党的十九届五中全会指出,我国已进入新发展阶段,必须贯彻新发展理念、构建新发展格局,这是由我国经济社会发展的理论逻辑、历史逻辑、现实逻辑决定的。习近平总书记在省部级主要领导干部学习贯彻党的十九届五中全会精神专题研讨班开班式的重要讲话中强调,构建新发展格局最本质的特征是实现高水平的自立自强,必须更强调自主创新,全面加强对科技创新的部署,集合优势资源,有力有序推进创新攻关的"揭榜挂帅"体制机制,加强创新链和产业链对接。2020年9月,习近平总书记在科学家座谈会上指出,要充分认识加快科技创新的重大战略意义,加快解决制约科技创新发展的一些关键问题,要大力弘扬科学家精神;在谈到要解决制约科技创新发展的关键问题时,又特别提到要加强创新人才教育培养,"要把教育摆在更加重要位置,全面提高教育质量,注重培养学生创新意识和创新能力"。教育无疑是推动科技创新的重要基础和保障,教育不仅仅能传递知识、发展知识、创造知识,更重要的是,教育为科技创新培养优秀的创新型人才,而人力资源在科技创新中起着极为重要的作用。

一、国外创新教育人才培养的先进经验

20世纪80年代以来,西方发达国家如美国、德国、法国等,以及发展中国家如印度、巴西等,从国家经济发展和核心竞争力提升出发,高度重视高校创新教育的实施和开展,投入了大量的人力、物力和财力培养大学生的创新能力和企业家精神,形成了具有鲜明特色的、卓有成效的创新人才培养模式。

(一)注重培育鼓励创新的校园文化

文化也是高等教育本质属性之所在。在创新人才培养的过程中,积极的创新文化和创造环境能够起到潜移默化的引导作用。大学首先是一个习得文化、体验文化和传承文化的机构,大学的文化元素渗透到大学的每一个角落。对学生而言,大学学习是一种极其重要的文化体验。学生体验的文化是自我质疑航程的一部分,它是根植于对"教什么、学什么、得到什么"进行严格的自我批判性审查。不同的高等教育文化功能观催生了不同的高等教育模式,英国高等教育强调以知识为交流工具的社会互动,冀望培养的毕业生成为一名"绅士"。德国高等教育关注学生个人在知识追求中获得的心智提升。美国大学有着自由教育的传统,著名教育家、芝加哥大学校长赫钦斯曾提出,教育的目的在于培养"完人",而不是片面发展的工具。麻省理工学院特有的传统是"骇客"文化,只要保证最后将现场还原,学生可以利用校内的任何建筑或设施进行善意的恶作剧。"骇客"文化所体现的就是不拘形式的自由和创新。几乎国外著名高校都有一个共同的特点,就是对创新的狂热追求,注重体育和艺术氛围的营造,因为学生读大学的使命不是为了就业,而是对一生学习、事业和生活的准备。

（二）借鉴创造心理学的研究成果培养学生创造力

如何在教育中培育乃至训练创新思维、创新精神，在欧美发达国家有不少的理论和实践探索。国外非常重视借鉴心理学的研究成果培养学生的创造力：一是在教学中有意识地进行创造思维和创造方式的训练，培养批判意识和冒险精神；二是鼓励学生根据自己的特长和兴趣对现实、知识和意义进行独特的建构，在课程设置和教学上为学生留出空间；三是通过参与特定领域（艺术、技术等）共同体的一些创造实践活动，培养与之相关的习惯、性向、知识，从而形成专长，助推产生新理念、新方法和新技术。国外研究者还从教育理念、教育体制和教学方法等教育学的角度提出了系统的教育策略，如北美教育工作者倡导建立知识建构创造的学习共同体、围绕解决问题的真实学习、学科知识的拓展和专业化、在互联网时代的个人化和定制化学习、灵活多样的英才教育体系等。

（三）将创新教育与创业教育紧密结合

在国外，同样非常注重学生的创新创业能力训练。在1995—2005年为期十年的期间里，美国波士顿地区的研究型大学积极参与鼓励创新创业活动。麻省理工学院每年拿出5万美元用于资助学生的竞标创业活动。许多创业团队（必须要有至少1名该校学生）参与提交自己的商业设计计划。但这项创业活动并非一次简单的比赛，而是一个很好的接受教育的过程。在制订和修改创业计划的过程中，学生们要参与长达一年的一系列协作、商业计划的演讲、财政规划、市场和管理，也是一次很好的"学以致用"的机会。在以色列国家，"创业"是在校大学生的必修课，大学课程设置中包含各类科研项目的内容，其中多数是与企业合作的项目，由此让学生尽快掌握创新乃至创业的整个路径。英国剑桥大学秉承传统与创新融合的教育理念，创立了以课程体系为核心、创业实践为抓手、创新网络为助力的创新创业型人才培养体系。

（四）政府加强创新人才培养的财政保障

高等教育作为培养创新人才、增强国家创新力的主体，必然需要大量资金投入和相关政策的支持。美国对创新人才给予资助和优惠，如麻省理工学院有1000多项基金，本科生每年至少获得1058万美元的奖学金。为了培养科技创新人才，美国教育系统中有专门的STEM项目（STEM项目是指集科学、技术、工程、数学多学科融合的综合教育）。美国每年将不少于国内生产总值的约3%投入科研和技术创新领域，同时还设立了各类奖励，鼓励中青年科研人员的创造发明。日本通过完善社会保障体系、改革奖励制度等吸引国外优秀人才，还制定了《21世纪日本人才战略》，不断加大对科研和人才的投资力度，着重培养适应全球竞争需要的人才。印度为了鼓励学生培养创新创业能力，也设置了很多科研项目以及创新项目。德国在高层次创新人才的培养方面制定了一系列的法律和政策性规定。巴西政府大幅度提高对高校研究生的奖学金资助规模。面向高级科研人员，改革职称体系及薪酬福利制度，通过设立高额奖学金与津贴，鼓励高级科技人才参与研发。

二、我国创新人才教育培养存在的主要问题

我国政府和高校非常重视创新人才的教育和培养，国务院发布的《国家创新驱动发展战略纲要》指出："实施创新驱动发展战略，……必须摆在国家发展全局的核心位置。"2018年，国务院印发《关于推动创新创业高质量发展打造"双创"升级版的意见》，提出要强化大学生创新创业教育培训，把创新创业教育纳入高校必修课课程体系。社会各界在创新人才培养方面，采取了一系列管理改革、教学改革和推进措施，取得了一定的成效，但总体上存在以下问题。

（一）对学生的主体性地位和个性发展关注不够

我国大学本科教育的目标应该是把每一位学生都培养成为有良好素养的现代人，同时积极创造环境，培育更多的杰出人才、专门人才。有研究者指出，中国高校学生的水平不是"均值"不高的问题，而是"方差"较小的问题，培养出来的学生同质性较强，敢于标新立异、"特立独行"的人很少。其中一个很关键的原因是教育者在观念上不够重视为学生的个性发展创造宽松自由的条件，不关注对学生兴趣、想象力、批判性思维力的培养。判别是否有利于学生个性发展的一个简单的标准就是看是否容忍怪才、偏才，容忍"异端"，容忍学生有棱角。但目前制约学生个性发展的因素有很多，既有来自教育体制的束缚，也有来自社会的压力和市场的诱惑，以及家庭教育自身的问题。我国的教育目前过分鼓励竞争而不是合作，这对于创新精神的培养是不利的。陈寅恪先生提出"独立之精神，自由之思想"，梅贻琦教授提出"无所不思，无所不言"，探索真理无禁区，学术研究有自由，这是学生个性发展不可或缺的环境。要想真正培养出创造型人才，必须进一步营造宽松自由的学术环境，改革不利于杰出人才成长的体制和机制。

（二）对学生创新素养的培养缺乏系统思维和整体构建

目前我国不少高校和中小学在创新型人才培养方面，往往是口号喊得多，但实际落实得不够扎实，缺乏系统思维和整体设计。创新型人才培养不只是开展几次学科竞赛或者举办几个实验班的事，更不是把创新列入校训作为一个关键词就能解决的事情，创新教育不仅仅是创新技能和方法的教育。有的高校认为举办几次讲座，开设一门创造学的课程向学生讲授一些创造的技巧和方法，即是开展了创新教育，这是对创新教育的肤浅的认识。学校、企业、研究院所、学会组织、培训机构等各企事业单位不清楚自身在创新人才培养方面的职能定位和优势，更缺乏相互之间的联结与互通。比如，一些高校的课程体系结构不合理、人才培养模式单一、评价手段过于陈旧、实践环节培养不够，没有与最新的科技前沿、专利发明等创新成果有效融合和及时更新；一些培训机构只注重学生的思维训练，忽视引导学生参与社会实践、关注社会问题的解决。急功近利、各自为战、投入与产出不匹配仍然是我国创新型人才培养存在的比较突出的问题。

（三）高素质创新型教师队伍和教学设备建设仍比较薄弱

教师队伍是创新人才培养的基本保证。没有一支科研强、懂创新、会教学的教师队伍，就很难大面积培养出有创造精神和创新能力的学生。拔尖创新人才培养依托一支学识渊博、思想活跃、经验丰富、具有国际化视野的知名教授组成授课团队，将新观点、新视角、新方法引入课堂，提高授课质量。受传统教学模式的影响，一些教师已经形成了动力定型，即习惯了传统教学形式，不愿接受新的教育理念，对于现状不愿意作出改变；一些教师受其他不良思想的影响，过于功利化，或者过于悲观，在创新人才的培养过程中缺乏积极性。一些应用型本科大学和高职院校很难真正聘请到一些科研院所和企业的优秀人才长期来学校担任创新创业导师，学生进入企业顶岗实习也往往接触不到真正的行业精英。一些高校教师作科研也只是囿于自己擅长的某个学术方向，没有跨界跨学科的综合性研究。此外，我国众多高校普遍基础教学设施设备较差，实验室仪器陈旧，实验实训课开课率低，这在很大程度上限制了创新人才的培养。

（四）家庭教育及社区教育对创新教育的引导不足

家庭教育在学生的成长过程中起着重要的引导作用。父母的教育观念、价值导向和管教方式决定了青少年的思维品质和人格养成。受传统儒家文化的影响，我们国家的许多父母一辈在子女培育的观念上，是希望孩子能够依照成年人设定的发展轨迹来进行职业生涯规划，希望子女在成长的道路上尽可能不出差错、不出意外、减少挫折和风险，希望子女通过接受良好的高等教育并谋得一份稳定而体面的职业。因此，无论是在子女早期的兴趣培养方面，还是在专业的选择、就业择业方面，一些家长首先考虑的是是否有利于获得"体制内"就业机会，而不是引导孩子自主创业或者从事新兴产业。在现行的学制和升学政策下，学生在初中阶段便面临学业竞争的压力，不少家庭陷入了过度恐慌和焦虑的情绪，不愿接受自己的小孩过早与名牌高校无缘的境地。这种情绪反过来对学生的学习造成影响，学生的学习重在掌握既有知识而不是探索未知。社区教育也存在同样的问题。一些社区的文化机构、图书馆、演艺中心、校外培训机构，都在营造一种竞争文化，宣讲的都是成功者的人生哲学，引导青少年崇拜商界精英、文艺明星，社会风气比较浮躁，缺乏对青少年创新教育的引导，缺乏对青少年开展探索性实验和创造发明的硬件支撑。

三、对我国加强创新人才教育培养的主要建议

建设创新型国家是中国发展的必然选择。培养创新人才是教育的使命。如何破解现有创新人才培养存在的瓶颈问题，迫切需要理论上的进一步深入研讨和教育体制机制、教育方法等方面的改革，需要社会各界的协同运作。因此，推进教育创新成为建设创新型国家的前提和基础。

（一）重视拔尖创新人才的早期培育和贯通培养

心理学研究成果表明，拔尖创新人才越是在早期得到发现和培养，就越有利于其将来在某一学科实现突破和创新。在中小学期间，要呵护学生的好奇心和求知欲，要关注有创造潜质的学生发展创新内驱力；要彻底打破唯分数、唯升学、唯文凭的教育评价体系，改进考试方法和考试内容，建立有利于激发创新潜能的教育评价体系；实施真正的素质教育，在维护教育公平的同时，催生有利于优秀少年儿童成才成长的土壤。教育公平不是将每一个人都限制在同一个发展水平线上，而是充分激发每一个人的潜能，让每个人不同的天赋异禀得到尽可能的施展和释放。我国中小学生由于受升学竞争的压

力,大部分时间都耗费在如何熟练掌握提升考试分数的解题技巧上,视野不够开阔,动手实践能力不强。教育应趁早让孩子们走进科技馆、走进博物馆、走进大自然,让孩子们了解我国历史和世界历史上重要的发明创造以及科学家的生平事迹。校外培训机构应成为孩子们发展兴趣特长的乐园,而不是超前学习、过度补习的训练场所。应趁早发现一批具有创新潜质的青少年,在中学阶段、本科阶段以及研究生阶段,实行贯通性的培养,进行系统的创造性思维训练,锤炼其创新人格。

(二)加强基础学科研究,改革高校人才培养模式

加强数学、物理、化学、生物等基础学科建设,鼓励具备条件的高校积极设置基础研究、交叉学科相关学科专业,加强基础学科本科生培养,探索基础学科本硕博连读培养模式。要加强基础学科拔尖学生培养,在数理化生等学科建设一批基地,吸引最优秀的学生投身基础研究。借鉴法国大学"2+3"贯通培养(2年的本科基础教育加3年的研究生学习)和"3+1"(3年的本校学习加1年的出国学习或企业学习)模式、精英学院培养的成功经验,发挥高校大学生的主观能动性,提升学生分析问题和创造性解决问题的能力。同时要加强本科生的历史、哲学、文学等学科的通识教育,树立他们勇于投身科学研究的志向和决心;加强高校基础研究,布局建设前沿科学中心,发展新型研究型大学;改革高校人才培养模式,在本科阶段初期一年级或二年级实行大专业制招生,强化学科基础理论的教学,大学三年级以后再细分专业进行培养。为促进学科交叉交流学习,可建立跨学科的高等研究院,为来自不同院系的教授共同开展跨学科研究提供便利;学生管理可实行书院制,安排不同学院不同专业的学生入住同一栋宿舍,鼓励不同学院的学生在一起开展各类创新性实验和项目研究。要改革数学、物理等基础学科的高校教学和科研人才评价机制和绩效考核机制,赋予基础学科教学和研究领域人员以专业自主权,不以著作或论文的数量或发表刊物的级别为评价依据,允许其在一定的年限内提交代表性研

究成果，由业内同行进行评价，着重考察其研究成果对学科发展的促进作用或改进生产实践的作用。

（三）积极为科技人才和专家型人才搭建创新平台

要尊重人才成长规律和科研活动自身规律，培养造就一批具有国际水平的战略科技人才、科技领军人才、创新团队。高度重视青年科技人才成长，使他们成为科技创新主力军。面向世界汇聚一流人才，吸引海外高端人才，为海外科学家在华工作提供具有国际竞争力和吸引力的环境条件。进一步解放活力，扩大用人单位的招聘和管理自主权，打破僵化的用人体制机制问题。对科技人才和专家型人才，要努力为其创造良好的生活条件和工作环境，为其组建专家工作室、重点实验室、协调创新中心等提供便利。在科研经费的审批、使用、审计等方面，尊重科学研究的规律，着重考察其周期内的实际使用效能。要建立有突出贡献的科技人才的技术岗位津贴制度，建立有利于激发创新活力的科研奖励制度，进一步优化管理体制，为科技人员创新创业松绑，鼓励科研人员积极转化运用科研成果于生产一线并取得合理报酬。加大投入搭建国际领先的科学研究平台，吸引已在世界各地留学创业的我国卓越科研人员回国，同时也为提升我国国内科研人员以及高校学生的科研能力提供"足不出户"的国际科技合作平台。

（四）重视美育为科技创新提升想象力

19世纪的法国作家福楼拜曾说过"科学与艺术在山脚下分手，在山顶会合"。科学、艺术与人文本是一家。如果人文处于三角形的顶端，科学、艺术则是三角形的另外两个底角。它们三者之间相互支撑、相互渗透，但又在人类文明发展的进程中体现自身的独特的价值。20世纪60年代，美国哈佛大学曾开展过一项名为"零点项目"的研究课题，始于苏联发射了人类第一颗人造卫星后美国反思自己教育中存在的不足。经过比较研究发现，美国当时在文学、音乐、美术等方面的教育重视程度不足，美国人的艺术素质不如俄国人，从而导致科技落后于对方。这个项目的研究报告出来后，美国即加强了全国高校及中小学的艺术教育。我国近代著名教育家蔡元培在1912年就提出"五育并举"的主张，提出要重视美感教育。但之后曾有一段时期，因为一些特殊的原因，对艺术教育和美育关注不够。2018年以来，教育部连续出台相关文件，提出要加强大中小学生体育教育、劳动教育、美育以及思想政治教育，重提"五育并举"的教育方针。此外，2009年1月，美国国家科学委员会（National Science Board）发布主题为"改善所有美国学生的科学、技术、工程和数学"的公开信，揭开了STEM教育的序幕，并引发了全球的STEAM教育运动，其中之一就是强调艺术教育。富于创造的人，往往喜欢异想天开，喜欢别出心裁，在生活方面甚至表现为喜欢游戏，喜欢开玩笑，喜欢幽默。而艺术教育和美育则往往能够激发学生的创造灵感，培育学生的洞察力和专注力，提升想象力。

（五）鼓励各种社会机构整合资源开展创客教育

创客教育是一种融合多学科知识与技能，遵循自由开放、创新创意、探究体验的教育理念，以实践创造学习为主，培养创新型人才的新型教育模式。其核心理念是通过动手实践培养学生的创新能力、探究能力和创造力。创客教育方法灵活多样，教育空间开放，教育主体平等交互，教育资源更加信息化，教学活动更加广泛，教学实践更加丰富，更有助于促进学生发展，推动教学改革。创客教育内容比较贴近实际生活和广阔的自然界，符合学生的兴趣爱好，容易激发学生的创作欲望，吸引学生大胆地去实践，并在反复探究的实践过程中不断发现新问题、新情况，进而不断提高学生分析问题、解决问题的能力。创客教育可以在实验室里或虚拟的网上构建虚实融合的学习环境，打破学校的局限，使学习不再局限于课本课堂，可以让人随时学习、随处学习。随着互联网的快速发展和移动终端的不断普及，不同地区、不同学校、不同年龄的青少年都可以通过互联网平台建立网上学习社区。要建立各种创客空间或创新实践基地，允许大量有创意、爱好自由、兴趣广泛、乐于探究的人在一起，共同为研发新产品、发明新技术、改进工艺流程等做一些开创性工作。鼓励企业家或投资人帮助有创意的人实现创意并获得合理利润。

（六）推进科学普及与科教融合培养青少年科学素养

习近平总书记深刻指出，科技创新、科学普及是实现创新发展的两翼，要把科学普及放在与科技创新同等重要的位置。党的十九大报告强调，弘扬科学精神，普及科学知识。科普是建设创新型国家和世界科技强国的基础支撑，是繁荣中国特色社会主义文化的重要动力，科普是推动构建人类命运共同体的重要途径。一是要协同化形成科普的强大合力，二是以信息化重构科普服务流程，三是以国际化推进科普开放提升。要以全民科学素质的持续提升构筑未来发展新优势，厚植国家创新发展的科技和人力资源基础，以新的理念武装科普工作，以更加符合科技创新规律和时代需要的手段，传播科学精神、科学思想、科学知识、科学方法，在科技创新与科学普及的协同进步中，让公众理解科学，让科学普惠人民。科学精神包括科学意识、科学态度、科学理想、科学信念、科学情感，科学精神的培育要从小抓起，培养学生为科学而奋斗、为科学而快乐、为科学而献身的精神。怀进鹏同志在2014年就指出，要办"有温度的教育"。学校在传授知识的过程当中，不是把知识作为固化的僵硬的东西，也不是把信息科学、材料科学等领域的发展当作知识的结果，更应该注重启发和唤醒学生对知识产生的动机因素的认识，以培养他们真正的想象力和对问题的质疑能力。要注重人与人之间的沟通交流，人的素养及团队的合作，特别是对文化的自信、对社会的理解，以此来关爱学生、培养学生、支持学生的发展。科教融合就是要引领大家不断地观察生活，不断地从生活中获取信息，不断地发现问题和解决问题。因此，科教融合不仅指在高校将科研成果与教学内容融合、科研活动与教学过程融合、科研场所与教学设施融合，也同样适应基础教育，让科学教育走近每一位学生、每一位家长、每一位老师、每一节课堂。

培养创新人才是教育界的一个永恒的课题。要培养出一位成功的创新者，个人、环境和教育都是十分重要的影响因素。个人的内在动机、创造激情和觉悟对于创造十分重要，如果个体有足够的勇气、自律和韧性，他们可以超越环境的限制去创造未来。教育可以让个体获得专业知识、掌握创造性思维的方法和一些创新技能，可以创造科研与交流的环境，让个体有机会在团队中学习合作和交往，可以让个体尝试进行跨学科解决问题。总之，培养学生的创新精神和创新能力应纳入各个学段的教育目标，要采取积极有效的措施协同有序地推进。

［作者：刘洪翔，深圳市龙华区教育科学研究院教师发展研究部主任、高级教师］

［作者：梁盛平，北京大学博士后，原国研大数据研究院有限公司首席研究员］

领导者的创新决策及其认知偏差

党的十八大提出实施创新驱动发展战略以来，创新是引领发展的第一动力已成普遍共识，十八届五中全会更是将创新置于新发展理念之首。确实，无论对于个人还是企业，甚至上升到国家层面，创新都是获取竞争优势、谋求长足发展的最重要驱动因素，其重要性已无须赘言。我国当前面临许多"卡脖子"问题，其根源在于我国科技创新特别是原始创新能力不足。如何提升我国创新水平，处于科技创新第一线的科技工作者是主力军，但是各级领导干部也负有重要责任。2020年9月11日，习近平总书记在科学家座谈会上明确提出："各级党委和政府以及各级领导干部要认真贯彻党中央关于科技创新的决策部署，落实好创新驱动发展战略，尊重劳动、尊重知识、尊重人才、尊重创造，遵循科学发展规律，推动科技创新成果不断涌现，并转化为现实生产力。"

各级领导者通常从人员管理和制度建设两个方面激发创新活力和提升创新效果。人员管理的短期措施是人员选拔与安置，将具有创新能力的人才甄选出来并安置于合适的创新岗位；中长期措施则是创新人才培养，树立创新意识，提升创新能力。制度建设的目标是通过合理的创新管理措施，助力并引导一线人员的科技创新。例如，完善创新绩效评估指标，优化创新资源的配置，营造鼓励创新的氛围，激发创新意识和活力，引导创新选题的前沿和需求导向。

然而，尽管绝大多数领导者都重视和鼓励创新并付诸实践，切实投入资源支持下属机构开展创新，但创新效果却常常不尽如人意。领导者常常将此归咎于一线员工创新不足。但是，企业创新史的许多案例表明，更主要原因可能在于领导者的创新决策出现重大偏差。错失了个人电脑产业的施乐公司是最具代表性的案例之一。施乐公司的高层极其重视创新，于1970年成立了专注于数字领域技术研发的研究中心，其员工薪资待遇优厚，设备先进，资金充足，还享有高度自主权。结果不负众望，研究中心产出了许多极具革新性的发明创造，例如计算机的图形用户界面和鼠标。施乐公司本可以凭借这些发明创造"称霸"计算机产业，但公司高层却未能充分意识到其价值所在。1979年年底，苹果公司的创始人乔布斯以接受施乐公司对苹果公司的风险投资作为条件，换取考察施乐研究中心技术成果的机会。为了换取投资苹果公司的机会，施乐公司高层无视研究中心员工反对，命令他们毫无保留地向乔布斯作演示。最终结果是，施乐公司虽然手握颠覆性的研发成果，但由于领导者创新决策失误而错失个人计算机这一巨大市场；相反，乔布斯独具慧眼，有效利用这些革新性技术，最终获得商业上的成功。

创新领导具有双重职责，除了支持和激励下属创新，还要承担创新决策职责，通过评判、选择或否决下属创意等方式推进创新。施乐公司的案例表明，领导者仅仅关注前一职责远远不够；一旦创新决策出现失误，极有可能浪费下属来之不易的创新成果。然而，创新管理的研究者和实践界人士对创新领导的职能认识不全面，尤其是缺乏对创新决策职能的必要关注。鉴于此，本文首先介绍创新领导的三种类型，然后指出创新决策的重要性，指出领导者的创新困境及决策偏差的典型表现，分析导致偏差的深层次认知根源，最终讨论领导者应如何避免创新决策偏差。

一、创新领导的类型

创新领导指领导他人实现创新目标的行为及过程。任何创新目标的达成，都需要两种贡献。第一种是创新性贡献，其核心是提出具有原创性的思想或方案，并持续打磨、完善和落实。另一种是支持式贡献，主要包括为开展创新活动提供各种所需资源。资源可以是人、财、物等有形资源，也可以是心理、人际、社会支持等无形资源。创新性贡献决定了一项创新活动的水平和质量，属于实质性的核心贡献。支持式贡献尽管不属于核心贡献，但能激发、催化和支撑原创思想的产生、完善和实施的效率，因而也必不可少。

根据领导者和下属各自创新性贡献的相对多寡，可以将创新领导分为三种类型（见图1）。第一类是助推型创新领导。在这种模式下，下属是创新思想的主要贡献者且负责创新活动的落地实施，而领导者则主要发挥支持的作用。但是，领导者仍然对创新过程以及创新目标能否达成发挥巨大影响。领导者的作用主要体现在以下几个方面。（1）激发下属的创新动机、意愿和自信心，鼓励下属主动投入到创新活动中来；（2）为下属提供资源，除了资金、设备等有形资源外，无形的资源支持也极为重要，比如向下属充分授权，或代表部门向上级及外界推广创意以获得更大范围的认可和支持；（3）营造良好的创新氛围，为下属提供勇于探索、不怕失败的心理安全感；（4）指明创新方向，比如设定目标，界定和分析问题，提供反馈，评估、选择甚至否决下属的创意，从而帮助下属找准创新方向；（5）把控创新进度，以及识别与判断最佳的创新时机。助推型是最普遍的一种创新领导模式，这是因为大多数机构都存在较为明确的组织分工。下属常常位居一线负责承担具体的创新任务，领导者一般不直接开展具体的创新活动，而是通过提供资源、决策判断等方式，作出支持性贡献。

第二类是指引型创新领导。与助推型创新领导形成鲜明对比的是，采用指引型模式的领导者，主要目标是借助他人之力来实现自己的创意构思。领导者不但是原创思想和方案的主要贡献者，本人也处于一线，领导其他人投入将设想转化为成果的创新全过程。在创新过程中，下属也需要发挥创造性，但其主要职责是协助实现领导者而非个人的创新愿景。许多初创公司的创始人会采用这种指引型领导模式，特别是那些科技含量较高的行业，创始人通常以自己的核心发明和设想为基础提出创业方案，组建并带领核心团队来实施方案。类似地，许多高科技公司也会采用指引型领导模式来组织研发部门，研发负责人通常具有很强的技术能力，是团队创意的主要贡献者，并带领部门员工来开展研发工作。再如，在创意产业或艺术领域，例如交响乐团的指挥、广告公司的创意总监、建筑设计的设计总监等，其创新领导的共同点均是借助他人之力来实现自己的创想。

第三类是整合型创新领导。指引型或助推型模式的共同点是，创新性贡献只来自领导者或下属的某一方，另一方扮演支持者角色。而在整合性模式下，领导者和下属均是创新思想的贡献者，而且两者相对贡献较均衡。领导者的核心职责，是如何围绕共同的创新目标，将自己和他人的创新但异质化的贡献有机整合起来。采用这种创新领导模式的行业或情境，通常具备以下四种特征：（1）为了实现共同的创新目标，各方都需要有实质性且多元化的

	指引型创新领导	整合型创新领导
领导的创新性贡献 高	借助他人之力，将自己的创新性贡献转化为成果，从而实现创新目标	围绕共同的创新目标，将自己和他人的创新但异质化的贡献有机整合起来
领导的创新性贡献 低	缺乏创新领导	助推型创新领导：激发和促进他人的创新性贡献，从而实现创新目标
	低　　下属的创新性贡献　　高	

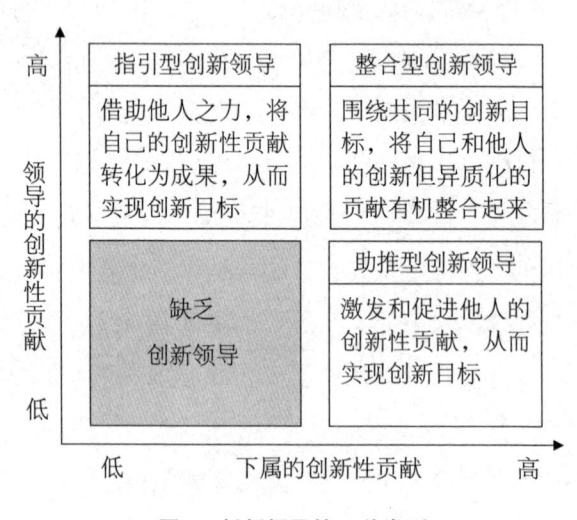

图1　创新领导的三种类型

创新贡献,且不能相互替代;(2)虽然领导者常常被认为对创新目标的达成贡献较大,但其他协作者的贡献也能得以彰显,并得到充分认可;(3)虽然领导者的权力或地位相对突出,但任何一方对自己如何作出贡献具有相当程度的自主性;(4)尽管可能存在相对明显的一位领导者,但领导职能常常由多个协助者共同承担。当一项创新任务需要依赖多个学科或多个部门、多家机构联合攻坚时,整合型模式就是最适合的创新领导模式。此外,与交响乐团的指挥不同,电影、电视剧、戏剧等大型艺术创作的导演更可能采用整合性领导模式。

二、领导者的创新决策困境

创新是一个企业立足竞争并谋求长足发展的重要途径和根本保证。为了追求创新,许多企业都投入大量资源以支持和激励员工发挥创造性,从而不断获得高质量创意和发明创造,推出有竞争力的产品或服务。图2呈现了组织创新的完整过程,其中包括创意产生、决策以及实施三个阶段,创新决策是创新产生和创新实施之间的桥梁。正如上面所提到的,组织创新过程存在角色与职责分工,在一线承担具体创新任务的通常是下属。不难理解,当组织创新不足时,领导者常常将此归咎于下属缺乏创新能力或意愿。

然而,正是由于存在组织分工和层级差异,领导者掌握更多资源,对组织创新的影响程度也更大。在创新过程中,领导者担当助推者角色,一方面为下属提供创新所需的各种资源,另一方面借助创新决策调控下属的创新方向和进度。对绝大多数组织机构来说,一线员工总能提出数量众多的创意,但组织机构可投诸研发及创新的资源总是有限,只有得到管理层认可的少量创意才有机会进入实施阶段。相较于负责研发的一线员工,领导者对创新效能的影响更大。事实上,领导者无法有效识别甚至错误否决下属的高质量创意,并由此导致的创新决策低效,才是制约组织创新的真正瓶颈。

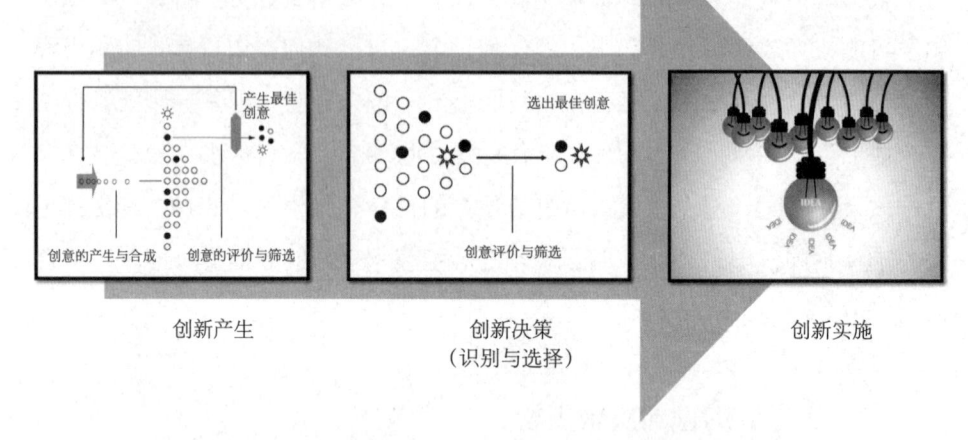

图 2　组织创新过程中创新决策的关键桥梁作用

在著名的《创新者的窘境》一书中，克里斯坦森提出了创新者窘境：推动企业依赖延续性技术在主流市场获得成功并发展为行业龙头的最佳管理方法，同时也严重阻碍了它们对破坏性技术的重视和发展；而正是这些破坏性技术吞噬了它们原本占优的主流市场，最终导致企业陷入生存与发展的危机之中。由此可见，企业管理制度是它们在新领域开拓创新的制约因素。然而，任何决策都是由人作出的，深入考察企业领导者的创新决策过程，将大大促进我们对企业创新的理解。

任何组织的创新资源（如人力、物力、财力和时机）总是有限的，因而必须筛选出最具潜力创意予以实施，获得最终产品或服务推向市场。然而，创新与风险总是相伴而行，创新早期阶段的决策和判断面临着非常高的风险。因此，组织创新领导者常常面临棘手困境：当他们因保险起见而选择常规解决方案时，尽管解决问题的效果可能不是最佳的，但有效避免了因为采取新颖方案但最终失败后自己可能遭受的指责。换言之，虽然创新性解决方案更有可能高效地解决问题，但高收益蕴含着高风险，一旦创新失利，不可避免地要为自己的冒险决策负责，从而置自己于尴尬境地。

需要指出的是，领导者虽然更容易出现偏差，但并非有意而为之；相反，这是他们回避决策困境的一种无意识反应。无须承担决策职责而不必面临决策者困境的考验时，创意识别的过程及结果不易受额外因素干扰。但对领导者而言，对创新的高度期望和创新所蕴含的个人风险之间形成张力，为了将自己从这种困境中解脱出来，领导者会下意识地降低对新颖创意的评价。既然认定该选项缺乏创新度，领导者可以心安理得地选择常规解决方案，从而避免陷入决策困境之中。令人寻味的是，正是这种摆脱决策困境的心理需求，导致领导者发生创意识别偏差。

三、领导者创新决策的典型偏差

正所谓"千里马常有，而伯乐不常有"，领导者常常无法将最有价值的创意准确识别出来。最典型的创意识别偏差，是排斥甚至惩罚那些高度新颖创意。英国帝国理工学院的克里斯库洛（Criscuolo）教授是国际知名的创新管理研究专家，曾分析了一家大型跨国公司研发项目的经费审批结果，排除了众多关键因素（如项目规模、预计交付周期、项目与公司战略匹配度、拟申请额度、公司研发经费余额等）的影响之后，项目的经费获批率（即批准额度和申请额度的比例）与项目新颖水平呈倒U形关系：新颖程度中等的项目，经费获批率最高；高新颖度项目的获批经费额度，和低水平的项目相差无几，这正说明高新创意受到了"惩罚"。在科研领域，高新创意受惩罚的现象体现得更加明显。Boudreau等发现，研究项目申请书的新颖程度和评审专家评价同样呈现倒U形曲线关系：新颖程度中等的项目得到最高评价，而最具新颖性和创新潜力的科研项目申请书，则大多遭到同行评审专家否决。尤其是那些新颖程度排在前20%的项目，专家评分竟然垫底，甚至低于那些排名后20%、缺乏新颖性的项目。

四、导致创新决策偏差的认知根源

从上述可知，为了摆脱决策困境而将最具潜力的创意错误拒绝，是导致领导者创意识别偏差的内在心理机制。围绕这一机制，研究者从多个角度，如内隐偏见、思维盲区、决策惯性、知识误区等，揭示了导致创意识别偏差的深层次原因。

（一）内隐偏见

领导者并非故意对高新创意持反面态度；相反，绝大部分领导者都明确鼓励创新。"惩罚"高新创意是一种自动化的内隐偏见，连领导者本人也难以觉察。内隐偏见之所以存在，与创造力的本质密切相关。创造力的两个维度——新颖性和实用性——常常存在负相关，换言之，创意新颖度越高，不确定性和风险程度也越高。由于需要负责，高新颖性创意给领导者带来的不确定性和风险感知尤为突出。在这种情况下，领导者会下意识地降低对高度新颖创意的评价，从而说服自己根本没有必要采纳该创意，从而将自己从创新决策困境中解脱出来。最终可能导致对优秀创意的忽视。

（二）角色困局

需要负起个人责任的领导者更容易出现偏差。斯坦福大学伯格（Berg）博士围绕创新识别与决策开展了一系列高质量研究，其中一项研究发现，职业马戏团管理者在预测哪些节目更受观众欢迎时，准确度不但显著低于一线创作者，甚至还不如普通人。更有趣的是，一线创作者一旦被提拔到管理层，预测准确性就显著下降；而如果让管理者回归到创作者角色，准确性又有所提高。由此可见，一旦负起领导者职责，人们的创意识别就容易出现偏差。

之所以领导者更可能出现创新识别偏差，是因为他们更有可能采纳经济性思维。经济性思维指的是人们在判断与决策过程中，优先考虑效率、准确性、风险、效益等经济性指标的一种理性推理和决策模式。然而，新颖程度越高的创意，其不确定性也越高，如采取经济性思维必然削弱对其创新程度的敏感度和接纳度。尤其是当所处情境也高度不确定时，领导者会降低对其创新度的评价，从而无法准确识别高度新颖的创意。相对而言，承担顾问角色的专家较少受到经济性思维的负面影响，创新识别偏差程度较低。

（三）知识误区

丰富的知识储备可能正是导致创意识别偏差的原因之一。在国际知名学术期刊《美国国家科学院院刊》2015年的一篇论文中，研究人员分析了3个顶级学术期刊的论文投稿及审稿结果，发现经过严格评审得以发表的论文，同行引用次数整体上高于那些被拒稿并最终在其他较低等级期刊上发表的论文。例如，影响力最大（即发表后被同行引用次数最多）的12篇投稿无一例外均被拒稿，其中1篇甚至先后向3个期刊投稿但均遭拒绝。由此看来，专业期刊编辑和审稿专家大多数情况下能很好履行科研看门人的角色，只在评价那些最具创新性的科研成果时才出现严重偏差。

丰富的知识储备不能保证有效识别高新创意，有时候反而会成为障碍，这与创意识别属于联想评价加工过程有关。人们需要将新颖创意与既有知识结构中的类似元素建立联结，通过对比作出判断。既有知识结构是创意识别的认知基础，丰富的知识储备足以准确评估大多数创意。然而，那些极具革新性的理论观点和发明创造，常常突破主流范式界限甚至相互冲突，对主流范式提出挑战。知识储备越丰富，对主流范式越了解，反而越容易阻碍对高度新颖创意的识别和接纳。

（四）思维盲区

依赖具象思维而缺乏抽象思维，从而导致"只见树木，不见森林"，是领导者出现创意识别偏差的另一重要原因。所谓具象思维是指，在判断与决策中主要关注事物具体或有形的细节信息，主要考量其实现的路径和方式方法，而缺乏对信息抽象性、全局性审视。在创意识别过程中，持具象思维的领导者尤其关注创意的可行性和风险性，这妨碍了领导者对高度新颖创意的认可和接纳。因而，即使待评估的方案或产品具有很强创新性，采取具象思维的评估者也会给出较低评价。

（五）刻板印象

人们总是依赖既有认知框架进行判断与决策，因而容易受到自己原本形成的刻板印象影响。美国加州大学戴维斯分校的艾森巴赫（Elsbach）教授和斯坦福大学的克莱默（Kramer）教授的合作研究探讨了领导者如何在模糊情境下创新决策，产生巨大影响，获得了美国管理学会评选的年度最佳论文奖和最佳出版奖。该研究发现，在好莱坞电影制片公司的领导者心目中有7类编剧原型，其中只有2类具有创造潜能，其他5种则缺乏创造力。由于需要短时间内接触大量前来求职的编剧，他们主要采用原型匹配的方式，通过判断某位编剧和哪类原型更匹配，快速决定是否和首次见面的编剧签约并购买其剧本。然而，原型匹配能提高创新决策效率，但无法保证决策质量。这是因为，创造力越高的个体，和已有原型的差别就越大，越难被适当归类，而依赖原型匹配往往会导致评估者严重低估其创新潜能。此外，这种根据原型匹配开展创新评价的方式，还受到个人既有的性别刻板印象影响。最为典型的创新能力刻板印象是，男性善于设计与创造，而女性则不擅长创造与创新。

（六）群际偏见

在开放创新的时代背景下，大多数机构都难以单凭一己之力实现高水平创新。因而，领导者除了需要准确分配内部创新资源、灵活把控内部创新方向，还需要充分了解外部的创新进展和发展趋势。换言之，领导者的创新决策对象不仅包括组织内部的各种创意，也包含相关的业内动态和发展趋势。在开放创新情境下，群际关系如何影响创新决策，值得关注。

社会认同理论是群际关系的主导性理论。该理论的核心观点是，人们均有认同所属群体的需要，为了维持这种社会认同，常常不自觉地表现出两类群际偏见。一种是内群体偏好，即对内群体表现出更友好的态度与行为，认为内群体成员更优秀。另一种是外群体贬损，即人为贬低外群体成员的能力表现。在群际偏见的作用下，人们常常更喜欢自己人所提出的创意和发明，但倾向于否定或排斥组织之外其他实体的创意。群际偏见的存在，必然影响创新决策的准确性。例如，人们往往对来自外部的创新持负面甚至敌视态度，因而不愿意采纳外部的创新思路和方案。这种"非我族类"偏差，是许多机构无法有效利用外部创新来推进内部创新的主要阻碍因素。

五、避免创新决策偏差的关键

如何尽量避免创新识别偏差，创新领导者需要注意以下三个方面。

首先，承认并正视创新决策偏差的存在。要避免认知偏差，第一步就是要意识到并且愿意承认自己也会对高新创意存在偏见，并在意识层面对此保持足够警醒。组织创新不足很可能并非一线员工缺乏创新，也可能是决策层无法有效识别创新。创新识别偏差很大程度是一种领导者身份偏差，领导者的角色和身份会加剧对高新颖性创意的不确定性感知和内隐偏见、在决策时囿于经济性和具象思维模式、受到丰富的管理经验或专业知识的反噬等。因此在创意评估时，领导者应跳出角色框架、有意识地从不同角度和不同方式评估创意，评估过程可引入不同层级或不同领域的人员，削弱领导者身份带来的偏差。

其次，领导者应了解导致决策偏差的深层次原因。创新决策偏差往往是一个无意识的、不被自我察觉的内隐过程，了解背后的深层次原因才有可能自我察觉、反省和纠偏。领导者应意识到自己的决策惯性，避免在创新识别过程中过度依赖原型匹配。所谓基于脑海中对高新创意的已有认知或者以往的经验知识对新创意作出评价，其实是犯了刻板印象的错误，领导者应意识到高创造者的形象并非千篇一律，以往的经验也无法作为未来评估的标准，应该一事一议、不带任何预设和偏见地评价创造者及创意。

最后，领导者应优化自身的思维模式。创新识别要求抽象思维和开放性。如果过分关注创意具体的实施细节和可行性方面，创新识别过程将受潜在风险和不确定性因素影响。领导者应提醒自己，采用抽象、发散性思维去考虑创意的潜在价值，尤其是面对创意的初级阶段，应尽量避免经济效益优先、效率产出先行的经济性思维，努力提升自己对新鲜事物的开放性和接纳能力。

[作者：白新文，中国科学院心理研究所副研究员]

科技创新人才时间资源分配与平衡及其决策

研究表明,在各种职业群体中,专业技术人员工作时间相对最长,作为其子群体的科技创新人才工作时间长、工作压力大是不争的事实,对于科技创新人才来说,时间的分配和平衡显得更加重要。目前有关科技创新人才工作时间过长对于科技创新产出带来的影响已有较多研究,但科技创新人才时间的分配与平衡对于身心健康和生活满意度的影响还没有深入的研究。如果基于对科技创新人才时间资源分配和平衡的重要意义的分析,从工作时间、家庭时间和业余时间三个方面深入讨论科技创新人才时间资源的分配和平衡策略,可以更好地为科技创新人才进行更加科学的时间资源管理,做好时间的分配与平衡,确保在有限的时间内发挥最大效能提供指导和参考。

一、新时代对科技创新人才的时间管理提出了更高的要求

党的十八大以来,党和政府高度重视科技创新工作,坚持把创新作为引领发展的第一动力。通过全社会共同努力,我国科技事业取得历史性成就、发生历史性变革。重大创新成果竞相涌现,一些前沿领域开始进入并跑、领跑阶段,科技实力正在从量的积累迈向质的飞

跃，从点的突破迈向系统能力提升。在这次抗击新冠病毒感染疫情过程中，我国广大科技工作者在治疗、疫苗研发、防控等多个重要领域开展科技创新攻关，为统筹推进疫情防控和经济社会发展提供了有力支撑、作出了重大贡献。

众多科学探测重大突破的实现，莫不源于科技工作者的忘我投入、奋力攻关。实践证明，广大科技工作者为我国科技事业发展提供了源源不断的智力支持，是建设世界科技强国最为宝贵的财富。当今世界正经历百年未有之大变局，面对复杂严峻的国内外形势，加快推动高质量发展，着力构建新发展格局，我们比任何时候都更加需要科技创新人才。

科技创新人才是科学技术与创新人才的结合。从普遍意义上来说，科技创新人才是指具有专门的知识和技能、从事科学和技术工作、具有较高创造力、对科学技术进步和人力进步作出较大贡献的人。科技创新人才是推动科技创新的根本动力及核心资源，我国的科技创新事业必定呼唤科技创新人才。科技创新、社会进步的核心问题是科技创新人才问题。对于科技创新人才，技术革新这么快，每个月都有新的技术、新的框架出现，除了需要掌握好熟知的领域外，还需要不断地去学习新的技能。这对科技创新人才的时间管理提出了更高的要求。科技创新人才工作时间长、工作压力大是客观事实，时间的分配和平衡对科技创新人才来说显得更加重要。科技创新人才的时间资源更加需要科学管理，做好时间的分配与平衡，才能在有限的时间内发挥其最大效能。

二、科技创新人才时间资源分配与平衡的意义

美国心理学家弗拉威尔提出的元认知理论认为，时间管理隶属于学习策略中的资源策略，可以通过建立时间表、制定调整目标、提高注意力水平和提供支持等方式提高学习者的时间管理水平。时间管理并非单纯地管理时间，离开了人，时间没有任何意义。时间背后是人的空间、事件、标准、行动和评价。由此可见，时间管理其实就是人生管理，管理的本质是提高效率，成就人生理

想。通过时间管理进行时间资源的分配与平衡，科技创新人才能够获得什么？

第一，有助于科技创新人才掌握并运用时间管理的技巧。时间管理就是用技巧、技术和工具帮助科技创新人才完成工作并实现目标。时间管理的精髓在于分配时间，合理巧妙地分配时间需要技巧，但任何技巧都需要学习并运用才能掌握。通过学习时间管理的技巧，科技创新人才能最大限度地发挥时间的效力，从而提高自己的工作效率。

第二，有助于科技创新人才打败拖延症。时间管理就是自我管理。自我管理能力差的科技创新人才，往往都有拖延症。明日复明日的拖延，不仅会全盘打乱计划，还会对个体的自信心产生极大的动摇。时间管理的目标之一，就是要克服拖延的恶习，通过记录和管理自己的时间，认清自己的时间都花在哪儿了，并设法减少非生产性工作的时间，从而达到集中时间办大事的目的。

第三，有助于科技创新人才形成有条不紊的工作作风。时间管理的目标并不是完全掌控时间，而在于降低变动性，其意义在于透过事先的规划，提醒和指引人们有计划、有步骤地完成预设的任务和目标。一个善于时间管理的科技创新人才，往往能分清轻重缓急，什么时间该做什么事情、什么事情不应该做，他都一清二楚，不管遇到什么情况，他总能让工作有计划、有步骤地进行。科技创新人才学习时间管理，就是要让自己成为一个做事有条理的人。

第四，有助于科技创新人才平衡工作和生活。科技创新人才常常感叹工作太多，没有时间好好享受生活。很多情况下，并不是工作多，只是自己的工作效率太低，时间管理能力不足而已。强调科技创新人才时间管理的意义在于，尽可能让自己找到工作和生活的平衡点，除了全身心地投入工作外，还能分出一些时间给自己和家人。

三、科技创新人才时间资源分配与平衡的策略

时间分配与利用是人们生活质量和生活方式的晴雨表，不同类型的时间如工作时间、睡眠时间、休闲娱乐时间等分别意味着不同的生产和活动类型，

对于人们的生活也会带来不同的影响。从宏观角度来看，时间分配状况还反映了政府所提供的公共服务水平。

不同类型的生活时间对人们福利水平的影响有不同的模式。一般认为，工作时间（在经济学中通常被称为市场时间）具有较为特殊的意义，工作时间内的劳动可以换取经济报酬，为个体生存提供基本保障，但是工作时间如果超长，又会挤占其他生活领域的时间，影响个体的生理健康恢复和休闲娱乐，进而影响生活质量。休闲时间在所有生活时间类型中最能代表个体的福利水平，有学者认为，人们生活时间中的自由时间或闲暇时间可以作为一种客观福利指标，一个人拥有的自由时间越多，越可能得到充分的休息和发展。

对于我国居民时间分配状况的相关研究表明，不同职业居民的时间分配状况差异极大，在各种职业群体中，专业技术人员的日平均工作时间最长。作为专业技术人员群体中的重要组成部分，科技创新人才工作时间长的问题近年来已引起重视，目前有关科技创新人才工作时间过长对于科技创新产出带来的影响已有较多研究，但科技创新人才时间的分配与平衡对于身心健康和生活满意度的影响还不够受重视，我们在这里着重讨论科技创新人才的时间资源的分配和平衡。我们可以将科技创新人才的时间资源分为工作时间（上班时间和通勤时间）、家庭时间（包括家务时间和照料孩子和老人的时间）和业余时间（包括休闲娱乐时间和睡眠时间等）三个部分。

（一）工作时间管理

一个人要完成大量工作，重点其实不在于要投入多少时间，而在于要投入多少精力和注意力。我们常常听到一个人说，他已经非常忙了，某某事情实在是无精力去做。恰好是这句话让我们思考，我们其实要追求在固定的时间内，完成更多重要的事情，那么时间管理的本质就不再是对时间进行管理了，而是在对精力进行管理。能做好时间管理的人，其实就是管理好了他的精力。

1. 做好日常计划

没有计划的管理就如同没有地图的旅行，不知道该往哪里走。做计划的形式因人而异，目前较为常见的还是使用最原始的日程本或是手机日历，在不方便使用电子设备时，可以先在本子上排出每周或是每天的安排，然后在方便时同步至手机或电脑。同时可以将未来要完成的任务细分为一连串可以实现的简单任务，让任务有步骤可循，这样就可以给自己完成任务的信心，即要清晰地在一张"白纸"上画出属于自己的"地图"。

2. 对优先级进行排序

每个人的时间都是有限的，无论怎么做计划时间都不会因此增加，必须对要做的事情作一个优先级的排序。可以将每天的任务评定一个等级顺序并进行排序，这样就可以知道什么事情是必须要完成的，可以优先处理。很多人会把任务的难易程度当成最重要的考虑因素，但这其实是错误的。真正应该考虑的因素可以是时间的紧迫性、对未来发展的重要性、对人际交往的影响等。当进行排序后，就专注于做最优先的事情，剩余的事情可以后续处理，切勿分心。

对于科技创新人才来说，在其工作时间中，除了科研时间之外，还有相当比例时间用于社会事务、与工作相关的应酬、学习培训自我提升等方面。在科技创新人才不同性质的工作中，科研工作是最重要的也是最为辛苦的工作，需要较强的劳动强度、智力和灵感，而且科技创新工作的性质决定了并不是所有的科技创新时间都能产出成果；已有研究发现，科技创新人才时间投入并不必然带来产出的提高。所以科研时间的投入占比并不是越多越好，也要掌握合适的平衡点。

对于科技创新人才来说，不断的学习和培训也是非常重要的。但根据有关调查研究发现，科技创新人才工作中学习培训的时间不多。作为知识的生产者，科技工作者理应有更长的学习培训时间，但现实却是他们的学习培训时间与普通社会公众相差无几。在全球科技迅猛发展的情况下，高层次科技工作者作为科技创新团队的领导者和科技人才的培养者，没有足够的时间更新知识，不利于科技创新发展。所以在工作中，科技创新人才还要注重学习培训的时间。

对于科技创新人才来说，要注重培养自己的创新精神和创新思维。首先，要培养创新思维与品格。创新思维是创新人才培养的核心素质，创新思维不是一朝一夕就能获得的，是科技创新人才在不断创新实践中，对已有的知识结构进行突破、梳理、重塑，以更好的知识系统对事物的本质和规律进行准确地把握。这种创新思维对创新人才而言极为关键。创新品格是创新人才在创新活动中形成的创新意志和创新精神，主要表现在具有坚韧的性格和非常旺盛的求知欲望，以及独立的人格和饱满的自信心，是创新精神和创新意识的集中体现。其次，要培养积极的学习意识。科技创新人才的核心是掌握扎实的科学知识，并以此构建科技创新理论体系。有扎实的知识功底并进行系统的知识学习是科技创新人才应该具备的基本素质，否则很难对遇到的新问题进行有效转化，也难以生成新的创新知识体系。因此，创新知识是创新人才培养的重点和基础，包括专业的基础知识、交叉的多学科知识和人文社科知识等。

此外，对于科技创新人才来说，工作中最重要的就是加强培养科技创新能力。创新能力、创新思维和创新品格一起构成了创新人才的综合素质，创新能力决定了科技创新人才能否在短时间内解决新问题、寻找新思路。创新能力包括对知识的分析能力和推理能力，对事物的观察能力和洞悉能力，对团队合作的协作能力和持续学习能力，以及丰富的想象力和知识转化能力。这些能力共同构成了科技创新能力。其中，观察力和洞察力能够帮助创新人才在科技创新过程中发现各种问题；分析能力和推理能力能够帮助人才在科技创新中厘清思路，寻找问题答案。科技创新本来就是一项非常复杂的系统工程，因此，需要科技创新人才在团队合作中充分发挥自身优势，最终为创造出新成果作出自己的努力。

（二）家庭时间管理

以往的研究发现，科技创新人才的家务劳动时间对于生活满意度的影响呈曲线关系，过短和过长的家务劳动时间对科技创新人才生活满意度都有显著的负面影响，只有适中的家务劳动时间才产生正面影响。现代人的生活主要分为家庭和工作两个领域，这两个领域任一方面占用时间过长都可能影响另一方面，同时也会影响睡眠等其他生活时间。家务劳动时间对满意度影响呈曲线关系说明：在家庭和工作之间，需要一个合适的平衡点；过短的家务劳动时间可能意味着忙于工作，无暇照顾家庭，带来的后果可能是家中老人和儿童得不到较好的看护和抚养，家庭清洁卫生得不到保障，家庭生活质量较低，这些都会对科技创新人才生活满意度带来负面影响；而过长的家务劳动时间可能意味着沉重的家庭负担，从劳动量上本身即会有负面影响，与此同时还会影响在工作方面的时间和精力投入，进而影响从职场劳动获取的报酬，这也会影响满意度。

研究发现，对于不同性别的科技创新人才来说，家庭时间管理有很大差异。科技创新人才家庭时间管理的性别差异可能体现了男女两性对工作与家庭关系的不同认识。从以往研究看，男性和女性存在重大差异，男性科技创新人才学历更高、收入更高、发表论文数量更多，并且用于工作的时间也更长，用于家务劳动的时间则远少于女性科技创新人才。男性科技创新人才工作时间平均比女性多0.87小时、家务时间比女性少1.03小时。男女两性在工作时间和家务时间上存在明显的此消彼长态势，男性科技创新人才更看重工作而忽视家庭，女性则相反。男性科技创新人才不受家务劳动时间影响可能是因为男性的家务劳动时间本来就较少，对工作时间的挤占较少。

家务时间对女性影响显著，这反映了女性科技创新人才在现代社会中面临的工作——家庭冲突和压力。女性科技创新人才也是社会经济地位较为靠上的群体，社会对科技创新人才都有较高的期待和要求，女性本身也希望自己能在职场有所发挥。但从现实来看，女性科技创新人才的工作时间受到家务时间的严重挤占，相比于男性，女性在家务上多付出的时间还远高于男性在工作方面多付出的时间。既照顾好家庭又兼顾工作，找到一个平衡点对于女性科技创新人才而言更难。

（三）业余时间管理

时间是稀缺资源，有的科技创新人才认为让自己整天忙碌起来的生活才充实。但科技创新人才的精力毕竟有限，而且个体的情绪是有起伏的，今天或许可以满负荷地工作一整天，但天天如此，科技创新人才的身体和心理就容易出现问题，这也背离了时间管理的意义。科技创新人才进行时间管理的目的在于，在有效时间内，更加专注和高效地完成更多有意义的科技创新工作。如果每天的计划和行程都被安排得太满，超出了自己承受能力的极限，这样的时间管理会让人很不舒服，也很难持续下去。很多人办事拖拉，原因可能就是任务安排得太满，时间又太紧，望而生畏，内心产生了抵触情绪，于是事情就被拖延着。

1. 休息好才能效率高

根据有关调查研究发现，科技创新人才的睡眠时间较少，明显低于全国就业人口平均水平。身体是革命的本钱，时间管理是为了充分利用时间，但也千万不要把自己逼得太紧，适时的还是需要给自己一些时间喘口气。没休息好不单影响身体，也影响自己的心态心情，经常熬夜的人容易暴躁，做事效率也不高。只有拥有一个健康的身体和一个清晰的大脑，才能更好地完成自己定下的各项任务。如果一段时间里能很好地完成自己设定的目标，同时也比较累的时候，就休息一下吧，喘口气之后回来会发现自己又能高效率完成目标了。长远来看，适当的休息也是一种时间管理的做法。

2. 留出弹性时间

业余时间是忙碌的工作和生活的缓冲剂，这要求科技创新人才每天留出一点弹性时间。人们常说，计划不如变化，变化不如领导的一通电话。工作中遇到一些意外情况是很常见的，处理这些事情同样会占用科技创新人才的时间和精力。如果时间安排得太满，缺乏弹性，很容易导致计划因意外情况而中断，如果到期无法完成预定任务，就会感觉紧张、焦虑和沮丧。明智的做法是每天预留出至少1小时的机动时间，工作时尽量把必须完成的工作提前完成，这样即使被打断，也不容易产生焦虑和烦躁情绪。科技创新人才虽然很难预料到每天都会有哪些计划外的事情需要去做，但如果留出一点缓冲时间，就能以不变应万变。总之，不要把自己的时间安排得过满，这样容易产生被时间牵着鼻子走的感觉，觉得自己的生活就是在不断地追赶时间，被时间控制了，这样的人生将变得毫无生趣。如果每天留出一点弹性时间，每天给自己一些自由的时间，在工作和生活中将会变得游刃有余，一切都会更加顺畅。

3. 学会最大限度地利用好业余时间

爱因斯坦说："人的差异产生在业余时间。"胡适也曾说："一个人的前程往往全靠他怎样利用闲暇时间。"业余时间是一笔宝贵的财富，能不能利用好业余时间，决定了科技创新人才的现在和未来。科技创新人才应该如何最大限度地利用好这些业余时间，有以下三点建议：

第一，利用成本思维分配时间。科技创新人才每天实际可支配的时间就那么多，如果花在这件事上的时间多了，那么花在其他事上的时间相应就减少了。这些时间就像金钱，可以用来投资，也可以用来消费。比如，我们在空闲时看书、学习或运动，这些就算是投资，因为它能给我们回报；如果我只想把这些时间花在玩游戏、看电视上，这就属于消费，时间消费了就没有了，并不能给我们带来实际利益。所以我们在决定做一件事情之前最好先判断一下，这件事有没有意义，能给你带来什么样的回报，要做一些投资有回报的事情，注重长期效益。

第二，给自己定一个目标。当意识到自己有很多空闲时间可以用来做某一件事情时，效果通常不会太好。这件事能不能坚持下去，很大程度上要视心情而定。但如果设定一个目标，然后将目标进行分解，让自己每天都知道要做的事情以及要达到的效果，就相当于给自己设定了一个监督机制。比如，你想在15天之内读完一本专业书籍，那么可以先翻看一下这本书一共有多少页，再计算一下每天需要完成的阅读量，然后再持之以恒地去完成一个一个的小目标。

第三，重视要做的事情。例如，科技创新人才知道健身对身体有好处，也信誓旦旦地给自己定下过目标，但为什么大多数人还是没能坚持下去呢？是真的没有时间吗？那为什么可以花一两个小时闲聊天、睡懒觉或者玩游戏？很多时候，没有动力坚持做一件事，起因在于没有给予足够的重视。就拿健身这件事来说，多一天或少一天好像没什么差别，但日积月累，长期健身的科技创新人才与从不健身的人相比，体能和意志力方面的差异是很大的。所以，要重视且持之以恒地坚持想要做的事情。

四、时间资源分配与平衡对科技创新人才的启示

结合已有研究发现，对于科技创新人才来说，第一，对于工作时间的管理，并不是科研时间占比越长科研产出成果越多，还要注重学习培训的时间。第二，在家庭时间管理中，家务劳动时间过长或过短都会带来不利影响，科技创新人才需要在家庭和工作之间掌握合适的平衡点，需要兼顾二者，否则就会感到压力。第三，对于业余时间的管理，科技创新人才在生活中应该张弛有度，劳逸结合，要平衡自己休闲娱乐时间，给自己留出一些业余时间。休闲娱乐时间的活动是人们放松自我的重要方式，在现代社会也是衡量人们生活质量和生活水平的重要指标，对人们的生活满意度有很大影响。休闲娱乐活动有积极和消极之分，积极的活动才能促进人的发展，消极活动则会给人带来不利影响。对科技创新人才来说，业余时间健身、读书和休息等都会促进人的发展；另外，充足的睡眠时间为科技创新人才的身心健康提供了必要保障。总之，对于科技创新人才来说，要做好工作、家庭和业余时间资源的分配与平衡，才能更好地发挥其最大效能。

［作者：曾垂凯，浙江财经大学人本经济研究所副所长、副教授、中国管理研究国际学会会员］

领导干部要加强对新科学知识的学习

一个善于学习的社会，才是一个充满活力的社会；一个勤于学习的民族，才会成为一个不断发展的民族；一个拥有高强学习本领的执政党，才能带领一个国家走向繁荣昌盛。党的历史充分表明，新思想、新经验、新知识，是党的执政能力和活力的保障。我们党走过的革命和建设历程，就是一个不断学习、研究新情况、解决新问题和不断运用新的科学、新的知识建设发展富强的历程。

习近平总书记曾指出，干事创业，既要政治过硬，又要本领高强。要增强学习本领，在全党营造善于学习、勇于实践的浓厚氛围，建设马克思主义学习型政党，推动建设学习大国。中国特色社会主义进入新时代，高速发展的信息化时代对党和国家工作提出许多新要求。广大党员干部更须切实加强学习。其中，加强对新科学知识的学习是重要内容之一，否则就难以掌握新知识，熟悉新领域，开拓新视野，实现新进步。

一、对待科学知识与科学素养的态度决定了一个国家和民族科技创新的发展高度

科学知识是人类在认识和改造世界过程中获得的关于自然现象及其规律的成果总称，内容包罗万象，不仅

包括科学概念、科学事实、科学原理、科学定律等知识，还包括对科学文化、科技风险等相关问题的基本理解。科学知识是推动科学技术发展和人类社会进步的重要战略资源。

新科学知识主要是指以人工智能、量子信息、移动通信、物联网、区块链为代表的新一代信息技术，以合成生物学、基因编辑、脑科学、再生医学等为代表的生命科学领域，融合机器人、数字化、新材料的先进制造技术，以清洁高效可持续为目标的能源技术，空间和海洋技术，等等。进入21世纪以来，全球科技创新进入空前密集活跃的时期，新一轮科技革命和产业变革正在重构全球创新版图、重塑全球经济结构。学科之间、科学和技术之间、技术之间、自然科学和人文社会科学之间日益呈现交叉融合趋势，科学技术从来没有像今天这样深刻影响着国家前途命运，从来没有像今天这样深刻影响着人民生活福祉。

国际上普遍将科学素养概括为三个组成部分，即对科学知识、对科学的研究过程和方法、对科学技术对社会和个人所产生的影响达到基本的了解程度。目前各国在测度本国公众科学素养时普遍采用这个标准。只有在上述三个方面都达到要求者才算是具备基本科学素养的公民。公民的科学素养主要包括科学知识、科学思维、科学精神。如果把科学素养比作一座高耸的大厦，丰富的科学知识则是它坚实的基石，没有科学知识则无从谈及科学思维和精神。而缺乏科学思维和精神，则不可能灵活把握科学知识。三者相辅相成，相得益彰。因此，领导干部学习科学知识，不是为了学习知识而学习，而是为了提升整体的科学素养，提升判断海量信息正误的能力，强化科学的执政思维、能力和科学精神。

美国国家学院的报告列出了科学素养的7个组成部分：（1）基础文化素养，例如算术和文本素养；（2）内容知识，例如科学术语、概念和事实；（3）对科学实践的理解，例如收集和分析数据，解释科学发现，以及了解双盲试验、控制变量和同行评议等程序；（4）确定和判断适当的科学专业知识；（5）认知知识，即了解科学主张如何得到科学程序的支持，"既然确定性是科学的一个内在方面，同行评审如何维持客观性，如何认识科学和科学知识的界限，以及随着时间的推移，社会共同体如何构建科学知识"；(6)对科学的文化理解，即承认"科学与社会的相互关系"，理解"科学的巨大认知成就"和欣赏"科学的美丽和奇妙以及科学对社会的贡献"；(7)心灵的性情和习惯，如好奇心和开放性，这"塑造了人们在广泛的环境中如何与科学接触，并且可能是使用其他各种技能和知识的必要先决条件"。根据美国国家学院委员会的资料，这7个组成部分中有3个是最常用的组成部分，即内容知识、对科学实践的理解和对科学文化的理解。了解科学素养的组成部分有助于加强对科学知识的理解以及制定相关学习策略。

二、领导干部为什么要加强对新科学知识的学习

新科学知识是人类顶尖智慧的结晶。作为国家和公共事务管理者，学习新科学知识对其提升修养、把握世界发展格局、放眼世界未来走向、提高科学执政能力，具有至关重要的作用，同时也是一项必然要求。

（一）知识不断更新换代需要终身学习

人类从诞生之日起，学习就成为每一个个体的基本活动。学习的作用不仅限于对相关知识和技能的掌握，还训练思维、培养人格、提升智慧，使人得以和谐发展。中国古代哲学家荀子曾说过"学不可以已"，人如果停止学习，就会退步。在古代尚且需要长期保持学习，在飞速发展的现代社会更需要终身学习。终身学习既是中华民族源远流长的尚学思想精华，更是中国共产党在干部培养、教育工作中一以贯之的优良作风。

当今世界的新情况、新问题层出不穷，新技术迅猛发展，知识传播的方式也日新月异；科学技术转化为生产力的速度加快，高科技已成为国家综合国力的核心和国际竞争的焦点；数据、事实、信息等都在快速增长。人们要适应不断发展变化的客观世界，就必须把学习从单纯的求知变为生活的方式，

做到"活到老,学到老"。当前的新环境、新形势和新任务,更是对我们党的执政能力和领导水平提出了新的要求。这首先要求党的各级领导干部自觉地重视学习、善于学习,让学习成为一种习惯、一种生活。领导干部不仅要成为终身学习的倡导者,更要做践行者。领导干部只有成为一名终身学习者,才能不断提升素养、增强业务能力,做到德才兼备;才能更快更好地建设学习型社会,创设全民终身学习的氛围。否则,我们就会落后于时代,就难以完成肩负的历史任务,就有失去人民信任和拥护的危险。

2021年9月1日,习近平总书记在中央党校(国家行政学院)中青年干部培训班开班式上的重要讲话中强调,"我们处在前所未有的变革时代,干着前无古人的伟大事业,如果知识不够、眼界不宽、能力不强,就会耽误事。"同时提出,要学习各方面基础性知识,学习同做好本职工作相关的新知识新技能,不断完善履职尽责必备的知识体系。在这个"科技改变世界"的时代,领导干部尤其要认真学习科学知识,不断提升科学素养。学习和掌握科学知识,是回归常识、敬畏自然的过程;运用科学思维,是尊重程序、遵守制度的体现。领导干部只有掌握科学知识、锤炼科学思维,才能更好地尊重科学,自觉弘扬科学精神,才能推进科技创新和发展。

(二)我们党一贯重视领导干部对新科学知识的学习

建党初期和革命时期,老一辈无产阶级革命家认真学习、传播、研究马列主义理论,创立了马列主义同中国革命实践相结合的毛泽东思想,指导中国革命赢得了成功,建立了社会主义新中国。新中国成立之初,国内百废待兴,如何在一个人口众多、经济文化落后的东方大国中建设社会主义,怎样进行国家的工业化、现代化建设,成为中国共产党人迫切需要解决的问题。面对这一崭新而繁重的任务,毛泽东同志号召全党"重新学习""必须善于学习"。我们党在这一思想的指导下和在重新学习、善于学习的实践中,领导水平得到全面提高,新中国在成立后就较快地实现了从新民主主义向社会主义的过渡,创造性地完成了三大改造,确立了社会主义制度,开始了全面建设社会主义时期。党的十一届三中全会以后，为适应改革开放和现代化建设的需要，邓小平同志向全党特别是党的干部发出了"一定要善于学习，善于重新学习"的号召，并采取了一系列重大措施。1989年，中央专门下发了《关于建立健全省部级在职领导干部学习制度的通知》，有力推动了在职领导干部的学习。江泽民同志强调学习、学习、再学习，以推进党的进一步发展。胡锦涛同志提出了推进学习型党组织建设的要求，进一步提高了党在新的历史时期的执政能力和引领全国建设发展的能力，加强了党在新的历史时期的全面建设。学习是我们党建设和发展的历史经验和传统法宝。

中国特色社会主义进入新时代，高速发展的信息化时代对党和国家工作提出许多新要求。广大党员、干部更需切实加强学习。其中，加强对新科学知识的学习是重要内容之一，否则就难以掌握新知识，熟悉新领域，开拓新视野，实现新进步。

（三）公民科学素质建设和科技创新的需要

1994年12月，中共中央、国务院下发《关于加强科学技术普及工作的若干意见》，对推动科普事业进行重点部署。2006年1月26日发布的《中共中央、国务院关于实施科技规划纲要增强自主创新能力的决定》指出，要在全社会广泛传播科学知识、科学方法、科学思想、科学精神，提高全民族的科学文化素质。2012年9月23日发布的《中共中央国务院关于深化科技体制改革加快国家创新体系建设的意见》明确了"十二五"时期公民科学素质水平达到5%的量化目标。2015年9月24日发布的《深化科技体制改革实施方案》明确提出了"深入实施全民科学素质行动计划纲要，加强科学普及，推进科普信息化建设，实现到2020年我国公民具备基本科学素质的比例达到10%"的目标任务。《国民经济和社会发展第十三个五年规划纲要》也将"到2020年我国公民具备基本科学素质的比例达到10%"作为全面建成小康社会的发展目标。1996—2002年，科技部、中宣部、中国科协联合召开了三次全国科学技术普及工作会议，科普工作进入有计划、有目标、有重点的有序组织实施阶段。2006年2月6日，国务院颁布实施《科学素质纲要》。为了推动"十二五"时期公民科学素质建设工作，2011年6月19日，国务院办公厅印发《全民科学素质行动计划纲要实施方案（2011—2015年）》，明确了"十二五"时期全民科学素质纲要实施工作的指导方针、目标任务和重要举措。《国民经济和社会发展第十二个五年规划纲要》明确提出"深入实施全民科学素质行动计划，加强科普基础设施建设，强化面向公众的科学普及"。2016年2月25日，国务院办公厅印发《全民科学素质行动计划纲要实施方案（2016—2020年）》，明确了"十三五"期间全民科学素质工作的重点任务、保障措施和2020年全民科学素质工作目标。全国所有的省、自治区、直辖市都制定了本地区的"十二五"和"十三五"《全民科学素质行动计划纲要实施方案》，指导当地分阶段实施科学素质建设工作。

《国民经济和社会发展第十四个五年规划纲要》提出要大力弘扬新时代科学家精神，强化科研诚信建设，健全科技伦理体系。依法保护企业家的财产权和创新收益，发挥企业家在把握创新方向、凝聚人才、筹措资金等方面的重要作用。推进创新创业创造向纵深发展，优化双创示范基地建设布局。倡导敬业、精益、专注、宽容失败的创新创业文化，完善试错容错纠错机制。弘扬科学精神和工匠精神，广泛开展科学普及活动，加强青少年科学兴趣引导和培养，形成热爱科学、崇尚创新的社会氛围，提高全民科学素质。还提出要完善科技创新体制机制，深入推进科技体制改革，完善国家科技治理体系，优化国家科技计划体系和运行机制，推动重点领域项目、基地、人才、资金一体化配置。

公民科学素质建设和科技创新需要领导干部加强对新科学知识的学习，以提高自身科学素养，才能更好地开展公民科学素质建设。回望历史，正是科学开辟了整个世界的现代化蓝海，开启了人类前所未有的文明高度。今天，在改革攻坚的深水区，我们闯关夺隘不能没有科学知识，更不能缺少科学思维，学科学、用科学，正该成为领导干部的基本素养。

（四）领导干部科学执政的需要

在科学技术正日益深刻影响我们生活的今天，一个人的科学素养的高低，绝不是无关紧要的，它已经开始影响到一个现代社会中的人的生活质量，同时也在不断影响和改变国民的价值观和对许多问题的看法。随着科学技术的发展，今后需要有效地借鉴科学技术知识才能得以解决的公共政策问题会越来越多，科学政策都要在公众理解基础上才能实现决策的民主化和公开化。领导干部学习科学知识，能提升科学素养，优化执政思维，提升尊重科学、弘扬科学精神的意识。

1. 提升科学素养，优化执政思维

恩格斯说过："一个民族要想站在科学的最高峰，就一刻也不能没有理论思维。"科学技术不仅是第一生产力，更是一种精神文化和思维方式。如果说专业科学知识有其明确边界，那么科学思想作为一种思维方式可以辐射到各个领域。领导干部通过学习科学知识，在潜移默化之中涵养科学思想，拓展知识疆界，在决策和工作中就会自觉运用科学思维、科学方法思考问题、处理问题，多一些尊重规律、实事求是，少一些主观臆测、经验主义，从而优化执政思维，提高工作效率和决策水平。对手握公权力的领导干部而言，科学思维不仅是认识世界、分析问题、作出决策的基本方法，更是充实心灵、塑造品格、坚定信念的精神资源。

在这个"科技改变世界"的时代，学习科学知识、锤炼科学思维，是领导干部的基本素养。懂点环境知识，应对"环境敏感期"的挑战就能多一份从容不迫，少一点慌不择路；关注技术前沿，促进创新驱动，推动转型升级就会更具前瞻性和预见性；把科学思维融入工作流程，就会多一些实事求是、尊重规律，少一些拍脑袋的随意、一言堂的傲慢，从而切实提高科学执政和科学决策的水平。事实上，掌握科学知识，也是回归常识、敬畏自然的过程；运用科学思维，也会体现为尊重程序、遵守制度。面对复杂多变的国内外形势，各级领导干部只有运用科学思维把问题想通想透，把道理讲清说明，才

能让群众信服，各项谋划方能落到实处、见到实效。

2. 提升尊重科学、弘扬科学精神的意识

科学精神是科学素养的核心内涵。从历史上看，科学精神是随着生产力水平的提高，在人们认识和改造自然的生产生活中逐渐形成的，与科学新知、科学思想相伴而生，同向并行，其间经过了长期而复杂的过程。这一精神指向的是一种自我革新、探求真理的批判意识，体现了辩证唯物主义和历史唯物主义的统一。科学精神是从事科学现象、从事科学实践所应该有的价值观念，可概括为理性精神、求真和求实的精神、批判和怀疑的精神、开放和创新的精神、实践和探索的精神、民主和协作的精神。科学精神崇尚真理，最重要的是尊重事实，实事求是，能够相信科学、运用科学。科学精神是科学文化素质的灵魂，是各级领导干部树立正确的世界观、人生观、价值观，掌握科学的思维方式和工作方法，做好一切工作的重要条件和基础。对领导干部而言，科学精神体现为正确认识和反映外在世界的看法和态度，体现为理性思考、科学判断的能力，体现为勇于担当的责任情怀。以新冠病毒感染疫情为例，面对异常严峻的防控形势，能否全面贯彻落实党中央的决策部署，以科学的态度看待问题，营造科学防治的社会氛围，是对各级领导干部的一次重大考验，这在一定程度上也体现了培育科学精神的紧迫性与重要性。习近平总书记指出，"与以往历次工业革命相比，第四次工业革命是以指数级而非线性速度展开"。伴随着新一轮的科技革命和产业变革，科学技术日益上升为建设新时代中国特色社会主义事业的重要力量，科学素养日渐成为党员干部提升领导力的重要保障。作为国家治理的"带头人"，领导干部只有弘扬科学精神，运用科学思维理性看待迅速发展的科学技术，提升防范及化解重大风险能力，才能准确把握未来社会发展的脉搏。

科学也是一种社会文化。我们常说，创新驱动发展战略决定着中华民族的前途命运，但如果社会的管理者对科学一窍不通，整个社会也不能形成尊重科学的心理基础。领导干部只有认真学习科学知识，提升科学素养，才能更好地尊重科学，自觉弘扬科学精神，才有助于涵养学习科学知识、崇尚科学精神、锤炼科学思维的文化土壤——只有这样的土壤，才能推动科技创新，推进科技发展。

三、领导干部如何加强对新科学知识的学习

（一）个人层面

领导干部学习科学知识，首先是理念上要坚持在实践中深化学习，努力把科学知识转化为提升领导科学发展能力的本领；努力培养科学精神，践行全心全意为人民服务的宗旨。然后是学习目标的确定和学习内容的选择。对领导干部而言，把学习掌握新科学知识作为提高执政能力的有效途径，就能在日常工作中勤学、慎思、善用，为经济添活力，为人民谋福祉。科学知识浩如烟海，领导干部要了解当代科学技术发展现状、趋势，把握世界政治、经济、社会发展的动向等。根据科学素养的标准，在学习内容的选择上要指向以下三点：第一，全面了解基础科学；第二，形成完整的科学方法论体系；第三，掌握同自身岗位相关的科学知识。

在具体行动上，领导干部学习科学知识，则可以采取以下措施。首先，坚持终身科学学习，积极适应新技术环境，加强科学交流和参与。这就要求保持好奇心和开放性，积极主动地利用丰富多样的渠道获取科技信息；关注科技新进展，加大对外交流合作力度，开展科普研究与合作。其次，将规范的系统科学教育与非正规科学学习相结合。要系统学习基本科学概念和信息获取技能，同时利用各种渠道资源进行多方面多层次的科学学习。再者，培养科学兴趣和提高科学相关活动参与度。调整科学学习和参与，以适应传统上在科学领域代表性不足的群体的社会和文化背景，使科学更具包容性。最后，加强信息技术的学习，充分利用信息技术与广泛的在线资源联系起来。积极提高公共科学传播的质量和数量，建设公共科学知识。创造激励机制和提升科学家分享其工作的能力，为跨组织的行动提供框架和协调基础。

（二）政府层面

我国政府注重公民科学素质建设，对领导干部的新科学知识学习很重视。此外，还要不断提高领导干部对科学素质重要性、迫切性的认识；充分发挥党校、行政学院等干部培训主渠道的作用，加强对领导干部科学素质的培训；有效利用因特网，在我国科普网站和政府网站上有针对性地设立提高领导干部科学素质的专题；在领导干部的选拔录用、综合评价考评、晋升等方面增加科学素质的内容；等等。同时，政府还需积极完善领导干部科学素养培训体系和开拓领导干部接触新科学知识的渠道。

1. 完善领导干部科学素养培训体系

根据前文的论述，新科学知识指前沿科学知识，而前沿的科学知识往往具有一定的认知门槛，因此为了提升领导干部对新科学知识的接受度，需提升个人整体科学素养。目前的科学知识普及缺乏系统性，不便于领导干部从观念、内容、模式等方面进行系统把握。这就需要建立健全领导干部学习新科学知识的培训机制，如设置系列培训课程、撰写系统学习教材等。

2. 开拓领导干部接触新科学知识的渠道

第一，开发利用优质科普资源，如科普专栏、科普App、科普网站等，让领导干部能及时接触前沿科学研究进展和最新的重大科学突破。开设《领导干部科普》专栏，聚焦高新技术前沿动态和人们最关注的科学问题及最新科技成果等，使领导干部了解与时事密切联系的热点问题及科学背景知识；开展科学素质课程库建设。第二，鼓励科学场馆、科研机构、高校等向领导干部开放，鼓励领导干部参加科技讲座、科技培训、科技展览，参观科技博物馆等。注重创新性、互动性、体验性，同时让领导干部了解国家取得的重大科技创新成果，领略世界科技前沿魅力，感悟其中所凝结的人类智慧、奉献精神、探索精神和创新精神，让领导干部对当今重大事件背后的科技背景、科技热议问题对社会发展产生的影响有深刻的理解和把握，多维度提升领导干部的科学思维与科学决策能力。

四、欧美国家相关学习经验借鉴与参考

美国密歇根大学的J.D.米勒教授在美国公民科学素养报告中提到，2016年调查显示，美国28%的成年人满足公民具备科学素养的标准。根据2014年科学文化报告，加拿大满足公民具备科学素养标准的民众比例是47%，瑞典是35%，美国是29%。根据《中国公民科学素质建设报告（2018年）》，2018年中国公民具备科学素质的比例为8.47%。由此可以看出，我国在公民科学素养建设方面与欧美国家相比还存在一定的差距。了解公民平均科学素养较高、科学素质培养体系较为健全的国家的做法，可为我国领导干部如何加强科学知识的学习提供一定的启发。

王立新的《提高领导干部和公务员科学素质对策研究》一文显示，欧美国家通过策划组织科学普及活动、举办科学企业参与科普和健全公务员培训制度等方式提升管理人员的科学素养。

（一）策划组织科学普及活动

依托学术机构和科学博物馆等权威机构开展科学普及活动，一方面知识的可信度得到了极大保障，另一方面可传播最前沿的科学知识。例如，英国主要依托英国皇家学会、英国科学协会、伦敦科学博物馆等进行科学普及。

英国皇家学会从19世纪早期开始面向公众开展科学演讲，这一传统一直延续至今。该学会面向政府官员，针对他们关心的热点问题定期发布相关科学报告；同时还针对公众关心的社会热点问题发布权威报告。此外，在科学传播时还注重利用一些纪念日开展科普活动。

英国科学协会主要开展四大活动，包括英国科学节、国家科技周、国家科学与工程学竞赛、媒体与科学家活动。伦敦科学博物馆创建于1857年，保存并陈列了在自然科学技术发展史上意义非凡和对现代科技研究和探索有意义的实物，是一家集自然科学、科学技术、农业、工业和医学为一体的综合

性博物馆。除电影院和图书馆外，看展览是英国人最热衷的文化休闲活动，近乎一半的英国成年人每年都至少去一次科学博物馆。

（二）举办科学节

科学节具有趣味性、创造性、可参与性，极大地促进科学知识向民众的传播。例如，美国在STEM教育计划的推行进程中，每年都举办几十个科学节，如华盛顿的科学与工程节、纽约的世界科学节、白宫的科技博览会等。美国科学节在举办形式、活动内容等方面积累了丰富的经验。一是组建美国科学节联盟，2016年时该联盟成员有45个，成员之间可资源共享、人员共享，享有参与科学集会、寻求合作的会员福利。该联盟有的合作项目还得到美国国家科学基金会的支持。二是科普形式上主要有科普展览式、参与式、漫走式等类型。

（三）企业参与科普

德国拜耳集团的拜耳科学中心依据医药保健、材料科技及作物科学三大产业，设有企业历史、医疗保健、建筑材料、营养作物、未来交通、发现科学、运动休闲和企业责任等8个展厅及1个学生实验室，包含300余个展项、模型、短片和解释图片，为公众提供了一个洞察当今、研究明天的空间。通过设计这一系列展览，既宣传了企业科技产品与文化，又使观众领略科技原理和知识，获得公众理解科学和提升企业效益的双赢。

（四）健全培训制度

美国具有较为健全的公务员培训制度，有一些经验值得我们研究借鉴。一是重视公务员培训，保障机制完善。从联邦政府到州、郡政府，都建立了专门机构，成立了相应的学院，制定规划，确保经费到位。二是理念先进，注重人的全面发展。美国建立了政府、高校、私立机构网络培训体系，注重心理素质的培训。三是公务员培训实现"三化"：终身化，即对公务员全员化、终身化培训进行规定；标准化，即在法律层面对公务员培训进行设计、管理并设立标准；个性化，即在培训形式、内容上根据不同层级、类型的公务员满足其个性化需求。四是注重培训质量评估体系建设，用好评估成果。

（五）创新交流形式

《加拿大科学文化报告（2014）》中提及创新交流形式可促进公众科学素养的提升。也就是说，由科学家与公众之间的单向交流，演变为双向参与模型，让公众在整个科学过程中发出自己的声音。一个广泛的共识是，一系列的科学传播和双向参与可以通过拉进更多的声音，建立对科学的支持，提高公众的兴趣，鼓励科学事业，改善科学知识，以及提高科学对社会的整体价值。尤其是在科学领域上，公众参与可以提出一些问题，从而开辟新的研究方向，提醒研究人员他们的工作可能产生的社会问题，并帮助宣传推广。理解社会的需求和兴趣也有助于提高科学对社会的价值，英国老年痴呆症协会对疾病研究的贡献就证明了这一点。

双向参与可以通过多种途径实现。公众可以参与研究过程本身，与科学家一起确定研究问题，收集和分析数据，或讨论和分享结果。一些参与性活动可以培养兴趣和社区参与，不仅能帮助公众更好地理解具体的科学问题，而且还有助于科学发展进程。其他公众参与形式还包括会议研讨等，而这通常是以大学为基础或由非政府组织举办，将当地对科学知识的需求与专家意见匹配。所有参与活动均需精心设计，以达到预期的目标。当前的一个共同问题是缺乏将参与成果与政策制定过程具体联系起来的机制。参与活动需要避免仅仅迎合参与者的肯定；相反，组织者应该准备好容纳一系列可能的结果。

《加拿大科学文化报告（2014）》还提及有效公众参与的建议，包括以下内容：描述问题对社会的相关性，让利益相关者参与讨论和准备工作，对过程保持透明，明确目标（并且这些目标可以完全或部分实现），让决策者参与以加强公信力，区分风险和不确定性。澳大利亚有一个组织，就科学问题与公众交流，以期将公众参与纳入主流，并利用公众态度为公共政策决策提供信息。加拿大最近的一项评估发现，已经成功地发展和实施了形成公共政策的公共对话项目，并注意到参与者对该项目价值的肯定。它还认为有必要在尽可能充分利用公共对话的成果方面投入更多的努力。

[作者：何晓斓，湖南第一师范学院国际合作与交流处处长、副教授，湖南省教师教育信息化国际科技创新合作基地副主任]

[作者：黎奇，湖南第一师范学院国际合作与交流处干事]

4

坚持创新
在我国现代化建设全局中的核心地位

"深入实施新时代人才强国战略，全方位培养、引进、用好人才，加快建设世界重要人才中心和创新高地，为2035年基本实现社会主义现代化提供人才支撑，为2050年全面建成社会主义现代化强国打好人才基础。"

坚持创新在我国现代化建设全局中的核心地位

当前，世界正处于百年未有之大变局中，全球科技创新进入空前密集活跃时期。掌握全球科技竞争先机，强化国家战略科技力量对经济社会发展的支撑作用，是我国开启全面建设社会主义现代化国家新征程的重要战略抉择。回顾梳理新中国科技事业跨越发展，以及发达国家的科技发展经验，提出建设世界科技强国的若干建议。

一、新中国科技事业跨越发展

新中国成立以来，党中央、国务院根据实践发展需要，在不同历史阶段提出了前瞻性的科技发展战略，我国科技事业实现了历史性跨越。

（一）1949—1977年："向科学进军"

新中国成立之初，我国科技领域百废待兴，科技人员和机构稀少，科研设备严重缺乏，基础条件极为落后，现代科学技术几乎一片空白。在党和政府的有力领导下，我国科技事业逐步走上了正常发展的轨道。1949年，以中国科学院成立为代表，各地相继开始布局建立一批科学研究机构。

1956年1月，中共中央召开全国知识分子问题会议，毛泽东向全国人民发出"向科学进军"的伟大号召。随后，毛泽东在最高国务会议第六次会议上指出："我国人民应该有一个远大的规划，要在几十年内，努力改变我国在经济上和科学文化上的落后状况，迅速达到世界上的先进水平。"同年8月，《1956—1967年科学技术发展远景规划》（又称"十二年科技规划"）编制完成，这是新中国第一个中长期科技规划。规划确定了"重点发展，迎头赶上"的指导方针，从13个方面提出了57项重大科学技术任务、616个中心问题、12个重点任务、4项紧急措施。规划的实施成功地解决了第二、第三个五年计划中国家经济和国防建设中迫切需要解决的一批科技问题，产生了以"两弹一星"为标志的一系列重大成果，创造了中国科学技术史辉煌的成果，对中国科研机构的设置和布局、高等院校学科及专业的调整、科技队伍的培养方向和使用方式、科技管理的体系和方法，以及中国现行科技体制的形成，起了决定性的基础作用。

随着中苏关系破裂，党中央决定编制《1963—1972年科学技术规划纲要》（又称"十年科技规划"），提出总方针"自力更生，迎头赶上"。虽然受"文化大革命"的影响，"十年科技规划"未能如期实施，但"自力更生"的理念深入人心，成为此后党的科技工作的重要指导思想。1965年1月，在三届全国人大一次会议上，周恩来所作的《政府工作报告》把科学技术现代化与工业、农业和国防的现代化并列为"四个现代化"。

这一时期在集中力量办大事的举国体制下，迅速涌现出了一批追赶世界水平的重大科技成果。这些在极为困难的条件下取得的重要成就，在我国科技发展的历史上写下了浓墨重彩的一笔。

（二）1978—1991年："科学技术是第一生产力"

为了进一步纠正"左"的错误，解决"文化大革命"期间受害严重的科教工作，1977年8月，邓小平亲自主持召开科学和教育工作座谈会，并发表《关于科学和教育工作的几点意见》。邓小平特别关心科研人才的培养问题，在讲话中强调:"在科研队伍中,可以先解决一些比较有成就、有培养前途的人的困难。这些人不限于是老同志,还有中年、青年同志。"随后,中央决定恢复已经停止了10年的高考招生。这一系列举措温暖了亿万人的心,改变了几代人的命运。科技工作者开始解除疑虑,放下包袱,以崭新的精神面貌投入科研教育中,一股学科学、用科学的热潮在全国悄然兴起。1978年3月,全国科学大会隆重召开,这是我国科学史上的空前盛会,宣告了"科学的春天"到来。邓小平在大会讲话中指出,"科学技术是生产力,这是马克思主义历来的观点","现代科学技术的发展,使科学与生产的关系越来越密切了。科学技术作为生产力,越来越显示出巨大的作用"。此后在多个公开场合中,邓小平不断重申科学技术是生产力的观点。1988年9月5日,邓小平在会见捷克斯洛伐克总统胡萨克时,提出了"科学技术是第一生产力"的重要论断。

随着改革开放向纵深推进,僵化的科技体制越来越不适应现实发展需要。1985年3月,中共中央发布《关于科学技术体制改革的决定》,提出经济建设必须依靠科学技术、科学技术工作必须面向经济建设的战略方针,对运行机制、组织结构、人事制度等方面的改革作出明确部署。此后相继推出了科技拨款制度改革、科研机构改革、高等教育改革等重大制度改革举措,科技体制改革与经济体制改革相辅相成、互为支撑。

(三) 1992—2011年:"科教兴国"战略

进入20世纪90年代,我国在科技领域的发展日新月异,相关规划和制度建设不断完善。1992年3月,国务院印发的《国家中长期科学技术发展纲领》提出,在优越的社会主义制度下,科学技术的进步和管理水平的提高,将在我国现代化建设的进程中发挥决定性的作用。1993年颁布实施的《科学技术进步法》,是新中国第一部科技领域的法律,明确提出要促进科学技术成果向现实生产力转化,推动科学技术为经济建设和社会发展服务。

1995年5月,中共中央、国务院印发《关于加速科学技术进步的决定》,提出坚定不移地实施科教兴国战略。科教兴国,是指全面落实科学技术是第一生产力的思想，坚持教育为本，把科技和教育摆在经济、社会发展的重要位置，增强国家的科技实力及向现实生产力转化的能力，提高全民族的科技文化素质，把经济建设转移到依靠科技进步和提高劳动者素质的轨道上来，加速实现国家的繁荣强盛。此后，在《全国科技发展"九五"计划和到2010年中长期规划纲要》、社会发展科技计划、国家中长期科学和技术发展规划以及国家技术创新工程、高校科技创新工程、国家重点基础研究发展计划（即"937计划"）带动下，我国科技行业发展进入快车道，取得丰硕成果。

（四）党的十八大以来：创新驱动发展战略

党的十八大以来，以习近平同志为核心的党中央把科技创新摆到了党和国家发展全局的核心位置，形成了从思想到战略到行动的系列部署，大力实施创新驱动发展战略，开启建设世界科技强国的新征程。

2018年5月28日，在中国科学院第十九次院士大会、中国工程院第十四次院士大会上，习近平总书记发表《努力成为世界主要科学中心和创新高地》重要讲话，旗帜鲜明提出："中国要强盛、要复兴，就一定要大力发展科学技术，努力成为世界主要科学中心和创新高地。我们比历史上任何时期都更接近中华民族伟大复兴的目标，我们比历史上任何时期都更需要建设世界科技强国！"

按照党中央的决策部署，把加快建设创新型国家作为现代化建设全局的战略举措，强化创新第一动力的地位和作用，突出以科技创新引领全面创新，具有重大而深远的意义。习近平总书记在党的二十大报告中指出："完善科技创新体系，坚持创新在我国现代化建设全局中的核心地位，健全新型举国体制，强化国家战略科技力量，提升国家创新体系整体效能，形成具有全球竞争力的开放创新生态。加快实施创新驱动发展战略，加快实现高水平科技自立自强，以国家战略需求为导向，集聚力量进行原创性引领性科技攻关，坚决打赢关键核心技术攻坚战，加快实施一批具有战略性全局性前瞻性的国家重大科技项目，增强自主创新能力。"

习近平总书记多次强调自主创新对于经济社会发展乃至现代化进程的关键作用，"实现'两个一百年'奋斗目标，实现中华民族伟大复兴的中国梦，必须坚持走中国特色自主创新道路，面向世界科技前沿、面向经济主战场、面向国家重大需求，加快各领域科技创新，掌握全球科技竞争先机。这是我们提出建设世界科技强国的出发点"。

"十四五"规划进一步提出："坚持创新在我国现代化建设全局中的核心地位，把科技自立自强作为国家发展的战略支撑，面向世界科技前沿、面向经济主战场、面向国家重大需求、面向人民生命健康，深入实施科教兴国战略、人才强国战略、创新驱动发展战略，完善国家创新体系，加快建设科技强国。"

《2020年全球创新指数》报告显示，中国位列全球参与排名的131个经济体中第14名，是唯一进入全球创新指数前30名的中等收入经济体。"天眼"探空、神舟飞天、墨子"传信"、高铁奔驰、北斗组网、超算"发威"、大飞机首飞……中国"赶上世界"的强国梦实现了历史性跨越。

在科技投入方面，2018年，按折合全时工作量计算的全国研发人员总量为419万人年，是1991年的6.2倍；研发人员总量在2013年超过美国，连续6年稳居世界第一位；研发经费投入2018年达19657亿元，是1991年的138倍，1992—2018年年均增长20.0%；研发经费投入强度在2018年提升至2.18%，超过欧盟15国的平均水平。按汇率折算，我国已成为仅次于美国的世界第二大研发经费投入国家。与此同时，科技产出量质齐升，根据基本科学指标数据库（ESI）论文被引用情况，2018年我国科学论文被引用次数排名世界第二位；2018年，我国专利申请数和授权数分别为432.3万件和244.8万件，分别是1991年的86倍和98倍；截至2018年年底，我国发明专利申请量已连续8年居世界首位。

二、发达国家的科技发展经验

它山之石，可以攻玉。欧美国家在过去100多年时间里，通过科技创新塑造经济发展优势，建立创新型国家，从而带动全社会进入高收入行列。其中所积累的经验，特别是政府推动科技发展的相关做法①，值得我们参考借鉴。

（一）美国

19世纪末20世纪初，美国取代英国成为世界经济头号强国。第二次世界大战之前，美国的科技发展主要跟随欧洲国家，开展以应用为导向的研究，体现了实用主义特征。二战以后，随着一大批科学家从欧洲流入美国，综合科学研究能力大幅提升。

1. 强大的科研组织能力

二战是美国科技站上世界之巅的分水岭。1940年6月，罗斯福总统宣布设立国防科学委员会，正式开启了政府介入科技研发阶段。1941年，美国联邦政府设立了科学研究与发展局，大大加强了对全国科研力量的统一领导与资助。二战期间，美国政府对科研领域的财政拨款占所有科研经费支出的比例，从不到20%攀升到80%以上，包括原子弹、计算机等重大科研发明都是在这一时期取得的。战后，至20世纪50年代，美国相继成立了原子能委员会、国家科学基金会、总统科学顾问委员会、国家航空和宇宙航行局、联邦科技委员会等一系列机构，为国家层面的战略部署、科技决策、资金投放等落地落实奠定了完善的组织基础。

2. 充满活力的国家创新体系

美国的高技术发展，是一个多层次、多角度、相互交叉的历史故事，是在一个充满活力的创新体系——一个由政府支持、大学里的科研活动、创业

---

① 比如政府牵头制定科技发展长期规划,美国的"NII"计划("信息高速公路计划"),欧盟的"E-europe2005""i2010"计划,日本的从"e-Japan"到"u-Japan"战略等都属于这个行列。

公司以及企业研究所对研发活动的投资以及相关的制度和政策（如与国防相关的研发和采购、反托拉斯政策）所构成的体系中发展的。比如，美国科技领先的代表是信息技术，这些技术最初各自独立发展，自20世纪60年代起越来越紧密地联系在一起，形成一个复杂的系统，带来了一场技术革命。在不同发展阶段，这些技术领域的突破和进展不同程度上都是由政府、大学与企业的相互作用带来的。美国形成的创新体系从两个方面促进高技术的持续发展，一是公共投入与私人投入相配合，国家经济和技术发展的前景让私营企业乐观地估计到投资研发会获得利润，因此私营企业大力投资高技术研发，政府资助那些无法马上进行商业化的研究。二是人员培养和自由流动，政府资助大学研究，培养新一代青年科技人员进入企业或者创业，大学研究、工业研究和产品发展之间存在着丰富的思想和人员的流动，推动着技术不断向前发展。

3. 科技金融紧密结合的硅谷经验

提起美国科技发展，硅谷（Silicon Valley）是绕不开的地点。在全球主要创新创业生态系统排名中，凭借其在创新创业绩效、融资、市场覆盖率、人才、创业经验、资源吸引力等主要维度的卓越表现，硅谷连续多年位列第一。通过科技发明与金融资本紧密结合，助推科技成果市场化，是硅谷经验的核心内容之一。硅谷拥有世界上最大的、高度成熟和极具竞争力的风险资本市场，其风险投资一度占美国的40%以上。发达的风险投资市场为科创企业尤其是早期初创企业提供融资支持，风险投资主要投向高科技企业，有效解决了高科技企业融资难问题，风险资本家还为初创公司提供人际网络、介绍潜在客户、参与公司治理等增值服务。

（二）日本

日本在科技创新上处于世界领先地位，日本以科技立国、知识产权立国、创新立国等举措不断提升科技实力，近些年来还出现了日本获诺贝尔自然科学奖项人数的"井喷"现象①。

1. 产学研互动体系

日本的产学研互动创新体系是其科技创新快速发展的基石,该体系将技术创新、产品创新、组织创新、制度创新与整个创新体系设计联系在一起,以政府为主导和支持企业通过创新实现盈利是主要特征。在构建创新体系的过程中,日本围绕创新投入与产出效率、高技术产业发展水平、政策体系及经济发展趋势这三大关键要素,通过完善政策法规等制度建设促进科技创新、优化产业结构调整,实现经济高质量发展,最终构建起科技—产业—经济良性互动的创新体系。

2. 抢抓机遇开展新层次日本制造

为了大幅提升日本的国家创新能力和全球竞争力,日本注重把科技创新和实体经济有机结合,发展"新层次日本制造"。"新层次日本制造"主要体现在三个方面:智慧化、系统化和全球化。这有利于帮助日本从制造强国迈向顶级创造强国,进而为率先跨入信息社会的新的社会发展阶段奠定坚实的基础。

3. 创新要素集聚和产业集群效应

创新要素的高效集聚对于发展创新型区域和增强创新软实力十分关键,东京大湾区之所以能成为世界瞩目的科技创新区域,是因为聚集了优质的创新要素和资源,如科技创新资源和金融创新资源,拥有创造性的企业家、工程师和高层次创新人才等,人才、资本、技术等创新要素的集聚与融合有力地促进了创新活动的发生。除此之外,东京大湾区内形成了各种工业产业集群,工业产业集聚导致规模收益递增,进一步促进了创新成果的市场化和产业化,形成了"研发—生产—制造—销售—再研发"循环高效的创新体系,促进了东京大湾区创新经济的繁荣发展。

---

① 2000年以来,日本每年平均1人获得诺贝尔奖。

(三）德国

德国是世界领先的制造和出口大国，高效的创新体系对保持强大的国际竞争力至关重要。为此，德国出台国家科技发展战略，鼓励以企业为主体的合作创新，同时营造良好的创新环境，以确保其创新强国地位。

1. 政府支持增添创新动力

德国创新的主体是企业，但是近年来，有"德国经济支柱"之称的中小企业研发投入占经济界整体研发投入的比例有所下降。为更好地推动中小企业创新，德国政府推出了一系列针对中小企业的支持项目，帮助它们迎接数字化、全球化和价值链重塑带来的机遇和挑战。

例如，"中小企业中央创新项目"主要支持中小企业与科研机构合作，"中小企业产业合作项目"鼓励不能独立进行基础科学研究的中小企业与大型企业和机构合作，"中小企业—创新"项目则主要扶持有能力进行尖端科技研究的中小企业。

2. 高效的产学研协作方式

产学研合作是德国科技创新体系中的一大亮点。为进一步加强相关合作，德国政府以竞赛形式在国内先后选出15个尖端产业集群。每个集群内的企业、高校和科研院所等将围绕该地区确定的核心产业开展合作创新。政府总计为此投入6亿欧元。为促进高校科研成果转化，德国联邦和州政府2016年启动"创新高校"项目，将高校"成果转化与创新"提升到和教学、科研同样重要的位置。该项目资助已有具体计划与企业等合作进行技术转化的高校，预计2027年前投入5.5亿欧元。

3. 与创新目标相匹配的教育体系

21世纪的竞争归根结底是人才的竞争。而科技创新实力的提升首先离不开的就是与之相适应或者相匹配的教育体系。德国的教育体系与其科学技术发展在世界范围内长期保持领先地位，具有高度关联性。在职业教育方面，德国有著名的将学校与企业紧密结合的"双元制教育"模式。德国政府支持的"职业教育4.0"项目旨在让职业教育适应当下数字化和自动化发展需要。德国还重视对各种社会群体的教育。比如2016年推出的《失业保险保护和加强职业进修法》以补贴形式鼓励失业人员接受培训,重返工作岗位。德国还推出了针对难民群体的"欢迎课程",帮助他们与德国中小企业对接。

三、建设世界科技强国新征程

当前,我国科技领域仍然存在一些亟待解决的突出问题,特别是与党的二十大提出的新任务新要求、与欧美发达国家的发展水平相比,我国科技在视野格局、创新能力、资源配置、体制政策等方面存在诸多不适应的地方。为此,需要在建设世界科技强国新征程上,系统谋划科技发展战略,持之以恒推进科技创新。

(一)充分发挥新型举国体制优势

新型举国体制,是实现科技自立自强的制度保障和强大政治优势。2020年3月2日,习近平总书记在北京考察新冠病毒感染疫情防控科研攻关工作时强调,要完善关键核心技术攻关的新型举国体制。世界主要大国在不同时期均采用过不同形式,集中全国优质资源、举全国之力进行过科技创新攻关。作为后发国家,我国在诸多领域起步晚、底子薄,与欧美发达国家存在一定差距。得益于集中力量办大事的举国体制所蕴含的强大政治优势,我国在科技创新上奋起直追,取得一系列举世瞩目成就。尤其是党的十八大以来,我国调动全社会科技创新力量,取得了载人航天、北斗工程、探月工程等重大成就。新发展阶段下,我国科技创新面临更为复杂的外部环境、更为迫切的内部需求。这需要既发挥举国体制优势,又因时而变推动体制机制改革,打造适应时代需求的新型举国体制。既充分发挥国家作为重大科技创新组织者的作用,又充分发挥市场对技术研发方向、路线选择、要素价格、各类创新要素配置的导向作用,让市场在创新资源配置中起决定性作用,更好发挥政府的作用。新型举国体制是我国实现科技自立自强的制度保障和核心武器,有利于我国调动创新资源集中攻关,加快科技补短板、扬长项,破解卡脖子,练就"撒手锏",加快筑牢国家安全的科技堤坝。

(二)加强自主创新和基础研究能力

实践反复告诉我们,关键核心技术是要不来、买不来、讨不来的。只有把关键核心技术掌握在自己手中,才能从根本上保障国家经济安全、国防安全和其他安全。要以关键共性技术、前沿引领技术、现代工程技术、颠覆性技术创新为突破口,敢于走前人没走过的路,努力实现关键核心技术自主可控,把创新主动权、发展主动权牢牢掌握在自己手中。加强对关系根本和全局的科学问题的研究部署,在关键领域、卡脖子的地方下大功夫,集合精锐力量,作出战略性安排,尽早取得突破,力争实现我国整体科技水平从跟跑向并行、领跑的战略性转变,在重要科技领域成为领跑者,在新兴前沿交叉领域成为开拓者,创造更多竞争优势。要瞄准世界科技前沿,抓住大趋势,下好"先手棋",打好基础、储备长远,实现前瞻性基础研究、引领性原创成果重大突破,夯实世界科技强国建设的根基。要加大应用基础研究力度,以推动重大科技项目为抓手,打通"最后一公里",拆除阻碍产业化的"篱笆墙",疏通应用基础研究和产业化连接的快车道,促进创新链和产业链精准对接,加快科研成果从样品到产品再到商品的转化,把科技成果充分应用到现代化事业中去。

(三)引导高质量科技供给支撑现代化经济体系建设

以提高发展质量和效益为中心,以支撑供给侧结构性改革为主线,把提高供给体系质量作为主攻方向,推动经济发展质量变革、效率变革、动力变革,显著增强我国经济质量优势。要通过补短板、挖潜力、增优势,促进资源要素高效流动和资源优化配置,推动产业链再造和价值链提升,满足有效需求和潜在需求,实现供需匹配和动态均衡发展,改善市场发展预期,提振实体经济发展信心。面向经济主战场，关键是要抓好科技成果转化应用"最后一公里"，推进科技创新和产业发展特别是实体经济发展深度融合。要坚持把做实做强做优实体经济作为主攻方向，一手抓传统产业转型升级，一手抓战略性新兴产业发展壮大。把发展实体经济作为经济发展的主攻方向，把制造业作为科技创新的主战场，强化创新驱动，突出科技赋能，围绕产业链部署创新链、围绕创新链布局产业链。越是面临困难挑战，越是要塑造依靠创新驱动的引领型发展，越是要做实做强做优实体经济，推进制造业高质量发展。

（四）培养造就高水平科技人才队伍

一切创新成果都是人做出来的。要创新人才评价机制，建立健全以创新能力、质量、贡献为导向的科技人才评价体系，形成并实施有利于科技人才潜心研究和创新的评价制度。要注重个人评价和团队评价相结合，尊重和认可团队所有参与者的实际贡献。要完善科技奖励制度，让优秀科技创新人才得到合理回报，释放各类人才创新活力。通过改革，改变以静态评价结果给人才贴上"永久牌"标签的做法，改变片面将论文、专利、资金数量作为人才评价标准的做法。要营造良好创新环境，加快形成有利于人才成长的培养机制、有利于人尽其才的使用机制、有利于竞相成长各展其能的激励机制、有利于各类人才脱颖而出的竞争机制，培植好人才成长的沃土，让人才根系更加发达，一茬接一茬茁壮成长。要尊重人才成长规律，解决人才队伍结构性矛盾，构建完备的人才梯次结构，培养造就一大批具有国际水平的战略科技人才、科技领军人才、青年科技人才和创新团队。要加强人才投入，优化人才政策，营造有利于创新创业的政策环境，构建有效的引才用才机制。

（五）完善科技创新体制机制

推进自主创新，最紧迫的是要破除体制机制障碍，最大限度解放和激发科技作为第一生产力所蕴藏的巨大潜能。要坚持科技创新和制度创新"双轮驱动",以问题为导向,以需求为牵引,在实践载体、制度安排、政策保障、环境营造上下功夫,在创新主体、创新基础、创新资源、创新环境等方面持续用力,强化国家战略科技力量,提升国家创新体系整体效能。要优化和强化技术创新体系顶层设计,明确企业、高校、科研院所创新主体在创新链不同环节的功能定位,激发各类主体创新激情和活力。要加快转变政府科技管理职能,发挥好组织优势。要推动企业成为技术创新决策、研发投入、科研组织和成果转化的主体,培育一批核心技术能力突出、集成创新能力强的创新型领军企业。要发挥市场对技术研发方向、路线选择、要素价格、各类创新要素配置的导向作用,让市场真正在创新资源配置中起决定性作用。要完善政策支持、要素投入、激励保障、服务监管等长效机制,带动新技术、新产品、新业态蓬勃发展。要加快创新成果转化应用,彻底打通关卡,破解实现技术突破、产品制造、市场模式、产业发展"一条龙"转化的瓶颈。要高标准建设国家实验室,推动大科学计划、大科学工程、大科学中心、国际科技创新基地的统筹布局和优化。要加快建立科技咨询支撑行政决策的科技决策机制,注重发挥智库和专业研究机构作用,完善科技决策机制,提高科学决策能力。

[作者:张惠强,国家发改委城市和小城镇改革发展中心副处长、副研究员]

中国共产党科技创新发展的历程、经验与展望

中华民族的科学技术历史悠久，在16世纪中期以前一直处于世界科技舞台的中心，为人类发展作出了巨大的贡献。著名的英国科学家李约瑟博士认为，中国"在3世纪到13世纪之间保持一个西方所望尘莫及的科学知识水平"。明清时期中国对外实行"闭关锁国"政策，影响了近代科学技术在中国的传播和发展，与此同时，欧洲科学技术获得迅速进展，中国逐渐拉大了与世界先进国家的距离。1840年鸦片战争以后，中国逐步沦为半殖民地半封建社会，积贫积弱的中国在科技发展上乏善可陈，作为一个有着辉煌历史的文明古国退出了世界科技舞台。

中国共产党自诞生之日起就高度重视科技创新发展，奇迹般地从无到有、从小到大，逐步建立起较为全面系统的科技体制、推动科技创新发展、繁荣科技事业，探索出一条具有中国特色的科技创新之路。21世纪以来，科技创新能力日益成为经济社会发展的决定性力量，成为综合国力竞争的决定性因素。党的十九届五中全会把科技创新提到了前所未有的高度，把坚持创新摆在我国现代化建设全局中的核心地位。我们将在新的历史阶段乘势而上，开启跻身创新型国家前列的伟大进程。

一、中国共产党科技创新发展的历程

(一) 艰难摸索

新民主主义革命时期,以毛泽东同志为主要代表的中国共产党人,提出了一些关于科技创新的论述,形成了关于科技创新的最初认识,虽然这些认识由于认识水平与现实条件的限制,没有形成体系,但为中国共产党领导人民发展科学技术事业奠定了重要的思想基础。在长期和残酷的战争中,毛泽东深刻认识到知识分子的重要性。1939年12月1日,毛泽东亲自为中共中央起草了《大量吸收知识分子》的决定。决定指出:"应该大量吸收知识分子加入我们的军队、加入我们的学校,加入政府工作。"1940年1月,中共中央决定组建延安自然科学院,徐特立任院长。徐特立在当时延安《解放日报》副刊《科学园地》创刊号上撰文称:"科学!你是国力的灵魂;同时又是社会发展的标志。所以前进的政党必然把握着前进的科学。"在这些初步认识的指引下,中国共产党制定了一系列有利于科学技术事业发展的政策与制度,推动建立了一大批教育机构、科研机构、学会等科技组织结构,初步锻造了一支科技人才队伍,为新中国成立后科技事业发展提供了重要的准备。

(二) 向科学进军

新中国成立以后,中国的科技发展进入了崭新的历史阶段。《中国人民政治协商会议共同纲领》写道:"努力发展自然科学,以服务于工业农业和国防的建设。奖励科学的发现和发明,普及科学知识。"为此,党和政府开始建立科研机构,大力培养科学技术人才。1949年11月1日成立了中国科学院,并相继成立了各省、市及自治区的科研机构,初步形成了由中国科学院、高等院校、国务院各部门研究单位、各地方科研单位、国防科研单位五路科研大军组成的科技体系。新中国的成立,激发了大批海外学子的殷殷报国心,钱学森、华罗庚、朱光亚、郭永怀、师昌绪等一大批科学家克服重重困难,纷纷回到祖国的怀抱，在各领域为新中国科学技术发展作出彪炳史册的贡献。

1956年是中国现代科学技术发展史上的一个重要里程碑。以毛泽东同志为主要代表的中国共产党人，发出"向科学进军"的号召，提出"百花齐放、百家争鸣"的科技发展方针，科学技术事业进入了一个有计划的蓬勃发展的新阶段。1956年，我国成立了国家科学规划委员会，制定了第一个发展科学技术的长远规划，即《1956年至1967年科学技术发展远景规划》。此规划提出的主要任务于1962年提前完成，奠定了中国的原子能、电子学、半导体、自动化、计算技术、航空和火箭技术等新兴科学技术基础，并促进了一系列新兴工业部门的诞生和发展。然后，又制定了《1963年至1972年科学技术规划纲要》（简称《十年规划》）。1958年，对科技管理机构进行调整合并，成立了国家科学技术委员会、国防科学技术委员会。各省（自治区、直辖市）、市、县陆续成立了各级科委，形成了中国的科学技术管理体系。1964年，周恩来总理在政府工作报告中首次提出要实现工业、农业、国防和科学技术现代化，简称"四个现代化"。

这一时期，中国的科技事业在挫折中砥砺前行，取得了重大突破。1958年，中国第一台电子管计算机试制成功，随后，半导体三极管、二极管相继研制成功；1959年，李四光等人提出"陆相生油"理论，打破了西方学者的"中国贫油论"；1960年，王淦昌等人发现反西格玛负超子；1964年，袁隆平成功培育出一株雄性不育水稻，在此基础上，开始水稻"三系"选育；同年，第一颗原子弹爆炸成功，第一枚自行设计制造的中近程火箭发射成功；1965年，在世界上首次人工合成牛结晶胰岛素；1967年，第一颗氢弹空爆成功；1969年，时年39岁的屠呦呦以中医研究院科研组组长身份加入"523项目"，后成功发现青蒿素……

（三）科学的春天

"文化大革命"结束后，以邓小平同志为主要代表的中国共产党人解放思想、拨乱反正。1978年，全国科学大会召开，邓小平提出"科学技术是生产力"的观点，大会审议通过了《1978—1985年全国科学技术发展规划纲要》，为改革开放新时期国民经济和科学技术的基本方针政策奠定了理论基础。1978年12月颁布了《中华人民共和国发明奖励条例》，恢复了国家发明奖，1979年11月颁布了《中华人民共和国自然科学奖励条例》，设立了国家自然科学奖，以上激励政策的出台，充分表明改革开放以来我国对科学技术人才发展的大力支持。1985年，党中央发布了《中共中央关于科学技术体制改革的决定》，科技体制改革的进程全面展开，此后《国务院关于进一步推进科技体制改革的若干决定》《国务院关于深化科技体制改革若干问题的决定》等文件相继出台，加快了科技体制改革与经济体制改革融合发展的步伐。1986年国家批准实施星火计划，这是经我国政府批准实施的第一个依靠科学技术促进农村经济发展的计划。1986年，中共中央、国务院批准了《高技术研究发展计划纲要》（又称"863计划"）。1988年8月，与"863计划"相衔接的火炬计划开始实施。1991年，邓小平作出了"发展高科技，实现产业化"的指示，为促进我国科技产业化发展提供了行动指南。同时，邓小平不断强调科技、教育、人才的重要性。1992年，邓小平在南方谈话中指出："经济发展得快一点，必须依靠科技和教育。"

20世纪90年代，以江泽民同志为主要代表的中国共产党人强调创新在科技发展中的重要作用，把科技进步摆在经济社会发展的关键位置。1992年3月，国务院下发《国家中长期科学技术发展纲领》；1993年7月，第八届全国人大常委会第二次会议通过《中华人民共和国科学技术进步法》。为进一步激发创新活力、提升全面创新战略体系的协同作用，1995年5月6日，中共中央、国务院作出《关于加速科学技术进步的决定》，提出科教兴国的战略。1997年，我国政府决定制定国家重点基础研究发展规划（即"973计划"），开展面向国家重大需求的重点基础研究，这是我国加强基础研究、提升自主创新能力的重大战略举措。

党的十六大以来，以胡锦涛同志为主要代表的中国共产党人立足国情、面向未来，作出增强自主创新能力、建设创新型国家的重大战略决策。2006

年，国务院制定和实施《国家中长期科学和技术发展规划纲要（2006—2020年）》，明确提出"自主创新，重点跨越，支撑发展，引领未来"的科技工作指导方针，推动企业成为技术创新的主体，建设创新型国家。党的十七大把提高自主创新能力、建设创新型国家作为国家发展战略的核心、提高综合国力的关键，强调坚持走中国特色自主创新道路，把增强自主创新能力贯彻到现代化建设各个方面。2012年，为加快推进创新型国家建设，中共中央、国务院印发《关于深化科技体制改革加快国家创新体系建设的意见》，这是指导我国科技改革发展和创新型国家建设的又一个纲领性文件，体现了中国共产党推进创新型国家建设的决心与信心。

（四）创新驱动上升为国家战略

党的十八大以来，以习近平同志为核心的党中央领导国家全面深化科技体制改革，推进科技治理体系与治理能力现代化，以体制机制改革激发创新活力，为实现发展驱动力的根本转换奠定体制基础。2012年，党的十八大提出"科技创新是提高社会生产力和综合国力的战略支撑，必须摆在国家发展全局的核心位置"。2014年6月9日，习近平总书记在中国科学院第十七次院士大会、中国工程院第十二次院士大会上的讲话中指出："面向未来，增强自主创新能力，最重要的就是要坚定不移走中国特色自主创新道路，坚持自主创新、重点跨越、支撑发展、引领未来的方针，加快创新型国家建设步伐。"2015年，中共中央、国务院先后印发《中共中央国务院关于深化体制机制改革加快实施创新驱动发展战略的若干意见》与《深化科技体制改革实施方案》。2016年5月，中共中央、国务院印发《国家创新驱动发展战略纲要》，为加快实施创新驱动发展战略提出要求与部署。同年8月，国务院印发《"十三五"国家科技创新规划》，明确了"十三五"时期科技创新的总体思路、发展目标、主要任务和重大举措。2018年3月，中共中央印发《深化党和国家机构改革方案》，将科学技术部、国家外国专家局的职责整合，重新组建科学技术部，为进一步深化创新型国家建设奠定了组织基础。同年8月，国务院印发《国务院办公厅关于成立国家科技领导小组的通知》，将国家科技教育领导小组调整为国家科技领导小组，负责研究、审议国家科技发展战略、规划及重大政策等工作。

当今世界新一轮科技革命和产业变革深入发展，国际力量对比深刻调整，全球科技创新发展的中长期态势也在发生重大变化。以习近平同志为核心的党中央立足百年未有之大变局，精准把握世界科技创新大势，推动我国科技创新进入新的发展阶段。2020年10月，党的十九届五中全会审议通过了《中共中央关于制定国民经济和社会发展第十四个五年规划和二〇三五年远景目标的建议》，突出强调基本实现社会主义现代化要做到"关键核心技术实现重大突破，进入创新型国家前列"，并在今后五年经济社会发展要努力实现的主要目标中，明确表明要实现"创新能力显著提升，产业基础高级化、产业链现代化水平明显提高"。经过多年努力，我国科技发展取得众多举世瞩目的阶段性成就。我国超级计算机10次蝉联世界之冠；载人航天和探月工程取得"天宫""神舟""嫦娥""长征"系列等重要成果；北斗导航、载人深潜、深地探测、国产航母等正在进入世界先进行列。我国科技逐渐从"跟跑"走向了"并跑"和"领跑"，走出了具有自身特色的科技创新战略体系建设道路。2020年5月19日，科技部部长王志刚表示，一般来说，创新能力指数达到前15位就进入了创新型国家。WIPO（世界知识产权组织）评估显示，我国创新指数位居世界第14位；中国科学技术发展战略研究院发布的国家综合创新能力指数中，我国排在第15位。由此，我国正式迈入了创新型国家行列。

二、中国共产党科技创新发展的经验

中国共产党领导中国的科技创新发展，经历了巨大的变革，取得了巨大的成就。科技创新能力快速提升，重大创新成果不断涌现，国家创新体系逐步健全，科技实力与发达国家的差距明显缩小。科技创新发展的辉煌历程和生动实践，深化了中国共产党对科技发展规律的认识，也为我国科技创新发展留下了宝贵的经验。

（一）坚持党的领导

党的领导是我国科技发展的坚强政治保证。科技工作必须坚决贯彻落实党的方针政策，贯彻落实党中央、国务院的重大决策部署，围绕中心、服务大局，确保正确的方向，推动科技事业持续健康发展。在党的领导下，革命战争时期我们就初步创建了以马克思主义为指导的科技创新体系，走出了一条在极端困难条件下发展科学技术的路子。新中国成立后，我们面对中苏分裂、"文化大革命"等艰难环境，独立自主、自力更生，有力推动了科技创新的发展，逐步迎来科学的春天。改革开放后，坚持党在科技创新事业中的绝对领导，使我国能够坚持社会主义市场经济的发展逻辑，不断提高社会生产力和综合国力。实践证明，坚持党的领导是我国科技创新最重要的成功经验、最根本的政治保障，我们必须长期坚持，毫不动摇。新时代的科技事业天高海阔、百舸争流，我们更应该在党的领导下，乘势而上，开拓创新，奋勇拼搏，加快向创新型国家和世界科技强国迈进。

（二）坚持"集中力量办大事"的制度优势

集中力量办大事充分彰显了社会主义制度的显著优势，也是中国共产党领导科技创新的宝贵经验。集中力量办大事不仅在新中国成立之初，国家科技基础薄弱、资源严重短缺的情况下具有重大意义，在我国发展的新阶段同样重要。新中国成立初期，百废待兴，中国共产党克服一切困难建立起独立工业体系，改变贫穷落后面貌。20世纪六七十年代，全国"勒紧裤腰带"在极其艰难的环境下研制成功"两弹一星"，保障了国家安全，提高了国际地位。集中力量办大事的制度优势伴随着科技体制改革的重要议题得到了深化与发展，并在改革中焕发出新的生机。改革开放以来，中国共产党继续培植新的优势，逐渐形成了符合市场经济规律的组织模式和制度安排，高铁、特高压电网等重大科技创新都印证了这一点。党的十八大以来，随着科技的进步与国际竞争格局变化，集中力量办大事的制度优势更加凸显。习近平总书记多次强调集中力量办大事的重要性。他在2016年全国科技创新大会上强调："过去我们取得重大科技突破依靠这一法宝，今天我们推进科技创新跨越也要依靠这一法宝，形成社会主义市场经济条件下集中力量办大事的新机制。"载人航天、高铁、北斗卫星定位导航系统、大飞机、芯片、航空母舰等都彰显了集中力量办大事的制度优势。2020年，新冠病毒感染疫情暴发，我国采取集中力量办大事的组织化动员模式，在极短的时间内控制疫情蔓延，通过组织疫情防控科研攻关，在疫苗、药物、检测试剂等领域取得众多成果，为全球抗疫作出积极贡献。中国共产党集中力量办大事的制度优势，为科技创新发展提供了根本保证。我们要继续这一优势，在关键核心技术上厚积薄发，推动我国科技创新不断迈上新台阶。

（三）坚持科技创新为经济社会发展服务

科学技术是第一生产力。一个国家的科技创新水平，很大程度上决定了这个国家经济社会发展的基本面貌。中国共产党始终坚持科技创新发展为经济社会发展服务的理念，不断提升科学技术服务经济社会发展的水平。新中国成立初期，我们在一穷二白的基础上，提出"向科学进军"的口号，将科学技术作为推动经济社会发展的重要战略支撑。改革开放以后，科学技术服务于经济社会发展的作用不断凸显，中国共产党制定了科学技术为经济建设服务的方针，不断推进科技体制改革，进一步激发科学技术服务经济社会发展的能力，我国发展不断跃上新台阶。2018年，习近平总书记在中共中央政治局第三次集体学习时指出，加快实施创新驱动发展战略，强化现代化经济体系的战略支撑，加强国家创新体系建设，强化战略科技力量，推动科技创新和经济社会发展深度融合，塑造更多依靠创新驱动、更多发挥先发优势的引领型发展。2018年，习近平总书记在中国科学院第十九次院士大会、中国工程院第十四次院士大会上的讲话中强调，促进创新链和产业链精准对接，加快科研成果从样品到产品再到商品的转化，把科技成果充分应用到现代化事业中去。我国科技发展必须立足当前、着眼长远，增强科技持续创新能力，不断推动经济社会蓬勃发展。

（四）坚持把人力资源作为科技创新发展的重要支撑

人才是国家发展的战略资源，只有牢固树立人才资源是第一资源的观念，大力培养一支高素质人才队伍，才能在激烈的国际竞争中掌握主动。在中国共产党领导科技创新发展中，形成了尊重科学、尊重知识、尊重人才的优良传统。1940年9月初，延安自然科学院成立。这是中国共产党领导的第一所理工科高等学校，是中国共产党历史上第一个培养科学技术人才的阵地。在国民党统治区，我们党就对科技工作者进行了长期深入细致的工作，推动科技工作者参加抗日救亡和民主运动，越来越多的科技工作者加入党的队伍，成为党和人民的科技工作者。新中国成立后，经党中央批准，1958年9月全国科联和全国科普联合召开全国代表大会，合并成立中华人民共和国科学技术协会。从此，中国科技工作者有了自己的全国性统一组织。随着科学技术突飞猛进，国与国之间综合国力的竞争越来越表现为科学技术的竞争。邓小平同志深感知识和人才的重要性。他认为："我们国家国力的强弱，经济发展后劲的大小，越来越取决于劳动者的素质，取决于知识分子的数量和质量。""我们向科学技术现代化进军，要有一支浩浩荡荡的工人阶级的又红又专的科学技术大军，要有一大批世界第一流的科学家、工程技术专家。造就这样的队伍，是摆在我们面前的一个严重任务。"习近平总书记在参加十三届全国人大一次会议广东代表团审议时作出发展是第一要务、人才是第一资源、创新是第一动力的重要讲话。在党中央领导下，我们从制度、组织、思想等各个方面入手，先后颁布了一系列有利于科技人才队伍建设的政策文件，进一步破除束缚人才发展的思想观念与体制机制障碍，为建设世界科技强国打牢人才基础，在增强科学技术工作者的积极性和创造性的同时，进一步发挥社会主义国家在科技创新中的人才优势。

三、中国共产党科技创新发展展望

当今世界，正在经历一场更大范围、更深层次的科技革命和产业变革，将为全球经济、社会的持续发展注入新的动能。中国始终高度重视科技创新发展，坚定不移地走中国特色自主创新道路，更加主动融入全球创新网络，为世界科技创新发展贡献中国力量。回顾中国共产党领导国家科技创新发展的历程，总结科技创新发展的经验，立足科技创新发展新形势，我们应当以"四个面向"为指引，以人民为中心，以基础研究为科技创新的源头，进一步扩大科技开放合作，推动科技创新迈向更高更强。

（一）以"四个面向"为指引

2020年9月11日，习近平总书记在科学家座谈会上发表重要讲话，希望广大科学家和科技工作者肩负起历史责任，坚持面向世界科技前沿、面向经济主战场、面向国家重大需求、面向人民生命健康，不断向科学技术广度和深度进军。这"四个面向"为我国"十四五"时期以及更长一个时期推动创新驱动发展、加快科技创新步伐指明了方向。当今世界正经历百年未有之大变局，我国科技创新发展面临的国内外环境正在发生深刻复杂的变化。应对百年未有之大变局，建设世界科技强国，归根结底要靠科技创新发展。习近平总书记深刻阐述了新的历史条件下加快科技创新步伐的重大战略意义，并以"四个面向"对科技创新提出了新要求、赋予了新使命，也充分凸显了科技创新在新时代国家发展全局中的战略地位和作用。从科技事业自身发展规律的角度看，坚持需求导向，面向世界科技前沿、面向经济主战场、面向国家重大需求、面向人民生命健康，谋划我国科技战略，就会拉动和推动科技创新发展。同时，坚持"四个面向"不仅需要科技研究实现科技和经济、国家相结合，也需要科技研究实现科技和人民相结合。科技的本质是以人为本，提升人的生活品质，让人的生活更美好。"四个面向"融科技、经济、国家与人民于一体，符合科学规律、经济规律、社会规律和政治规律，是中国特色社会主义制度优越性在科技领域的体现。我们应该坚持"四个面向"为指导，加快科技创新步伐，开启建设科技强国的新征程，为实现中华民族伟大复兴的中国梦作出新的更大贡献。

（二）以人民为中心

人民群众是历史的创造者。我们要坚持以人民为中心的思想进行科技创新，以人民的需要为根本出发点，从人民的身上汲取创新的力量，最终将科技创新的成果造福于人民。中国共产党领导的科技创新事业始终秉持扎根于人民、服务于人民的理念，将保障人民利益作为科技发展的基础，把人民生命安全和身体健康放在第一位。习近平总书记强调，科技创新是提高社会生产力和综合国力的战略支撑，必须把科技创新摆在国家发展全局的核心位置，"要把满足人民对美好生活的向往作为科技创新的落脚点，把惠民、利民、富民、改善民生作为科技创新的重要方向"。紧紧依靠人民，充分发挥人民在科技事业中的主体作用，尊重人民首创精神，为了人民干事创业，依靠人民干事创业，是科技创新坚持以人民为中心的重要体现。如果人民的创新智慧、能力和潜力得不到挖掘，科技创新就将成为无源之水。

（三）以基础研究为源头

基础研究就是对事物或现象的规律性、本质性等问题的探究。基础科学孕育着原始创新，它反映了自然界的基本规律或某种基本原理。基础科学的特点决定了基础研究是整个科技创新体系的源头，是所有技术问题的"总开关"。纵观人类发展历史，发达国家无一不是抓住了基础研究推动产业革命性变革的机遇步入了世界强国之列。我国目前正处于发展的关键时期，但同建设世界科技强国的目标相比，我国发展还面临重大科技瓶颈，关键领域核心技术受制于人的格局没有从根本上改变，科技基础仍然薄弱，科技创新能力特别是原创能力还有很大差距。习近平总书记指出："加强基础研究是科技自立自强的必然要求,是我们从未知到已知、从不确定性到确定性的必然选择。"我国面临的很多"卡脖子"技术问题,根子是基础理论研究跟不上,源头和底层的东西没有搞清楚。党的十九届五中全会提出,坚持创新在我国现代化建设全局中的核心地位,把科技自立自强作为国家发展的战略支撑,强调要强化国家战略科技力量,加强基础研究,对企业投入基础研究实行税收优惠。中央经济工作会议进一步作出明确部署,提出要抓紧制定实施基础研究十年行动方案,重点布局一批基础学科研究中心。2021年政府工作报告指出:要制定实施基础研究十年行动方案,健全基础研究的稳定支持机制。基础研究是科技创新的源头,国家将大幅增加投入,中央本级基础研究支出2021年将增长10.6%,落实扩大经费使用自主权政策,优化项目申报、评审、经费管理、人才评价和激励机制,努力消除科研人员不合理负担,使他们能够沉下心来致力于科学探索,以"十年磨一剑"精神在关键核心领域实现重大突破。

(四)进一步扩大科技开放合作

当今世界,新一轮科技革命和产业变革方兴未艾,给人类发展带来了深刻变化。扩大科技开放合作是大趋势,越是面临封锁打压,越不能搞自我封闭、自我隔绝,而是要实施更加开放包容、互惠共享的国际科技开放合作战略,使我国成为全球科技开放合作的广阔舞台。习近平总书记向2021中关村论坛视频致贺时强调,当今世界,发展科学技术必须具有全球视野,把握时代脉搏,紧扣人类生产生活提出的新要求。中国高度重视科技创新,致力于推动全球科技创新协作,将以更加开放的态度加强国际科技交流,积极参与全球创新网络,共同推进基础研究,推动科技成果转化,培育经济发展新动能,加强知识产权保护,营造一流创新生态,塑造科技向善理念,完善全球科技治理,更好增进人类福祉。一方面,加强科技开放合作,积极参与全球创新网络,已成为科技界的普遍共识。另一方面,科技开放合作,参与全球创新网络能够带来互利共赢。我们应当更加主动融入全球科技创新发展大潮。

2021年政府工作报告指出，促进科技开放合作。中国扩大科技开放合作的步伐将会越迈越大，我们愿意与世界各国共同关注科学技术创新发展，在开放合作中求同存异，努力形成更多国际科技治理的共识。

中国科技创新发展在中国共产党的领导下，独立自主、自力更生，走出一条从无到有、从不懈追赶到站在世界前列的辉煌奋进之路，印证了科技强则国强。未来，中国的科技创新发展在新时代创新驱动发展战略的引领下，将再次实现历史性超越，为全人类发展作出更大贡献。

[作者：刘荣华，中国外汇交易中心纪检监察办公室副主任（主持工作），法学博士]

[作者：张竟成，中国能源建设集团城市投资发展有限公司党委副书记]

中国科技创新发展政策的历程与展望

近代以来,科学在人类社会中的影响日益加深。这种影响表现为人类社会的演进越来越多地为科学活动所决定,"知识就是力量"的认识逐渐深入人心。科学的探索已不仅是为了满足好奇心或者实现内心自由的非功利个人活动,更是成为一群人的追求,即科学家出现了。这意味着科学活动不再是少数人的一种单纯的"为学术而学术"的求知探索活动,不再仅仅与个人的爱好有关,而成为一种与社会发展耦合紧密的事业,随之而来的是人们对科学与技术关系的认知也颠覆了。科学与技术的演化规律走向融合,科技创新能力的高低也逐渐成为衡量社会发展水平的重要标志。

科技自立自强是国家发展的重要战略支撑。以科技创新推动实现民族复兴伟业是当代中国科技工作和科技工作者的时代使命。站在新时代的历史方位,没有扎实雄厚的科技创新基础,中国人民就无法真正实现民族的自立自强。可以说,科技兴则国家兴,科技强则国家强。中国共产党高度重视科技创新对社会的影响。从新中国成立伊始的百废待兴、筚路蓝缕,到今天实现经济社会跨越式的高速发展,其关键在于我们党在科学技术领域的顶层设计上高瞻远瞩,依托科技创新方面的持续发力为中国人民实现从站起来、富起来到强起来的伟大奋斗征程提供了源源不断的智力支撑。

一、中国科技创新政策变迁及阶段性特征

科技创新政策的核心与基础在于如何合理有效地进行科技资源分配，体现为政府依据一定原则实施的协调科技资源分配的集中性措施，主要由关于科技资源分配的战略、规划、计划、法律、法规、决定、条例、办法、章程等组成，以达到促进科学技术的研究与发展、满足国家特定的政治需要等目标。纵观新中国科技创新政策的演变历程，主要可以分为初步形成、改革探索、体制转型、战略发展等阶段，呈现出由政府供给主导到市场需求引导、从国家使命导向到经济社会协调发展等总体趋势。

（一）初步形成阶段（1949—1977年）

新中国成立之初，面对西方列强的封锁和围堵，迫切需要通过科技实力的提升来加快新中国的建设。以毛泽东同志为主要代表的中国共产党人清楚地认识到：国家要富强，自力更生是关键。1956年，党中央向全国发出了"向科学进军"的伟大号召，在极为困难的情况下坚持抓好科技工作。

新中国的科技政策制定始于1956年《1956—1967年全国科学技术发展远景规划》的颁布实施，这是新中国第一个长期科技发展规划。在国家科技基础薄弱、科学文化教育落后的情况下，科技资源分配是以政府指令为主要依据，严格按照科技规划等强制性政策分配科技资源的。由于科技人才、科技机构、科研设备等各类科技资源都极其匮乏，很难满足支撑科技的发展、维护国家安全以及带动经济社会发展的需要。在这种背景下，依靠国家行政力量集中有限的科技资源，统筹运用科技计划安排部署科技活动，以实现资源利用的最大效率成为必然选择。在政策制定上，按照"重点发展，迎头赶上"的方针，采取了"以任务带学科"的原则。在科技资源广泛国有化的背景下，政府对科技资源进行统一规划与分配，使当时的科技资源分配和科技活动的

开展带有高度计划性与政策导向性特征。1964年开始实施的"三线建设"是政府主导大尺度科技资源布局设计及调整的直接例证，对国家科技资源的分布格局产生了关键影响。

新中国成立后到改革开放前的科技投入主要来自政府拨款，科技投入经费来源单一，科技投入的部门分配以国家使命导向为主，强调集体攻关与重点突破统一，优先满足国民经济和国防建设的需要。在科技人才方面，科技工作者主要依托国有企业和政府所属的各级各类科研机构开展研究，科技活动深受国家意志的影响，科技工作者个人科技活动的自由度较小。虽然已经初步建立了科技奖励制度，但科技成果产权所属的严格限定使得创新对科技工作者的激励作用不足。例如，1963年的《发明奖励条例》指出，发明属于国家所有，全国各单位都可利用。这种平均主义的导向在很大程度上影响了科技人员创新的积极性。在科研机构方面，中国科学院于1949年成立，高校院系于1952年进行大规模调整，地方科研机构不断建立，各类科技团体纷纷组建，在此基础上科学研究制度初步形成。

1966—1976年，伴随着政治环境的剧烈变化，中国科技创新活动受到严重影响，众多科技机构被削弱甚至裁撤，原有的科技资源分配政策难以有效实施。1963年，国家科委组织制定了以"自力更生，迎头赶上"为总方针的《1963—1972年科学技术规划纲要》，但受"文化大革命"影响，这一规划基本上未全面施行。

1949—1977年这一时期，中国以苏联模式为基础初步建立了与计划经济体制相适应的高度集中的科技资源分配模式，利用公有制和强有力的政府手段对科技资源施行指令性、计划性的分配，将有限的科技人力、物力、财力资源投入最需要的领域并取得了较大成效。"两弹一星"的成功就是以需求为先导，在顶层设计上精准发力，利用社会主义"集中力量办大事"的制度优势久久为功的代表性成果。从1958年开始，我国国防科技工业将发展重点聚焦在以原子弹、导弹为代表的尖端武器研制方面；1960年11月5日，中国第一枚导弹发射成功；1964年10月16日，中国第一颗原子弹爆炸成功，使中国成为第五个有原子弹的国家；1967年6月17日，中国第一颗氢弹空爆试验成功；1970年4月24日，中国第一颗人造卫星发射成功，中国成为第五个发射人造卫星的国家。"两弹一星"这一标志性成就彻底粉碎了西方国家的核垄断和核威胁，为国家的建设争取到了更为安全可靠的发展环境，为我国国防科技现代化建设奠定了坚实基础。

我国在"向科学进军"的口号指引下，在经济基础和科技实力都十分薄弱的情况下，以较少的经费支持，用比西方国家更快的速度研制成功了"两弹一星"，在无线电、半导体、计算机等前沿领域实现了突破，还取得了人工合成牛胰岛素、发现青蒿素、杂交水稻培育等科技成就。同时，还培养了一大批优秀的科技人才，为后续依靠科技带动经济社会发展奠定了基础。尖端科技的投入是一个系统工程，虽然前期投入极大，但是产出也极为可观。发展以航天科技为代表的国防科技，不仅为中国和平安全环境奠定了可靠基础，也直接促成了新中国的科技和工业基础的初步建立，在计算机、材料科学、信息与通信、系统科学等多个领域培养锻炼了科研队伍，为中国改革开放之后的快速进步打下了扎实的基础。尽管这一时期的科学研究总体水平仍然不高，发展也不平衡，但是基本通过科技创新为以国防科技工业为代表的国家综合国力的提升作出了积极的贡献，并为中国成为为数不多的拥有全产业链分布的国家之一打下了基础。但是应该看到，这一时期的科技资源分配方式过于强调计划性和集体性，使得科研人员收入分配带有强烈的平均主义色彩，忽视了按劳分配的公平实质，一定意义上损害了科研人员和科研机构的自主性和创造性。同时，单一而刚性的计划式分配使得科学技术与经济社会之间的依存和促进关系受到了割裂，造成了科技与经济、科技与教育的脱节。

（二）改革探索阶段（1978—1991年）

改革开放后，以邓小平同志为主要代表的中国共产党人准确把握了和平与发展这个时代主题，抢抓机遇利用当时国内国际形势中对我国有利的局面一心一意谋发展，中国的科技创新也由此进入了快车道。在这一时期，科技政策也随之调整，注重精准布局谋划，为国家现代化建设提供了坚实可靠的科技支撑。

在这一时期，随着中国高度集中的计划经济体制的松动，在科技资源的分配中开始引入市场机制，科技资源分配模式逐渐开始由政府主导型向政府引导型平稳过渡。1978年3月，邓小平同志在全国科学大会上作出了"科学技术是生产力"的重要论断，标志着中国科技事业迎来了"科学的春天"。1978—1984年，科技资源分配政策逐步恢复，科技活动步入正轨，科技体制改革也同步开始进行。这一时期，各级各类政府科研机构迅速增加，一度从1000多个增加到5000多个。1985年，中共中央发布《关于科学技术体制改革的决定》，在科技工作方针上提出了"经济建设必须依靠科学技术，科学技术工作必须面向经济建设"的要求。此后，科技体制改革正式启动，对科研机构的拨款、科技成果转化、科技人员管理等制度进行了探索性改革，逐渐形成了以经济为导向的科技资源分配原则。

这一时期，在科技投入方面，改革拨款制度，逐步减少事业费拨款，推动研究机构拓宽研发经费获取渠道，同时引入竞争机制，开始实行基金制，逐步破除计划经济体制下科技财力资源难以高效利用的弊端；通过开拓技术市场、支持民营科技企业、建立高新区等举措，从而加快科技成果的产业化，促进科技与经济进一步结合。具体科技资源分配政策包括：1986年成立国家自然科学基金委员会，并批准了"863计划"支持国家高技术发展；同年批准实施"星火计划"，旨在依靠科技促进农村经济发展；1988年开始实施支持高科技产业发展的"火炬计划"；1992年开始实施支持基础创新研究的"攀登计划"，国家科技计划体系初步形成。在科技人才方面，首先通过承认科技人员在内的"知识分子是工人阶级的一部分"实现了科技人才的回归；其次通过恢复高考制度，为科技创新不断提供新的人才支持；最后，建立并完善科技奖励相关法律法规，在切实保障科技人员合法权益的基础上，激发科技人员创新积极性，同时改革科技人员人事管理制度，不断"放活"科技人员，促进科技人员合理流动。在科研机构方面，逐渐恢复并重建各级科研机构，为解决科研与生产相分离的问题，推进科研机构改革，采取"政研责任分开，简政放权""实行科研机构所有权与经营管理权的分离"等举措。

1978—1984年，科技创新政策在社会各方面拨乱反正的背景下得到了重塑，随后的1985—1994年，面对如何依靠科技促进经济建设以及如何更好地激发科研人员活力等问题，随着科技体制改革的启动，国家对科技资源分配模式进行了一系列探索，形成自下而上的分配模式探索与自上而下的分配政策变革相结合的相对灵活的分配方式，为科技活动营造了更加宽松的社会环境，逐渐打开了科技发展的新局面。1993年，国家在近10年探索的基础上颁布了《中华人民共和国科技进步法》，将前期科技政策的探索予以法制化。随着社会主义市场经济体制改革的深化，科技政策和制度改革的系统化还有待进一步加强。

（三）体制转型与改革深化阶段（1992—2005年）

党的十四大把建立社会主义市场经济体制确立为我国经济体制改革的目标，标志着我国改革开放和社会主义现代化建设进入了新的发展阶段。经过15年科技体制的改革探索后，1993年《中华人民共和国科学技术进步法》的颁布实施，成为中国科技政策史上的重要里程碑。此后，中国科技政策的体系化不断加强，逐渐构建形成了以科技活动和科技管理为调控对象的公共科技政策体系，科技计划、科技财政、科技人才、科技金融、科技民生等方面内容的政策构建与制度建设不断细化。为了与经济体制改革相配套，1994年颁布的《适应社会主义市场经济发展，深化科技体制改革实施要点》提出，在"稳住一头，放开一片"方针指导下逐步建立新型科技体制，旨在将市场机制更多地引入科技体制。随着改革开放步伐的加快，1995年出台的《中共中央、国务院关于加速科学技术进步的决定》指出："实现科技生产力的新解放和大发展，必须深化科技体制改革，充分发挥广大科技人员的积极性、创造性，动员全社会的力量，全面推进科技进步。"加强国家科技体制改革成为这一时期科技政策的主要走向。

科技投入方面，在"面向、依靠、攀高峰"的基本方针下，科技投入上更多地呈现出向重大和重点科技项目倾斜集中的趋势。1997年，技术创新工程启动；"973计划"开始实施，支持面向国家战略需求的重点基础研究。1998年，中国科学院实施知识创新工程，为建设国家创新体系进行试点，先后布局建设了北京同步辐射（BSRF）、超导托克马克（HT-7）、上海光源（SSRF）等处于世界先进水平的国家重大科技基础设施。同时，国家在载人航天、超级计算等世界重大前沿技术方面也进行了重点布局。在科技人才方面，针对当时高层次科技人才短缺的问题，从1994年开始，中国科学院率先实施了"百人计划"，吸引海外优秀科技人才回国工作，为中国科技创新凝聚了大批优秀人才。1995年，我国开始实施"科教兴国"战略，2002年提出实施"人才强国"战略，并在科技人才政策方面进行了一系列具体的配套落实。1999年，高校开始大规模扩招。此外，国家先后批准在高校启动"211""985"工程，加快建设一批一流大学。这些举措大大加强了科技创新人才的储备。在提高公众科学素养方面，1994年，《中共中央、国务院关于加强科学技术普及工作的若干意见》发布。随着2002年《中华人民共和国科学技术普及法》的颁布，科普工作转向更加注重科学技术知识、科学方法的普及以及科学思想、科学精神的传播等方面。这一阶段，我国开始更加注重研究开发与科技普及相结合、科技与教育相结合。在科研机构方面，重点解决科研机构的改革转型问题。通过科研机构的结构性调整，进一步"放活"科研机构，增强科研院所创新活力。1995年，《关于加速科学技术进步的决定》提出要进一步精简由财政支持的科研院所，保持精干的科研队伍，并通过优化组合推动科研院所与高校相结合。例如，"稳住少数重点科研院所和高等学校的科研机构，从事基础性研究、有关国家整体利益和长远利益的科技攻关活动"，"放开、搞活与经济建设密切相关的技术开发和技术服务机构"。1996年，通过了《科技成果转化法》，加强产学研合作，促进科技成果转化。1999年，成立科技型中小企业技术创新基金，更加强调企业在技术开发中的主体地位。在区域科技发展方面，在鼓励东部地区率先发展的同时，更加注重促进经济社会协调发展：

2000年开始实施西部大开发战略，2003年开始实施振兴东北战略，2004年开始实施中部崛起战略。基于这些政策的实施，引导科技资源均衡配置。

这一阶段，科技体制经历了进一步的改革调整，使得企业的创新主体地位更加突出，科技资源分配从政府引导逐渐向市场主导过渡，自此，政府与市场混合导向的科技资源分配模式逐步展开，即通过政府和市场力量的共同作用，追求实现科技资源分配的平衡协调。这一时期仍处于混合模式的早期阶段，政府主要通过科技资源分配引导科技创新活动，同时，市场在科技资源分配中发挥基础性调节作用。在国家创新系统建设的过程中，逐渐形成了体系化的科技资源分配政策，体现出新型科技创新运行机制的改革不断推进的同时，政府科研机构和国有企业类的科研机构存量的改革仍然存在一定的困难。此外，科技资源分配中存在着"孤岛现象"、重复建设等情况，科技资源管理方面的宏观统筹仍有待加强。

（四）系统提升与战略发展阶段（2006—2011年）

从2006年起，中国科技发展以推动实施自主创新战略为主要方向，更加强调市场在国家创新体系中的作用，强调技术创新体系中企业的主体地位，更加注重产学研的结合。2006年，《国家中长期科学和技术发展规划纲要（2006—2020年）》（以下简称《规划纲要》）颁布，确定了新时期科技发展要以"自主创新、重点跨越、支撑发展、引领未来"为指导方针，提出了用15年时间将我国建设成为创新型国家的战略目标。同时，在可持续发展战略的指导下，强调促进科技与环境的协调发展；坚持以人为本，大力发展民生相关的科学技术。从这些战略出发，这一阶段更加强调科技资源分配的整体协调性。

在科技投入方面，自2006年《规划纲要》实施以来，科技经费，尤其是基础研究经费增长强劲。为落实《规划纲要》，国家科技计划体系进行了调整，分为由国家财政稳定持续支持的基本计划和集中力量攻关的重大专项，其中，安排部署了16个国家科技重大专项。2005年，国家科技基础条件平台专项设立，对大型科学仪器设备、自然科技资源、科学数据与文献、研究实验基地等科技基础条件资源进行跨地区、跨部门、跨行业的整合，有效推动科技资源的开放共享。2005年启动的"科技富民强县专项行动计划"，重点针对中西部地区以及东部欠发达地区，促进县域科技进步与经济发展。在科技人才方面，创新型人才作为"国家发展的宝贵战略资源"得到更充分的认识。为加强科技人才队伍建设，于2008年开始实施"千人计划"，于2012年启动"万人计划"，这两项国家级人才计划的实施大大加强了引进海外高层次人才以及培育支持国内高层次人才的力度。此外，科学普及得到更多的重视，2006年《全民科学素质行动计划纲要（2006—2010—2020年）》的颁布实施，从科学教育与培训基础工程、科普资源开发与共享工程、大众传媒科技传播能力建设工程、科普基础设施工程方面对科普资源进行了具体部署。在科研机构资源方面，我国探索逐步建立现代科研院所制度，更深入地推进科技管理体制改革。例如，改革科技成果评价与奖励制度，更充分地激发创新活力。

这一阶段的科技资源分配政策是以以人为本，全面、协调、可持续的发展观为导向，以服务自主创新和建设创新型国家战略为目的，通过国家科技计划的优化调整等系统化的政策布局，提高了科技资源分配的效率与公平性。然而，从科技计划来看，由于条块分割等问题，仍存在着基础研究、应用研究、试验发展之间整合协调不足等问题。

（五）在创新驱动发展战略下的进一步完善（2012—2022年）

党的十八大明确提出，要实施创新驱动发展战略。2013年，党的十八届三中全会提出，全面深化改革要强调市场在资源配置中的决定性作用，这体现了社会主义市场经济下认识资源配置问题的重大突破。2015年3月，《关于深化体制机制改革加快实施创新驱动发展战略的若干意见》出台，对深化科技体制改革进行了全面系统的布局。2016年5月，《国家创新驱动发展战略纲要》发布，提出到2050年建成世界科技创新强国"三步走"的战略目标。

2015年9月，我国发布了《深化科技体制改革实施方案》，对国家科技计划体系进行了重新整合，转向产业链、创新链、资金链的统筹配置。自2017

年开始，着手改革并规范了中央财政科研项目资金的管理，并完善了科技管理和评估体系。在深刻认识到"创新驱动实质上是人才驱动"的基础上，不断改善人才发展环境，进一步细化科技人才计划，深化人才评价、机构评估等改革。在科技成果转化制度改革方面，2015年10月，新修订的《中华人民共和国促进科技成果转化法》开始实施，此后，我国先后颁布了实施规定、行动方案等相关政策，科技成果转化政策的体系化不断加强，进一步强化了对科研人员的激励作用。同时，在各阶段科学与工程教育、提高公民科学素质等方面给予持续的政策支持，加强硬软件资源投入，夯实科技人力资源的形成基础。此外，也制定实施了一系列科技资源分配政策以支持"大众创业、万众创新"的创新创业政策导向。

中国特色社会主义进入新时代后，经济社会发展不协调、不平衡问题仍然存在，各种矛盾相互掣肘更加凸显了发展的不平衡不充分，所以要依靠新发展理念努力实现"更高质量、更有效率、更加公平、更可持续"的发展。破解发展的不平衡不充分问题，需要更加协调地布局科技资源，在提升科技基础创新能力、促进产业高质量发展的同时，支撑民生改善和社会发展。这一阶段，国家不断加快国家自主创新示范区建设，在创新驱动发展和科技体制改革方面作了大量探索。同时，在国家可持续发展实验区多年建设的基础上，2016年，国务院推出《中国落实2030年可持续发展议程创新示范区建设方案》，以推动科技创新与社会发展深度融合为着力点，开始部署示范区建设，探索为全球可持续发展提供中国经验。

二、新时代科学技术创新与发展的内外环境

习近平总书记强调，"要统筹中华民族伟大复兴战略全局和世界百年未有之大变局"来谋划发展。面对新时代中国社会主要矛盾的新变化，对于新时代科技创新发展这一重要战略主题，我们必须要站在历史的高度进一步深入认识当前我国科技创新的战略背景及发展环境，需要更好地发挥科技创新在

解决发展的不平衡不充分问题中的支撑和引领作用。在创新驱动发展战略下，如何在新的环境之下更合理地分配作为科技创新基础条件的科技资源，显得更为关键。

当今世界正处在大发展、大变革、大调整时期，呈现出世界多极化、经济全球化、文化多样化、社会信息化等多方面的深刻变化。社会的发展进步与科技创新高度耦合，科技的飞速发展为一些国家实现力量崛起提供了智力保障，甚至成为各国力量对比的主要影响指标。新一轮科技革命和产业变革正在深刻影响着全球创新版图和经济结构。在世界范围内，科技实力之间的差距使得各个国家之间在经济实力、国防实力、社会治理水平等方面拉开差距。同时，世界经济的发展源源不断地为科学研究注入能量。当前世界格局的深刻调整也为科学技术在全球范围内的传播和互动带来了前所未有的机遇。各个国家在科技创新方面的交流互动往来达到了人类历史上的高峰，全球化推动各国科学家之间展开对话合作，从不同视角切入的科学观点之间的碰撞、摩擦、跃迁，为科技创新创造了极为丰富的机会与可能。

当前一段时期也是新兴市场国家和发展中国家的群体性崛起的时期，特别是中国综合国力的崛起，决定性地改变了世界的格局。新一轮科技革命和产业变革深入发展，为中国的崛起提供了前所未有的机遇。得益于改革开放的深入推行，在新一轮科技革命的浪潮中，今天的中国正全方位地参与到世界科技的大变革中，从理论物理等基础学科到前沿生物科技、人工智能，中国科学家群体是世界科技创新的重要参与者和推动者，深刻改变了由西方国家主导的科学研究格局。对于中国科学家而言，西方学者已经成为相互交流、相互质疑、相互赶超的竞争对手和合作伙伴。中国正处于"两个一百年"奋斗目标的历史交汇期，这个关键的时间节点，对于中国真正实现民族独立富强，让中国真正屹立于世界民族之林来说，意义重大。世界科技强国不是一朝一夕就能建成的。尽管中国在新一轮科技变革中赢得了主动，但并未得到充分发展，在大部分学科的核心关键问题的研究方面依然较为薄弱。当前，我国基础科学研究存在的短板弱项还比较明显，在许多关键领域的基础研究发力不足。由于前期快速发展的过程中过度看重短期利益，很多企业在基础研发层面的投入严重不足，导致在很多关键技术领域缺乏自主知识产权和关键技术，底层基础技术、基础工艺能力薄弱，在工业母机、高端芯片、基础软硬件、开发平台、基本算法、基础元器件、基础材料等众多核心关键领域严重依赖进口导致关键核心技术受制于人。另外，我国技术研发对产业发展的瓶颈和需求不够敏感，没有以全球视野谋划科技领域的开放合作，在科技成果转化方面缺乏精准设计，人才发展体制机制也不够完善，激发人才创新创造活力的激励机制还不健全，顶尖人才和团队也比较缺乏。我国科技管理体制还不能完全适应建设世界科技强国的需要，科技体制改革的许多重大决策落实还没有形成合力，科技创新政策与经济、产业政策的统筹衔接还不够，全社会鼓励创新、包容创新的机制和环境的形成还存在很多制约和限制。

凭借短期行为不足以支撑经济社会的长期稳健发展，必须在各方面真正实现自立自强，才能摆脱对其他国家的依赖，不会受制于人。中国决不能自满于当前高科技产业的表面繁荣，必须在科技创新的核心关键环节苦练内功。尽管我国正经历严峻挑战，仍然存在较大发展风险，但是仍处于发展的重要战略机遇期。在变局中开新局，充分利用好这一时期与世界科技发展的潮流"同频共振"，精准谋划、化危为机，对于我国综合国力的提升尤为关键。因此，当前和今后一段时间，迫切需要在科技创新方面强基固本，逐步使经济社会发展的主要驱动力量从劳动密集型产业向高科技产业转型。要完成这一艰巨的任务，必须从政策层面破解制约科技创新发展的桎梏，从政策和制度层面理顺科技创新的问题逻辑，为国家经济社会发展提供更加强有力的战略支撑。

三、以习近平总书记关于科技创新的重要论述为指导，努力建设世界主要科学中心和创新高地

面对新时代我国科技领域的风险挑战和突出问题，习近平总书记勉励科技工作者"把握大势、抢占先机，直面问题、迎难而上，瞄准世界科技前沿，引

领科技发展方向，肩负起历史赋予的重任，勇做新时代科技创新的排头兵"。习近平总书记从视野格局、创新能力、资源配置、体制政策等多方面全面重塑了新时代科技创新发展的理论原则，为把我国建设成为世界主要科学中心和创新高地指明了方向。

第一，在对科技创新的理解认识层面，习近平总书记高度重视其在提高发展质量和效益、支撑供给侧结构性改革、提高供给体系质量等方面的重要作用，将其作为支撑现代化经济体系的"第一动力"，以推动经济发展质量、效率、动力，拉动经济社会高质量发展。他强调，要通过补短板、挖潜力、增优势，促进资源要素高效流动和资源优化配置，推动产业链再造和价值链提升，满足有效需求和潜在需求，实现供需匹配和动态均衡发展，改善市场发展预期，提振实体经济发展信心。要突出先导性和支柱性，优先培育和大力发展一批战略性新兴产业集群，构建产业体系新支柱。科技创新必须走在时代前沿，将当今科技发展的最先进技术与各产业深度融合，培育出新的增长点，带动经济社会发展行稳致远。

第二，习近平总书记大力强调增强自主创新能力。科技要真正自立自强必须要走过一段艰辛的过程。这个过程很艰苦、很漫长，也是国家实现复兴绕不过去的必由之路。对国家发展而言，自主科研使命重大，无可替代。当前经济社会发展所出现的突出问题，主要原因就在于以所谓"效率"的名义放弃了科研的主导权，忽视了关键技术的自主创新。习近平总书记强调，关键核心技术是要不来、买不来、讨不来的。只有把关键核心技术掌握在自己手中，才能从根本上保障国家经济安全、国防安全和其他安全。他特别提出要聚焦关键共性技术、前沿引领技术、现代工程技术、颠覆性技术，努力实现关键核心技术自主可控。

第三，必须全面深化科技体制改革。要提升创新体系效能，科技创新和制度创新必须同步推进，着力激发创新活力。全面深化改革明确了要使市场在资源配置中起决定性作用的同时更好发挥政府作用的总目标。加强科技创新对发展的驱动和引领作用，核心问题是处理好政府与市场的关系，一方面要突出市场在科技创新资源配置中的决定性作用，加强企业在技术创新中的主体作用；另一方面也面临着如何更好地发挥政府作用这一问题。突出市场在资源配置中的决定性作用，需要推动科技创新与经济社会发展深度融合，"要坚持科技面向经济社会发展的导向，围绕产业链部署创新链，围绕创新链完善资金链，消除科技创新中的'孤岛现象'，破除制约科技成果转移扩散的障碍，提升国家创新体系整体效能"。针对如何更好地发挥政府的作用，"政府要加快转变职能，做好自己应该做的事，创造更好市场竞争环境，培育市场化的创新机制，在保护产权、维护公平、改善金融支持、强化激励机制、集聚优秀人才等方面积极作为"。政府要加强顶层设计与统筹协调，针对需要支持的对象，应采取有效的机制进行差别化的激励，发挥市场竞争机制的效率优势的同时兼顾公平原则。2015年3月，《关于深化体制机制改革加快实施创新驱动发展战略的若干意见》发布；8月，出台的《深化科技体制改革实施方案》强调"破除一切制约创新的思想障碍和制度藩篱，激发全社会创新活力和创造潜能"。近年来，改革任务逐项落实，在科技领域存在多年没解决的难题都取得了实质性突破。同时，科技体制改革中仍存在诸如科技资源分散与利用率低、科技成果转化能力不够等突出的问题。新时代需要坚定全面深化改革的决定不动摇，以问题为导向，优化科技计划和科技任务的组织实施，进一步理顺并优化科技创新资源分配与管理的体制机制，充分释放创新效能、激发创新活力。

第四，深度参与全球科技治理，贡献中国智慧，着力推动构建人类命运共同体。创新是一个体系化的工程，必须有开放的创新环境，让各种思想交流、互动，发生碰撞和化学反应。要抢抓机遇，通过更高水平的国际合作充分挖掘各类资源，利用"一带一路"等多种渠道积极参与、广泛开展科技领域的国际合作。我们的科技发展成果也是由全世界人民所共享的一种社会公共资源，通过广泛而深入的科技合作取长补短，在实现自我发展的同时也能够为世界科技水平的进步贡献力量，为推动人类命运共同体的可持续健康发展提供中国智慧。

第五，坚持依靠人才引领创新发展，夯实科技创新发展的人才基础。人才是科技创新发展的最宝贵资源，为缓解高水平创新人才匮乏的问题，切实解决人才管理与人才评价制度所存在的一些不合理的方面。要破除唯论文、唯职称、唯学历等方面的问题，深入改革人才评价制度，要通过更加适应科技创新要求、符合科技创新规律的人才管理制度为科技人才潜心开展研究和创新创造条件，完善科技奖励制度，让科技创新人才通过努力得到合理回报，释放各类人才创新活力。以在培养上有利于人才成长、在使用上有利于人尽其才、在激励作用上有利于竞相成长、在竞争上有利于各类人才脱颖而出为目标，着眼加快科技体制机制的变革，为科技人才个人成长和为国家服务创造条件。

面向新时代，坚实可靠的科技支撑是实现2035年奋斗目标、实现第二个百年奋斗目标的关键要素。在新的历史基点上，要实现这一目标，必须以习近平总书记关于科技创新的重要论述为指导，深刻认识未来科技发展的整体性、联动性、迭代性、超越性等全新特征，进一步发挥好政策制度的导向功能，促进中国科技领域高质量发展。习近平总书记深刻指出："中国要强盛、要复兴，就一定要大力发展科学技术，努力成为世界主要科学中心和创新高地。我们比历史上任何时期都更接近中华民族伟大复兴的目标，我们比历史上任何时期都更需要建设世界科技强国！"

在不久的将来成为世界主要科学中心和创新高地，是一个重大而艰巨的任务，必须对未来科技创新发展规律、科技与社会互动规律进行全面深入研究，全面更新对科技创新的认知和对未来科技与社会互动的研究，全面实现经济社会发展与高新科技方面的深度融合，实现工程技术创新与基础研究创新双轮驱动，力争在未来科技创新的较量中赢得先机、把握主动。

[作者：高衍超，军事科学院系统工程研究院助理研究员]
[作者：孙灿，教育部高等学校科学研究发展中心助理研究员]

科技创新和发展要实现高水平的自立自强

面对新发展阶段与新的历史机遇，认真学习党关于科技创新和发展的重要政策、借鉴和反思大国崛起的经验与教训，通过完善制度、培育人才、弘扬精神等路径，把科技创新放在现代化建设全局的核心地位，把科技自立自强作为国家发展的战略支撑，实现高水平的自立自强，推进科技创新和发展。

一、我国科技创新和自立自强面临的挑战

在全国科技创新大会、两院院士大会、中国科协第九次全国代表大会上，习近平总书记指出："到2030年时使我国进入创新型国家前列，到新中国成立100年时使我国成为世界科技强国。"为了早日成为世界科技强国，要牢牢牵住科技创新这个牛鼻子，紧紧抓住时代机遇，勇攀科技高峰，在原始创新上取得新突破。然而，当今我国科技创新和自立自强面临诸多挑战。

首先，来自西方少数国家的科技遏制。近年来，美国从"聚焦国防科技"的封锁转向对"所有新兴科技"封杀，以发动贸易战为由，实际遏制中国科技的发展。从只关注我国参与的单项国际标准制定，比如5G标准制定，到逐步采取一定手段限制中国参与国际科技标准

的制定，扼杀我国在国际标准制定的话语权。其次，我国的基础研究比较薄弱。2020年我国研究与试验发展经费投入总量超2.4万亿元，约为美国的54%，是日本的2.1倍，稳居世界第二。但是，投入基础研究的经费占研究和试验发展总经费比例仅超过了6%，虽然相比于往年有了一定的提高，首次超过6%，但与世界上发达国家15%的水平相比仍有不小的差距，基础研究经费投入严重不足。我国面临的很多"卡脖子"技术问题，根子是基础理论研究跟不上，在于源头和底层的东西没有搞清楚。我国科研存在"关注成果、忽视突破"的现象，存在坐不了"冷板凳"、急功近利的现象，这导致基础研究的人员数量严重不足。最后，关键核心技术受制于人。2019年，我国的研发经费2.2万亿元，总量居世界第二位，取得了在全球创新总体指数排名从第29位至第14位的重大进步；2020年，我国全球创新总体指数维持在第14位，创新投入位于第26位，说明我国创新投入仍然不足。目前，中国"卡脖子"清单上仍主要有四大类技术：第一类是元器件；第二类是大型的工业软件；第三类是高端的机械制造；第四类是特殊领域。随着美国对中国科技的遏制，这份清单还在扩大。

二、我国关于科技自立自强的重要论述

自新中国成立以来，中国科学技术的发展已经历了70多年的实践与探索。党中央不断深化对科技自立自强和自主创新的认识，为把我国建设成为科技强国贡献了智慧的思想和方案。这些思想既一脉相承又与时俱进，不断推动科学技术向广度和深度进军。

（一）"向科学进军"的伟大号召

新中国成立后，党的第一代领导集体提出"向科学进军"的伟大号召。国家的稳定和发展离不开经济的发展和繁荣，而提高生产力促进经济发展又必须依靠先进的科技。然而，新中国成立初期，我国科技水平较低，工业基

础薄弱。基于此,毛泽东同志提出了"自力更生为主,争取外援为辅"的方针,先向西方学习先进的科技理论,并在此基础上进行"扬弃式"借鉴,经过不断地模仿、积累、实践和反思,再尽量依靠我们自己的力量,实现在重大领域的改进和突破。在1960年,苏联政府废除257个科技合作项目,迫使我国大批重大工程和科研项目停摆。党中央深刻意识到科技自立自强、核心技术自主自控的必要性,它关系到国家主权的独立和国内政局的稳定,关系到国家富强和民族独立,关系到国家工业现代化的发展。因此,提出"自力更生,奋发图强"发展科学技术的思想,要求科研人员在艰苦的条件下刻苦钻研,不畏艰难和挫败,凭着惊人的毅力,推动我国科技事业开始走上一条自立自强的光明道路。

为了努力改变我国在科学文化上和经济上的落后状况,快速缩小与世界发达国家的差距,迅速达到世界先进水平,毛泽东同志提出"向科学进军"的伟大号召。在这一思想的指导下,我国依靠自身的力量自力更生,实现了核弹、导弹和人造卫星尖端技术的突破,取得了令世界刮目相看的成就,提高了国际影响力。邓小平同志对"两弹一星"的影响曾评价道:"如果六十年代以来中国没有原子弹、氢弹,没有发射卫星,中国就不能叫有重要影响的大国,就没有现在这样的国际地位。这些东西反映一个民族的能力,也是一个民族、一个国家兴旺发达的标志。"周恩来同志提出要在20世纪内分两步实现四个现代化:第一步,建立一个独立的比较完整的工业体系和国民经济体系;第二步,全面实现农业、工业、国防和科学技术的现代化。新时代,我们要继续学习和发扬"两弹一星"精神,自力更生,艰苦奋斗,勇于探索,勇于创新,勇于攀登。

(二)"科学是第一生产力"的科学论断

邓小平同志在十一届三中全会上,根据世界科技与经济发展的新态势,提出"科学技术是第一生产力"的精辟论断,我国科技战线迎来了改革与发展的春天。邓小平同志指出:"提高我国的科学技术水平,当然必须依靠我们自己努力，必须发展我们自己的创造，必须坚持独立自主、自力更生的方针。但是，独立自主不是闭关自守，自力更生不是盲目排外。"在提高科技创新水平方面，党中央提倡依靠自身力量，但不是闭门造车，而是发扬学习精神，取其精华。把"从国际上引进先进的技术和装备，争取国际上的科技帮助"作为实现四个现代化的起点，充分利用好巨人的肩膀，吸收和学习一切先进的文明成果和科技理论，根据国内实际需求、现有的技术水平、人才的发展状况等，进行理论创新和技术再创新。

高科技在国际竞争中的地位日益突出。邓小平同志提出："现在世界的发展，特别是高科技领域的发展一日千里，中国不能安于落后，必须一开始就参与这个领域的发展。"中国必须发展属于我们自己的高科技，科技落后会导致经济落后，经济落后就会失去国际影响力和话语权。唯有依靠科学技术武装，在高科技领域掌握主动权，我国经济发展才有后劲，四个现代化建设才能迅速实现。高科技是国际经济竞争和政治斗争的筹码，是各国竞相争夺的焦点。发展高科技，推动科技产业化，是我国科学技术发展赶超世界先进水平、实现经济腾飞的根本途径。我国通过科技产业化，把高科技成果应用于生产实践，带动一批产业发展，体现科技成果的经济社会价值，促进国家产业结构优化升级，增强经济建设实力。我们要牢牢树立"在世界高科技领域占有一席之地"的战略目标，减少对引进技术的依赖，创造出高质量的科技成果，提升我国的国际影响力和竞争力，为世界可持续发展作出应有的科技贡献。

（三）"科教兴国"战略

20世纪90年代初，党中央明确提出要提高我国自主创新能力，增强国家核心竞争力。全面贯彻落实"科学技术是第一生产力"的思想，在科技领域取得了一些成绩。但是，在全球化的进程中，在日新月异的变革中，我国的整体科技水平不高，社会生产支撑不足，高新技术产业发展滞后，企业缺乏核心竞争力，不能满足人民日益增长的物质文化需求。这些问题的解决办法只有一个——增强自主创新能力。自主创新能力不是凭空而来的，无论是美国、德国还是日本，最初都是从仿制开始的。引进模仿是自主创新的必经之路，但是只停留在引进模仿层面是不思进取的表现，引进是为了填补技术的空白，为了消化先进的技术，为了加快产业技术的进步，为了快速实现核心技术的突破。在"科教兴国"战略的部署下，"973计划"建立了以科学家自由探索和国家需求为导向的"双力驱动"基础研究资助体系。同时，我国实施了国家技术创新工程，还实现了汽车工业向"中国创造"的迈进。

实现科技自主创新是增强国家核心竞争力、促进国家繁荣、推动社会发展的关键。江泽民同志指出："如果自主创新能力上不去，一味靠技术引进，就永远难以摆脱技术落后的局面。一个没有创新能力的民族，难以屹立于世界先进民族之林。"在一些国家重大的、战略性的科技项目上，不能依靠别人，唯有自己掌握核心技术，拥有自主知识产权，才能将国家发展与安全的命运牢牢掌握在我们手中。在激烈的国际科技竞争中，我们只有坚持自主创新才能不断前进，要始终牢记核心技术是要不来、买不来、讨不来的，只有通过自主创新实现突破。自主创新能力不仅关乎国家的核心竞争力、国际影响力，还关乎国家经济安全、国防安全和社会安全。掌握关键核心技术，把握科技主动权，才能化解科技风险，保障国家安全，促进国家经济发展。

（四）中国特色自主创新道路

党的十八大以来，党中央领导集体提出把科技自立自强作为国家发展战略支撑，坚定不移地走中国特色自主创新道路。为了实现第二个百年奋斗目标、实现中华民族伟大复兴的中国梦，我国要保持稳定持续健康的经济发展，实现由高速增长向高质量发展的转变。"以国内大循环为主体、国内国际双循环相互促进"的新发展格局，为我国科技质量提升提供了良好机遇，对我国科技创新水平提出了更高的要求。针对中国制造大而不强、关键核心技术处于"卡脖子"的现状，习近平总书记指出："我们没有别的选择，非走自主创新道路不可。"

激发创新活力,提高自主创新能力,克服制约技术创新的瓶颈,坚定不移地走自主创新道路。习近平总书记强调:"敢于走前人没走过的路,努力实现关键核心技术自主可控,把创新主动权、发展主动权牢牢掌握在自己手中。"走中国特色自主创新道路,坚持以制度建设推动科技体制改革,聚焦攻关核心技术难题,提升基础研究水平,强化产学研深度融合,利用全球科技创新资源,实现更高水平的科技自立自强。当前,我国在航天、5G、人工智能、计算机、高铁等领域达到国际先进水平,科技影响力不断提高。

我们要坚定不移地走中国特色自主创新道路,加强原创性科技攻关,培育创新文化,树立创新自信,增强社会成员的创新意识和创新能力,主动抓住创新的机遇,实现科技成果向现实生产力增速转换,完成科技与经济产出的完整产业链,坚决打赢关键核心技术攻坚战。新时代,要实现我国全面建设社会主义现代化强国和世界科技强国的目标,我们必须坚持走中国特色自主创新道路。全国广大科技工作者要面向世界科技前沿、面向经济主战场、面向国家重大需求、面向人民生命健康,加快科技创新步伐,抓住全球科技竞争先机。

三、科技创新与大国崛起的经验与教训

历史经验表明,科技革命总是能够深刻改变世界发展格局,科技创新能力是大国崛起的基石,是国际上先进国家走在世界前列的法宝。总结和反思大国崛起关于科技创新的历史经验和教训,对我国科技创新和自立自强具有重要的意义。

发明了蒸汽机的英国率先崛起,开启了人类社会现代化历程。英国凭借第一次工业革命的机遇和发展,广泛使用蒸汽机,将技术创新面向市场应用和社会问题的解决,促进了近代工业的兴起和发展,极大地促进了社会生产力的发展。英国随着经济实力、军事实力和科技实力的迅速提升,陆续打败了法国等欧洲国家,随后在全世界建立了庞大的殖民体系,逐步成了"日不

落帝国"。然而，曾经辉煌的英国，没有把重大技术发明进行大规模产业化、商业化运用，没有积极开发新技术、完善新设备、培养高素质的技工，以致生产率下降，逐步失去了科技创新的领先优势。

美国和德国接手了英国在科技创新领域的领头羊地位，在第二次工业革命中实现赶超。德国高度重视科技创新和人才培养，加大对科研和教育的投入，使得德国在生理学、电学、光学、热学等方面取得了重大突破，迅速走在了世界科学技术发展的前列。德国在科技创新和科技理论方面硕果累累，在引入德国工业标准后，"德国制造"逐渐成了市场公认的高质量产品的代名词。德国经济和科技创新的发展，紧密依赖于其高水平、高质量的高等教育体系和先进高效的职业教育体系，有赖于大量的高素质的工程师和高级技工。尤其是德国半工半学的职业教育，将理论与实践相结合，有利于形成科技创新力和现实生产能力，促进科技研发成果快速实现商业化、产业化。

美国凭借着冒险精神、广纳人才的政策、保障创新的制度和政府的支持，把英国发明的产品进行商业化应用，在国内持续进行科技创新和发明创造，催生了新兴产业的出现和发展，保证了创新活力源源不竭，促使美国逐步成为全球科技创新的引领者，并为其取得世界霸主地位积蓄了力量。美国在200多年的历程中，强调实用性，注重发明创造考虑市场需求；强调应用性，引导新的想法和理论要最终落到应用中去，不能束之高阁；强调全面性，不仅强调技术创新，还要推动理论创新、模式创新、管理创新等；强调全民性，树立全民创新的理念，强调创新创造绝不是小部分人的专责，而是需要来自各行各业人民的智慧。

英国的崛起和衰落、美国的崛起等历史经验告诉我们，科技创新能力才是一个国家保持大国地位的关键所在。今日之世界，新一轮科技革命正在孕育；今日之中国，已全面建成小康社会，站在历史的交汇点上。纵观历史上国际格局风云变幻，我们要学习大国崛起的经验，加强对职业教育的重视，培养高质量的技术人才，注重实用性创新，以人民需求、市场需求和国家需求为导向；要总结大国衰落的教训，不能安于现状，躺在功劳簿上，不能缺乏对科学技术创新和发展的积极性和主动性，忽视教育和人才的重要性。我们要以史为鉴、开创未来，埋头苦干、勇毅前行，积极布局实施制造强国的战略，让追求创新、勇于创新、乐于创新成为社会普遍共识，稳步向社会主义现代化强国迈进。

四、不断加强科技自立自强，推动科技创新和发展

创新是国家、民族发展的重要力量。要坚持在弘扬科学精神、建立新型国家创新体系、完善法律制度、完善激励制度、培养创新人才上下功夫，提升国家科技创新能力，广泛激发社会创造潜能，依靠科技创新塑造发展新优势，加快实现高水平的科技自立自强。

（一）树立自主创新意识，弘扬科学精神

创新文化是创新驱动发展战略的动力来源，要以创新文化为根基，以创新精神为动力，塑造全民创新意识，营造鼓励创新创业的社会氛围。首先，中国优秀的传统文化强调"推陈出新，守正创新"，要在当今社会弘扬创新创业精神，营造鼓励创新和包容失败的氛围，有利于形成科学家、发明家、企业家不断涌现的良好社会环境。其次，要引导全民树立追求真理、献身科学的科学家精神，大力弘扬"两弹一星"精神，鼓励全民崇尚科学，树立正确的科学价值观，用科学的眼光看待问题、解决问题；鼓励全民求真务实，坚持"实事求是"，严谨求实，尊重他人智力性的劳动成果，在学术上不造假，无调查不发言；鼓励全民进行理性批判，对"全盘西化"式的错误思想引以为戒，进行"扬弃式"学习和借鉴，理性地批判和继承，以应对复杂多变的国内外形势。再次，要发扬不怕艰辛的探索精神、敢为人先的创新精神，潜心学术，不畏艰险，勇攀高峰，踏踏实实进行知识创新和技术突破。最后，要弘扬集体主义精神和团结协作的团队精神，在团队中做好本职工作，协助后辈进步，将国家的需要放在首位，响应国家号召，把个人梦融入祖国梦中，

一心一意为加快实现我国成为科技强国而奉献青春和智慧。

（二）建设新型国家创新体系，突出整合优势

创新是引领发展的第一动力，抓创新就是抓发展，谋创新就是谋未来。面对全球创新格局剧变、科技竞争逐渐白炽化、中美关系实质性转型、后疫情时代中国创新发展面临的国内外重大挑战与新的历史性机遇，建设具有中国特色的新型国家创新体系具有重大而紧迫的战略意义。习近平总书记在2021年中国科协第十次全国代表大会上的讲话中指出："国家实验室、国家科研机构、高水平研究型大学、科技领军企业都是国家战略科技力量的重要组成部分，要自觉履行高水平科技自立自强的使命担当。"新时期的国家创新体系，要求强力打破对传统科技创新路径的依赖，建立以中国特色国家实验室体系、国家科研机构、高水平研究型大学、科技领军企业为核心支撑，以综合型国家科学中心或区域科技创新中心为载体的新型国家创新体系。鼓励科技领军企业牵头，激活广大中小企业的创新意识和创新活力，整合创新资源，形成创新基地，部署产业链和创新链，发挥企业在技术创新中的主体作用，积极参与全球科技产业合作，实现企业强、产业强和经济强。

（三）完善科技创新法律，强化法治保障

以法治方式保障科技创新，是新时代推动科技进步和创新发展的鲜明特征。习近平总书记对科技创新提出了一系列新的思想和要求，坚持把科技创新作为国策，把科技自立自强作为发展的战略支撑。完善科技创新法律制度要做到以下几个方面：一是加强顶层设计，完善科学技术进步法。2021年8月，我国对《中华人民共和国科学技术进步法（修订草案）》进行第三十次审议，立足新发展阶段，着力解决科技创新本身和体制机制存在的问题，强化开放创新的制度安排，促进科技成果落地，推动科技创新国际合作。二是深化科技体制改革，支持科技创新。健全支持科技创新的基础制度，改革重大科技项目立项和组织管理方式，破除制约科技创新的制度障碍，赋予科研

单位更多的自主权，不以出成果的名义干涉科学家的研究，完善符合科研活动规律的评价制度和科技人才评价体系，加强基础研究，放远眼光，不急功近利，突破核心技术壁垒。三是创新立法工作机制，提高科技创新立法的效率和质量。顺应时代发展，将互联网、大数据、人工智能等科技手段运用在立法工作中，加强科技创新立法决策的量化论证，加强对公众意见的收集汇总、数据分析，更好地实现公众有序参与，提升立法效率，增强立法实效。

（四）完善激励创新的制度，提供保障机制

充分完善激励创新的制度，有利于推动科技创新和发展，保护创新人才的劳动成果。第一，知识产权保护制度是激发创新活力的有力保障。1979年，我国陆续颁布且后续修订了《专利法》《著作权法》，于2008年出台了《国家知识产权战略纲要》。党中央不断完善知识产权制度，重视知识产权的重要性，切实加强和完善知识产权保护制度，使科技创新的价值、市场价值和创新者的人力资本价值都能得到充分实现，让各类人才的创新智慧竞相迸发。第二，完善反垄断和不正当竞争制度。2007年，我国颁布了《中华人民共和国反垄断法》，2017年修订了《反不正当竞争法》。我国反垄断法和反不正当竞争法的出台和完善，以强制的手段在一定程度上制止了不正当的竞争行为，保护了公平竞争的市场环境，形成了公平竞争的良好秩序，保护了消费者的合法权益。第三，建立相关政策制度。在财税、金融、政府等方面建立相关政策制度，在市场配置资源起决定性作用的基础上，更好地发挥政府"有形的手"的作用，推动形成统一开放、竞争有序的市场体系，为各类中小型企业创造广阔的发展空间。

（五）培养科技创新人才，突破技术瓶颈

国际竞争的实质是科技创新的竞争，而人才作为科学技术创新主体，是科技自立自强的关键。党的历代领导集体都高度重视对科技创新人才的培养。习近平总书记提出："我们着力实施人才强国战略，营造良好人才创新生态环境，聚天下英才而用之，充分激发广大科技人员积极性、主动性、创造性。"针对我国的基本国情、社会经济、政治、文化的发展程度和要达到建设世界科技强国的最终目标，培养创新型人才的工作尤为重要。首先，我们要建立健全国民教育体系，建设一批高水平的研究型大学，加强对青少年科学知识、科学精神和科学价值观的教育，壮大青年、女性科技人才队伍，为实现社会主义现代化提供人才支撑。其次，营造适合科技创新型人才成长的宏观和微观环境，优化培育科技领军人才的质量。实施一系列重大创新项目和工程，创建高质量的创新平台，为人才的培育提供舞台和机会，让人才精心做学问、搞研究。最后，向发达国家学习科技人才培养经验，培育一批具有高素质、高水平、肯吃苦、能吃苦的科技工作者和一流科技领军人才，在关键领域苦下功夫，破解"卡脖子"项目和领域，把"卡脖子"清单变为科研清单，肩负起实现世界科技强国的时代重任。

（本课题系国家社科一般项目"新时代党推进全球治理的理论建构与实践路径"阶段性研究成果）

［作者：李礼，湖南省委党校（湖南行政学院）公共管理教研部主任、教授，湖南省妇女干部学校校长］

［作者：武坤琳，湖南师范大学公共管理学院硕士研究生］

整合优化科技资源配置 集中力量办大事

中国社会主义制度优越性的一个显著代表，就是能集中力量办大事。体现在科学技术上，就是举全国之力整合资源、开展科研协作，取得了无数个令世界瞩目的技术成就，而其他国家难以复制。

随着当今科学技术更迅猛的发展，中国特色社会主义新时代更需要整合资源、群策群力、科研协作、团队作战。对于整合优化科技资源配置，党和国家领导人有一系列论述。正如2020年9月11日习近平总书记主持召开科学家座谈会时所强调的，发挥我国社会主义制度能够集中力量办大事的优势，整合优化科技资源配置，狠抓创新体系建设，进行优化组合，组建一批国家实验室，形成我国实验室体系，发挥高校在科研中的重要作用，推动重要领域关键核心技术攻关。

早在2014年，习近平总书记在中国科学院第十七次院士大会、中国工程院第十二次院士大会上的讲话就强调，要着力从科技体制改革和经济社会领域改革两个方面同步发力，改革国家科技创新战略规划和资源配置体制机制。这表明，实施创新驱动发展战略，一个重要方面就是深化科技体制改革，优化科技资源配置。

2015年3月5日，时任国务院总理李克强在《政府工作报告》中强调："提高创新效率重在优化科技资源配置。要改革中央财政科技计划管理方式,建立公开统一的国家科技管理平台。政府重点支持基础研究、前沿技术和重大关键共性技术研究,鼓励原始创新,加快实施国家科技重大项目,向社会全面开放重大科研基础设施和大型科研仪器。把亿万人民的聪明才智调动起来,就一定能够迎来万众创新的浪潮。"

2017年8月22日,李克强到科技部考察并主持召开座谈会时强调,要促进科研院所、高校、企业、创客等各类创新主体协作融通,坚决打破单位、部门、地域界限,推动人才、资本、信息、技术等创新要素自由流动和优化配置,促进大众创业、万众创新更加蓬勃发展,形成科技创新的倍增效应。

一、我国以"两弹一星"为代表的一大批科研成就都是整合优化科技资源配置出的结果

科技资源包括人资源和物资源两方面。人的资源即人才资源,物的资源即平台资源,包括技术、资金、设备、物质甚至时间、空间等。整合优化科技资源配置,正如将五指收拢成拳头打出去才有力量。在物质、技术落后的那些年代,整合优化技术资源配置,更多的就是整合优化人才资源配置。

我国在集中力量办大事方面有着优良的传统。新中国刚刚成立时曾一穷二白,百废待兴。欧美各国除了在经济上对我们进行封锁外,更是在科学技术上对我们严加封锁。中国要发展,中国要强大,怎么办?那就是要举全国之力,整合优化人才资源配置干自己的事情。

1956年1月,党中央发出了"向科学进军"的号召,随后,国务院制定了新中国第一个长期科技发展规划——《1956至1967年全国科学技术发展远景规划》。该规划从13个方面提出了57项重大科学技术任务、616个中心问题,从中进一步综合提出了12个重点任务。

人才匮乏、技术短缺怎么办?全国摸底,全面调动,科研协作,集中攻关!当时,国家对全国科研工作的体制、现有人才的使用方针、培养干部的

大体计划和分配比例、科学研究机构设置的原则等，都作出了规定。如今看来，这就是当年整合优化科技资源配置的具体化举措。

正是由于全面调动、科研协作，新中国第一个长期科技发展规划得以顺利实施，这对我国整个计划经济时代乃至后来的科学技术发展都产生了重大而深远的影响。

整合科技资源开展科研协作，我国收获了累累硕果！朱光亚、王淦昌、邓稼先等一批核物理专家被调集一起协作攻关。1958年8月30日，我国第一座实验性原子反应堆回旋加速器开始运转。

"全国大会战，万人找石油！"1959年9月，我国地质工作者和石油专家成功发现并开发了大庆油田，证实了我国学者提出的"陆相地层生油"理论。

我们现在常引以为豪的"两弹一星"，即1964年10月16日，中国成功爆炸了自行制造的第一颗原子弹；1967年6月17日，中国成功爆炸了自行制造的第一颗氢弹；1970年4月24日，中国又成功地把一颗命名为"东方红一号"的人造地球卫星送上了太空。这些都是举全国之力整合优化科技资源配置取得的成功。中国"两弹一星"计划的实现，在国际社会上引起了巨大反响，极大地增强了中国的国防能力，提升了中国在国际上的地位。

中国医学界开展科研协作——1965年8月3日，我国首次人工合成结晶牛胰岛素。在合成的胰岛素变成结晶方面，中国又走到了世界前列。

另外，中国中医研究院、解放军军事医学研究院等全国50多个单位联合攻关，于1972年成功提取到了一种分子式为$C_{15}H_{22}O_5$的无色结晶体，命名为青蒿素。青蒿素——一种用于治疗疟疾的药物，挽救了全球特别是发展中国家的数百万人的生命，造福了全世界人民。1981年10月，在北京召开的由世界卫生组织等主办的国际青蒿素会议上，屠呦呦以首席发言人的身份作了《青蒿素的化学研究》的报告，获得了高度评价，被认为"青蒿素的发现不仅增加一种抗疟疾新药，更重要的意义还在于发现这一新化合物的独特化学结构，它将为合成设计新药指出方向"。2015年10月，屠呦呦获得诺贝尔生理学或医学奖，成为首获科学类诺贝尔奖的中国人。

继"两弹一星"之后，我国科学家又整合科技资源进行科研协作，打造出我国首艘核潜艇。其实，早在1958年，中央就作出了"中国也要研制核潜艇"的决定。1970年7月30日，我国第一座潜艇核动力装置陆上模式堆达到满功率；1971年8月，中国核潜艇建成并开始试航；1974年8月，核潜艇交付海军正式使用。从此，我国成为世界上第五个拥有核潜艇的国家。

二、改革开放后，以"神舟""嫦娥"为代表的一大批科研成就离不开科技资源配置的整合优化

1978年3月18日至31日，全国科学大会召开。这是新中国科技发展史上的又一座里程碑。邓小平同志在大会上重申了"科学技术是生产力"这一马克思主义基本观点。大会通过了《1978—1985年全国科学技术发展规划纲要（草案）》，这是我国的第三个科学技术发展长远规划。科学的春天到来了！

让国人骄傲的是，神舟、嫦娥、天宫、长征、巨浪、东风、天河、天问、北斗等一系列世界先进科技，都是整合优化科技资源配置的结晶。

中华民族是一个开拓创新的民族。如果说，"嫦娥奔月"是思维创新，"万户飞天"是实践创新，那么，载人航天飞行就是科技创新。科技创新让中国航天事业实现一次次大跨越。可以说，科技创新是中国载人航天精神的核心与灵魂。神舟、嫦娥系列飞行的圆满成功，昭示着曾经以创新而拥有四大发明的中华民族，正在向世界科技中心的大舞台回归。

我国科技工作者一直是敢于创新、勇于创新的。载人航天的飞行成功，是中国航天人科技创新精神的结晶。载人航天是当今世界最复杂、最庞大、最具风险的工程，是技术密集度高、尖端科技聚集的高科技系统工程。

中国航天人整合优化科技资源配置，以锲而不舍的科技创新精神，解决了大量的技术难题，不断应用最新的技术成果，从而使我国载人航天飞行技术跨越了美、俄等国40年的发展历程，我国也一跃成为世界上第三个有能力实现载人航天的国家，还实现了"双人五天""三人多天"的太空飞行新跨

越，把"科技强国"战略落实在载人航天的实践中。

在中国载人航天的非凡壮举中，科技工作者们整合优化资源配置，从飞船设计、火箭改进、轨道控制、空间应用到测控通信、航天员训练、发射场到着陆场，七大系统的研发都处于高起点，始终践行着科技创新的理念，实现了关键技术与世界先进水平并驾齐驱，局部技术还已然超越的目标。托举神舟飞天的运载火箭，可靠性和安全性分别达到97%和99.7%，仅故障检测处理系统和逃逸系统就采用了30多项具有自主知识产权的新技术。

从零点起步的神舟飞船，更是从研制开始就瞄准了国际第三代载人飞船水平，直接采用多人多舱的设计方案，可利用空间创世界之最。同时，比国外领先的是，废弃的轨道舱可留轨半年以继续进行空间科学探测和技术试验。正是这些大胆的科技创新，使我国的神舟五号载人飞船一飞冲天。

征袍尘未尽，马蹄又奋疾。需要强调的是，神舟六号载人航天飞行划时代的意义在于，开创了我国第一次真正意义上有人参与的空间科学试验。两位航天员在太空工作和生活了5天，特别是首次进入轨道舱，积累了中国人在太空较长时间驻留的经验，获得了宝贵的科学试验数据，为掌握验证航天员出舱活动、航天器空间交会对接试验等关键技术，起到了积极的促进作用。

从一人一天的载人实验到三人半年的科学试验，我国载人航天飞行技术状态和应用试验项目有了新的调整，一些关键技术和重大技术难题实现了重大突破。同时，飞船、火箭等飞行产品进行了多项技术更新，科技含量大幅度提高。测控通信和着陆场等地面参试系统增加了新的设备，提高了测控覆盖率和航天器返回着陆的可靠性。

如今已研发到神舟十六号了！中国载人航天的成功实践表明，我们一定要有科技创新精神，勇于站在世界科技发展的最前沿，敢于在一些重要领域创造具有自主知识产权的东西，从而在世界高新技术领域占有一席之地。

当我们欢呼神舟系列载人航天飞行圆满成功的时候，仔细品味，我们更能感受到载人航天精神有着极其丰富的内涵，而整合优化科技资源配置开展团结协作，当是载人航天工程发展的一个重要因素。要钱给钱，要人给人，载人航天工程取得的一系列重大突破，无一不是科研协作的结果和集体智慧的结晶。

现代科学技术的研发工作往往是规模宏大的系统工程，涉及众多领域，往往需要数千个单位、几十万人员组成一个团结协作的集体，这就需要整合优化科技资源配置。正如当年"两弹一星"研制者们处在极其简陋的条件下，科技人员协作攻关，其他行业全力支持，不论前线后方都进行资源整合，每个人员都坚守岗位、履行职责，团结协作，众志成城，确保了伟大事业的最后成功。强大的国防科技让时陷内饥外迫的中国人在世界上扬眉吐气！

现代科研早已告别"单打独斗"的时代，"一个人的江湖"已一去不复还，"抱团取暖"已成为"时尚"，并且只有如此才能出结果。现在，载人航天工程成了我国航天史上规模最庞大、系统组成最复杂、技术难度最高、协调面最广的跨世纪工程。整个工程的七大系统，涉及航空、船舶、兵器、机械、电子、化工、冶金、纺织、建筑和气象水文等多个领域和有关省市自治区，汇聚了全国100多个行业、3000多个单位、几十万科技人员共同参与神舟飞船各项目的研制、建设和试验，形成了规模空前的大协作体系。

在北京航天城里，有这么一座现代化的大楼，上面赫然立着"协作楼"三个鲜红大字。北京航天飞行控制中心负责人说，准确来说它应该被称作科研协作楼。就是这座楼，见证了一批批科技大师们跨行业、跨领域一次次为我国载人航天事业整合资源、集体研发、精诚协作、共同探讨、团结攻关的场面。

整合优化科技资源配置还在多个领域、多个学科里"开花结果"。且看，中国载人航天工程的实施，带动了近代力学、天文学、地球科学、航天医学等基础学科探索的深入，带动了系统工程、自动控制、推进技术、计算机等现代信息和工业技术的创新发展，带动了新能源、新材料、微电子、光电子以及通信、遥感等产业的兴起。

神舟系列的圆满成功，让远在贵州的一位老工人激动地落泪了，因为在神舟飞船上，有10多万个元配件是由他们公司所属工厂生产的；神舟软件公司的年轻人欢呼着，因为他们自主研发的软件系统在神舟系列中发挥了作用。

像贵州的老工人、神舟软件的年轻人一样，在全中国还有千千万万的科技工作者，没有人知道他们的名字，没有人了解他们的贡献。正是他们的默默耕耘、无私奉献，铸成了载人航天精神的博大精深！

记得当年面对欢呼的人群，载誉归来的神舟五号航天员杨利伟由衷地说了这样一句话："是许许多多人的无私奉献，才成就了我的太空之旅。光荣属于伟大的祖国，成绩属于全体航天人！"

民族瑰宝，薪火相传！正是无数的中国科技工作者，用默默耕耘、无私奉献的精神，铺就了长长的神舟飞天路。为了祖国的载人航天事业，仅在酒泉卫星发射中心的烈士陵园，就长眠着600多名航天人的生命。他们的平均年龄，只有24岁……

航天技术与空间探索，对一个国家政治、经济、军事、科技等方面发展都有着重要的战略意义，也是一个国家综合国力的重要表现。对于中国这么一个梦想飞天的国家来说，这是一个必须"有所为"的领域。

而整合优化科技资源配置，让中国神舟从一号到十二号的研发圆满成功，让嫦娥、北斗、天宫、天问、天眼、天河等科研成果相继落地，鼓舞着每一位科技人乃至每一位中国人为中华民族伟大复兴而不懈努力、终身奋斗！

三、中国特色社会主义新时代，更需要整合优化科技资源配置以实现中华民族伟大复兴

2021年3月8日下午，在全国两会的第二场部长通道上，科技部部长王志刚以视频采访的形式，回应一系列科技热点问题。其中，王志刚表示，在抗疫过程中，除了科研成果外，还涌现出很多值得总结和珍惜的宝贵经验：发挥新型举国体制优势，科技界有13个部门的4300多位科研人员、386个科研团队参加科研攻关；抗疫是从基础研究到应用基础研究再到产业应用、从研发单位到企业的一次大协作。61个学科为上述科研活动作出了贡献。

早在2014年8月，时任科技部部长万钢在《人民日报》发表学习文章表示，通过优化科技资源配置的一系列重大改革措施，我国在技术创新领域形成了科技资源配置的新格局，为实施创新驱动发展战略奠定了坚实基础。

中国特色社会主义新时代更需要整合优化平台资源配置。优化科技资源配置可以为实施创新驱动发展战略提供有力保障。万钢强调，为实现优化科技资源配置，具体要干几件事：加大科技投入，提高管理水平；加快推动公共科技资源开放共享；进一步完善技术创新市场导向机制；提高企业配置科技资源的能力；加快建立协同创新机制；加快推进科技金融有机结合。

近年来，我国的整合优化科技资源配置再出新成果。世界知识产权组织发布的全球创新指数显示，我国排名从2015年第29位跃升至2020年第14位。以下仅举几例说明。

整合优化科技资源配置，助力北斗系统全面覆盖。2020年7月31日，中国自主建设、独立运行的全球卫星导航系统全面建成；作为我国迄今为止规模最大、覆盖范围最广、服务性能最高、与百姓生活关联最紧密的巨型复杂航天系统，北斗系统由卫星、火箭、发射场、测控、运控、星间链路、应用验证七大系统组成。

从北斗一号工程立项开始，经过20多年的发展历程，才有了今天的成就；2000年建成的北斗一号试验系统，使我国成为世界第三个拥有自主卫星导航系统的国家；2012年建成的北斗二号区域系统，为亚太地区提供服务；2020年建成的北斗三号全球系统，实现了中国人的"全球梦"。

整合优化科技资源配置，助力"天问一号"实现火星之旅。2020年7月23日，我国首次火星探测任务天问一号探测器由长征五号遥四运载火箭从文昌航天发射场发射升空，飞行2000多秒后，成功送入预定轨道，开启火星探测之旅，迈出了我国自主开展行星探测的第一步。此次火星探测任务的工程目标是实现火星环绕探测和巡视探测，获取火星探测科学数据，实现我国在深空探测领域的技术跨越；同时建立独立自主的深空探测工程体系，推动我国深空探测活动可持续发展。

整合优化科技资源配置，助力嫦娥五号"挖土归来"。嫦娥五号携带月球样品成功返回地球，是40多年后再次有人类航天器重返月球并采回样品的壮举，对于中国和全球航天界来说，是一项巨大的科学成就。历经23天，嫦娥五号成功携带月球样品返回地球；历经11个飞行阶段，20余天的在轨飞行过程，采集1731克的月球样品返回地球。月球表面自动采样封装是嫦娥五号任务中最引人注目的一个环节。

嫦娥五号在月面选定区域着陆，实现我国首次地外天体采样与封装。此次嫦娥五号的任务完成，中国成为航天大国。40多年来，全球航天领域科学家一直希望能更深入地研究月壤，此次带回来的样品，也将为中国的宇宙研究提供很多的参考。

整合优化科技资源配置，助力奋斗者号顺利下海。2020年10月10日，"奋斗者"号从海南省三亚市崖州湾南山港码头启航，前往西太平洋马里亚纳海沟海域实施万米深潜试验任务。10月27日，"奋斗者"号下潜首次突破万米，并于11月10日创造了10909米的中国载人潜水器的深潜新纪录；11月13日，"奋斗者"号完成了世界上首次载人潜水器与着陆器在万米海底的联合作业，并进行了视频直播；11月28日，"奋斗者"号顺利返航。

作为人类历史上第4艘全海深载人潜水器，"奋斗者"号实现了多项重大技术突破，核心部件国产化率超过96.5%。此次的研制及深潜试验的成功，显著提升了我国载人潜水器的技术装备能力和自主创新水平，推动了潜水器向全海深谱系化、功能化发展，为探索深海科学奥秘、保护和合理利用海洋资源提供了又一利器，为引导公众关心认识海洋、提升全民海洋意识、加快建设海洋强国作出了突出贡献。

整合优化科技资源配置，助力"九章"量子计算机创造出中国速度。"九章"计算机200秒的"量子算力"，相当于目前"最强超级计算机"6亿年的计算能力；2020年12月4日，《科学》杂志公布的中国"九章"计算机重大突破，让世界瞩目。在谷歌"悬铃木"计算机之后，"九章"量子计算机再次成功实现"量子计算优越性"的里程碑式突破。

该量子计算机取名"九章"，是为了纪念中国古代著名数学专著《九章算术》。实验显示，"九章"对经典数学算法高斯玻色取样的计算速度，比目前世界最快的超算"富岳"快100万亿倍，从而使得中国在全球第二个实现了量子优越性。

整合优化科技资源配置，助力中国最高参数"人造太阳"建成。2020年12月4日，中国新一代可控核聚变研究装置"中国环流器二号M"在成都正式建成放电，标志着中国正式跨入全球可控核聚变研究前列，将进一步加快人类探索未来能源的步伐。

该装置是中国目前规模最大、参数最高的先进托卡马克装置，是中国新一代先进磁约束核聚变实验研究装置，采用更先进的结构与控制方式，其等离子体电流能力提高到2.5兆安培以上，等离子体离子温度可达到1.5亿摄氏度，能实现高密度、高比压、高自举电流运行，是实现中国核聚变能开发事业跨越式发展的重要依托装置。

整合优化科技资源配置成效显著，下一步，我们将如何更进一步推进呢？

在"十四五"规划中，第四章《强化国家战略科技力量》的第一节即以《整合优化科技资源配置》为题明确表述："以国家战略性需求为导向推进创新体系优化组合，加快构建以国家实验室为引领的战略科技力量。聚焦量子信息、光子与微纳电子、网络通信、人工智能、生物医药、现代能源系统等重大创新领域组建一批国家实验室，重组国家重点实验室，形成结构合理、运行高效的实验室体系。优化提升国家工程研究中心、国家技术创新中心等创新基地。推进科研院所、高等院校和企业科研力量优化配置和资源共享。支持发展新型研究型大学、新型研发机构等新型创新主体，推动投入主体多元化、管理制度现代化、运行机制市场化、用人机制灵活化。"

清华大学创新发展研究院执行院长、经济学教授刘涛雄认为，新形势下，在整合优化科技资源配置方面，应推动投入主体多元化、运行机制市场化、用人机制灵活化，尤其要强化企业的科技创新主体地位。

"十四五规划"和"2035年远景目标"，为我们未来整合优化科技资源配置明确了方向、设计了路线，并给出实施的细则，只要始终如一地高度重视，狠抓实施，有序推进，我国的科技创新发展将大放异彩、结出硕果，推动我们实现中华民族的伟大复兴，让中国真正站在世界舞台中心！

［作者：唐先武，中国科技新闻学会理事，高级记者］

科技创新探索与实践

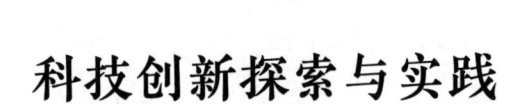

"要聚焦国家战略和产业发展重大需求,加大企业创新支持力度,积极鼓励、有效引导民营企业参与国家重大创新,推动企业在关键核心技术创新和重大原创技术突破中发挥作用。"

企业技术创新锚定市场需求
——湖南省衡阳变压器有限公司的探索与实践

衡阳变压器有限公司（以下简称衡变公司）是特变电工股份有限公司（以下简称特变电工）的控股子公司，公司前身是南华电机厂，始建于1951年，2001年1月由特变电工兼并重组。公司现有员工2700余人，其中技术研发人员543人，本科以上学历1252人，高级职称技术人员138人，中级职称技术人员267人，享受国务院特殊津贴人员3人，获得中国政府友谊奖2人。

公司下设湖南电气公司、云集电气公司、云集高压开关公司、湖南工程公司、南京公司、湖南国际物流科技公司、湖南艾特新能源科技有限公司、众业分公司八大子分公司，业务涵盖输变电高端装备制造，国内、国际电力工程建设服务，二次智能配电网装备的研制与服务四大核心板块，完全具备10kV～1000kV变压器及电抗器、±200kV～±1100kV换流变压器、箱式变压器、高低压开关柜、高压开关、电线电缆、综合自动化保护系统、配网自动化保护系统的研制及电力工程总承包，变电站检修运维，新能源充电站投资、建设和运维服务等全系列产品和集成服务能力，拥有完整的制造业和制造服务业产业链。

历经70年的沉淀和改革创新实践，衡变公司现已发展成为我国战略性新兴产业"高端装备制造""智能装备制造"的重要承担者，是中国变压器行业超、特高压以及大容量变压器类产品的核心骨干企业，世界大型特高压产品研制和出口基地，是我国输变电行业的一张名片、湖南省高端装备制造业的一面旗帜，为我国高端装备制造业作出了突出贡献。自重组以来，公司各项经济指标实现了连年高速增长，连续十余年成为衡阳市直企业第一纳税大户、湖南省纳税50强企业。

多年来，公司发展得到了来自政府、行业协会与客户的大力支持与多方认可，荣获包括"国家科技进步特等奖""国家科技进步奖一等奖""中国专利奖优秀奖""国家技术创新示范企业""中国知识产权优势企业""中国机械工业科学技术特等奖""全国机械工业质量奖""全国机械工业先进集体""机械工业现代化管理企业""全国青年安全生产示范岗""全国五一劳动奖状""全国模范职工之家""全国工人先锋号""中国质量奖提名奖""湖南省省长质量奖""湖南省五一劳动奖状""湖南省创新企业文化建设先进单位""湖南省变压器工程技术研究中心"等在内的几百项荣誉。

一、坚持技术创新引领，提升企业核心竞争力

近年来，衡变公司通过强抓机制体制建设、不断完善组织机构设置、保持研发经费高投入态势、大力实施人才兴企战略、坚持自主创新和产学研合作、坚持技术创新与信息化相结合，以及制定技术创新奖励管理、创新成果转化奖励、技术人员持股激励、外部科技奖项激励制度等一系列有效措施，全方位提升技术创新能力。目前，衡变公司拥有国家级企业技术中心、国家CNAS认证实验室、湖南省变压器工程技术研究中心、超特高压变压器湖南省工程实验室等技术研发平台。2019年衡变公司研发投入为1.46亿元，占衡变公司营业收入的4.98%。由于公司坚持走科技兴企的发展道路，企业技术创新能力得到了显著的提高，500kV及以上变压器产品的研发制造水平已进入行业前三强，750kV及以上特高压电抗器制造水平居国内第一、国际领先地位，110kV及以下油浸式变压器、220kV及以上电力变压器、220kV及以上并

联电抗器被评为"中国名牌"产品。

为满足高端输变电重大装备国产化需要，衡变公司坚持以市场为导向，瞄准世界级超特高压大容量变压器及配网智能二次领域，先后承担了世界首条1000kV特高压交流试验示范工程、±800kV特高压直流、80万kW大型水电站、100万kW大型核电站、100万kW超临界及超超临界大型火电产品等一系列国家重大科技攻关项目的产品研制任务；全面参与了"西电东送""皖电东送""青藏联网"工程以及"三峡工程""1000kV、750kV特高压输变电示范工程""中国西南水电开发"等多个国家战略性特高压工程建设和国家重大能源项目建设；先后承担了国家高技术产业发展项目计划、国家重大科技成果转化项目、国家国际合作专项、国家火炬计划、国家重点新产品计划等国家级科技项目48项；累计研发世界首台1000kV发电机变压器、1000kV级世界最大容量的单相1500MVA特高压变压器和320Mvar特高压电抗器等重点新产品近400项，其中通过国家级新产品鉴定124项，处于国际领先水平29项，处于国际先进水平44项，创造了几十项世界第一，并多次填补行业空白。

公司研发的产品和技术先后荣获"国家科技进步奖特等奖"（1项）、"国家科技进步奖一等奖"（2项）、"中国机械工业科学技术奖特等奖"（2项）、"湖南省科技进步一等奖"（1项）等国家、省、市各类科技奖励77项。公司累计申请国内外专利342项，获得专利授权195项，其中发明专利29项，PCT国际专利2项；参与制定国家及行业标准128项，其中参与国家标准制定47项。公司引领了我国输变电行业的不断发展和进步，有效推动了我国输变电重大技术装备国产化进程，为我国装备工业走向世界提供了有力的支撑。

"十四五"期间，衡变公司围绕国家"双碳"发展战略，坚持以国际国内两个市场为导向，以创新为驱动，以特高压输变电技术、智能电网、信息技术、配网自动化及智慧城市等研发、应用、推广为依托，重点紧跟节能、高效、清洁、环保、智能的输变电装备发展方向，加强技术攻关，加快技术创新，巩固超、特高压变压器和新能源装备技术领先优势，进一步提升输变电装备技术水平。

二、坚持产学研用合作，推动新能源装备国产化

衡变公司作为新能源装备制造领域的"排头兵"，紧跟国家新能源发展战略规划，持续推动供给侧结构性改革，先后成功研制出海上风电塔筒专用35kV植物油变压器、海上升压站主变压器、电抗器、GIS（气体绝缘开关设备）等产品，填补国内空白，成为国内唯一一家实现海上风电一次设备集成供货厂家，打破外资企业在海上风电输变电设备领域的技术垄断，助力"中国制造"在海上风电等新能源领域向前迈出了一大步。"十四五"期间，衡变公司将加强和国内高校、科研院所以及企业的产学研用合作，特别是与同城高校南华大学的合作，重点开展66kV环保型海上风电风机专用植物油变压器、72.5kV海上风电GIS、海上风电成套开关柜等海上风电系统集成整站首台套重大装备、系统研发，加速推进新能源装备国产化进程。公司承担了国家重大输变电工程设备的研制，服务于国家重大能源建设，主要客户包括国家电网、南方电网及各大发电集团，公司在两网市场集中招标排名连年领先，为国家电力建设发展提供了有力的保障。

在国家特高压主干电网建设中，公司先后承担了世界首条"晋东南至荆门"1000kV特高压试范工程、"皖电东送"淮南至上海1000kV特高压交流输电示范工程、扎鲁特至青州±800kV特高压直流工程、张北至雄安1000kV特高压交流工程、陕北至武汉±800kV特高压直流工程、南昌至长沙1000kV特高压交流工程项目等特高压交直流项目的变压器和电抗器设备供货，被国家电网公司授予"特殊贡献单位"。

在国家重大发电项目中，公司承担中电国际安徽淮南平圩电厂三期1000MW机组世界首台1000kV发电机变压器、福建石狮鸿山热电厂二期1000MW机组变压器等特大容量机组的研发供货，累计为各发电集团提供超过31个1000MW机组56台特大容量主变压器、106个600MW（含660MW）机组210台大容量主变压器以及130个300MW及以上机组约170台主变压器

的研制和供货。

在国家核电建设及新能源建设方面,公司先后承担了中核集团海南昌江核电 2×650MW 机组工程全部变压器、中国中原对外工程有限公司巴基斯坦恰希玛核电 4 号 340MW 机组全部变压器和中国中原对外工程有限公司巴基斯坦卡拉奇核电 2×1145MW 机组全部变压器的供货,三峡新能源江苏大丰海上风电项目海上升压站、陆上汇集站输变电设备集成供货项目、三峡新能源江苏如东 800MW（H6、H10）海上风电电气一次设备项目等设备的供货。依托一、二次设备品类齐全优势,衡变公司统筹集中各分子公司重点资源,全面推动海上风电设备集成的研制工作,已经发展成为目前首家也是唯一一家具备海上升压平台运行业绩的国内企业,海上升压平台电气一次设备三大主力配套企业之一,海上风电项目（海上+陆上）供货业绩最多的输变电一次设备供货企业。

三、完善产业链建设,夯实企业制造主业根基

"十四五"期间,衡变公司作为我国输变电领域唯一一家拥有完整制造业和制造服务业产业链的企业,将聚焦"国内国际双循环"格局,服务于湖南省"三高四新"战略,响应国家先进制造业与现代服务业两业融合发展的号召,探索新业态、新模式、新路径,补短板、锻长板,做好补链延链强链工作,进一步完善全产业链配套,深化变压器、GIS、高端配网、电力保护四大制造产业集成服务能力,增强企业核心竞争力,带动衡阳市配套、专业服务等产业协同发展,提升我市产业基础能力和产业链现代化水平,培育新形势下国内、国际发展新动力和竞争优势。

聚焦全产业链建设,将积极开展 220kV 移动变电站、预装式变电站、800kV 与 1100kV 特高压 GIS、一二次融合柱上断路器/环网柜、智能开关柜、220kV 保护装置、中小容量发变组保护控制装置等输变电新兴产业链重大装备研发;提升公司在变压器、模块化变电站、高压开关、电线电缆、综合自

动化保护系统、配网自动化保护系统、电力工程总承包、变电站检修、新能源变电站及充电站建设等领域的技术实力和集成服务能力，把企业建设成全球领先的输变电装备制造和系统解决方案供应商，打造世界领先水平的输变电装备创新高地，巩固衡阳输变电产业的领先地位，推动衡阳市输变电产业中小企业的技术进步。

配电网产品方面，公司下属特变电工湖南电气公司专业生产110kV及以下电压等级电力变压器、特种变压器、110kV及以下各类型电抗器、全系列叠铁芯、非晶合金、立体卷铁心配电变压器、35kV箱变、预制舱、移动变电站等。公司拥有行业最先进的配电变压器生产流水线、变压器理化实验室、配变智能试验站，拥有专业生产设备和工装1000余台套，具备年产各类变压器1.5万台套的制造规模和能力。公司下属特变电工云集电气公司主要生产预制舱、移动变电站、开闭所、环网柜、电缆分接箱、高低压成套开关柜、柱上开关、低压综合配电箱、端子箱、控制柜、中性点保护成套设备、中性点电阻柜、箱变测控装置、箱变温湿度控制器、开关智能操控装置等产品。公司配电网类产品广泛应用于电网建设、配网改造、配电一二次融合、风力及光伏发电、石油石化、冶金、矿山、水利、轨道交通及城镇化建设等领域，远销法国、瑞士、多哥、孟加拉国、苏丹、古巴、委内瑞拉、越南等10多个国家和地区。

高压开关方面，特变电工云集高压开关公司具备1000kV及以下GIS、断路器、隔离开关类产品的研发及制造能力，年产能规模10亿元，是行业极少数具备1000kV特高压开关研制能力的企业之一，已经顺利实现全系列高压开关类产品的全覆盖。作为长江以南地区最大的GIS研发制造基地，项目业绩遍布大型水电、大型火电、大型可再生能源发电等国家战略性能源领域，同时也是海上风电领域项目业绩最多、投运时间最长的国内GIS设备供货商。

二次产业领域，2017年10月，为更好地服务我国电力建设，推动特变电工电力一二次产业融合，公司出资收购国家电网公司、南方电网公司总部集中采购主流供应商——南京电研电力自动化有限公司，与原特变电工南京智能电气公司合并为特变电工南京公司，专业从事继电保护、变电站监控与综合自动化、配网自动化、电能质量及治理、电力监测、充电桩（站）等设备供货与整站建设。衡变公司计划在未来三年将其打造成电力二次科技创新中心，二次产业孵化中心与人才引进培养中心，大幅提升特变电工二次产业生产制造、工程服务体系建设能力与一二次融合集成设计、配套能力。

充电站运营服务方面，为适应国家新能源发展需要，衡变公司特成立湖南艾特新能源科技有限公司，专业从事充电站设备集成、投资、建设、运营管理与服务。公司拥有30余名多年从事充电桩/站规划、设计、运维人员，工程建设施工团队，以及充电站设备运维检修技术工程师。公司在湖南、广西、湖北、安徽、浙江、新疆等地投资超亿元建设和运营了几十座充电站，是华南地区规模最大、技术最强的充电站运营企业。

四、新建"特变电工云集5G科技产业园"，助力新产业发展

为抢抓国家智能电网建设的市场机遇，服务公司的"制造业+制造服务业"双轮驱动发展战略，满足公司智能配网配电、一二次融合等新产业新产品发展以及空港物流产业等的发展需求，公司自2017年开始在衡阳市衡南县投资启动"特变电工云集5G科技产业园"项目，新建南方智能电网科技产业园，打造我国信息化、数字化、智能化综合集成，比肩ABB、西门子等国际知名企业的数字化标杆灯塔园区，全力助推"三高四新"战略落地。

特变电工云集5G科技产业园项目选址衡阳市衡南县南岳机场附近，计划用地1000亩，预计总投资30亿元，分两期建设。一期建设约500亩，投资14亿元，已建成GIS智能工厂、高端配网设备智能工厂，厂房面积近10万平方米，自2020年6月底开始投产运行。一期工程达产后预计可实现年产值40亿元，相当于再造一个新衡变公司。

产业园厂区全部选用具有数据采集、传感功能，能够实现实时数据感知、传输、交换功能的自动化生产设备，同步应用5G应用技术上线企业资源

ERP、采购SCM、生产MES、设计工艺PLM、物流WMS、质量QMS、信息采集SCADA、主数据MDM八大工业信息系统实现设备联动，打破生产信息孤岛，将传统点状自动化生产联结成网状式智能化生产，实现采购、物流、工期、工况数据的实时生成，故障感知分析、产品质检结果的直观展示。凭借"新基建"硬核内底，工厂的技术工艺水平、生产全过程控制能力得到大幅提升，将推动衡变公司发展成为我国信息化、数字化、智能化综合集成的行业领先数字化标杆灯塔工厂。

五、坚持"制造业+制造服务业"双轮驱动，推动系统集成技术发展

国际单机出口与成套项目方面，衡变公司积极响应国家"一带一路"倡议，坚持以变压器主业为根本，将国际化作为公司转型发展的第一战略，在东南亚、非洲、中亚、中东、拉美等地区建立了34个海外常设办公机构，产品远销全球70多个国家和地区。公司成功签约埃及220kV GIS变电站项目、委内瑞拉国家电网公司750kV/500MVA主变压器、以色列国家电力公司400kV/650MVA自耦变、科特迪瓦批量90kV变压器项目、多米尼加自耦变项目、哈萨克钢铁厂项目、埃及66kV GIS设备及二次设备供货项目、乌干达农村电气化变压器及电线供货项目、马来西亚132kV及500kV电力变压器供货项目等单机项目；实现多哥161kV主网工程、老挝万象115kV变电站及输电线路、喀麦隆225kV输变电线路、乌干达全国配网工程、津巴布韦输变电基础设施项目、伊拉克khormala联合循环电厂二期项目、巴西200MW太阳能项目、加纳农村电气化工程项目、伊拉克米桑1000MW联合循环电厂项目、科特迪瓦智能仓储物流建设项目、科特迪瓦手工业中心建设项目、莫桑比克400kV输变电项目、菲律宾150MW风电项目等数十亿美元的国际成套项目签约，并签署了涵盖变压器检修、发电厂及矿山改扩建、项目开发可研、太阳能新能源等项目在内的数十亿美元MOU，实现了由"中国制造"向"中国创

造"、由"装备中国"向"装备世界"的新跨越。

在国内工程与运维检修业务领域，衡变公司于2013年成立特变电工湖南工程有限公司，专业从事境内外电力工程和基础设施项目的工程总承包，民建工程的开发与经营，市政工程建设与管理，变电站整站检修、运营维护、消防系统检修等业务。同时依托技术实力与优势资源，开展1000kV及以下各电压等级变压器、换流变和电抗器产品的安装、检修、改造、技术咨询、配件销售及远程故障诊断业务。

在工程业务领域，公司具备电力行业甲级、新能源设计乙级、风电设计乙级、送电工程乙级、变电工程乙级、工程咨询丙级、工程项目管理丙级等资质，承接了常州亿晶、青岛昌盛、黄骅正阳新能源、圣人山风电场、攸县太和仙风电场、海兴江山等光伏电站重点工程项目，其中常州亿晶100MWp渔光一体光伏发电PC承包工程项目，创造了国内单体最大、施工工期最短的光伏电站项目历史；承接了湖南新邵龙山风电场、中节能山东新泰三期、四川水电投资公司、筠连县一批等电力工程业务，国网湖南省电力公司长沙、怀化、郴州、衡阳、张家界、岳阳、永州、常德等数个地区中低压配电网改造的年度框架施工，国网西藏电力公司日喀则地区仁布、定日、美巴切勒中低压配电网改造，国网西藏那曲地区尼玛县中低压配电网改造，中核集团湖南共伴生铀资源（独居石）综合利用项目电气采购及安装，等等，履约质量得到用户的认可和赞扬。

在运维检修板块，衡变公司依托高端装备制造业的强大实力专业从事1000kV及以下单机检修、整站检修、流域检修、远程故障诊断及变电站运行维护等。2019年，衡变公司投资建设特变电工科研培训中心，致力于培养变电站一、二次设备的整站检修、调试、运维及消防安装改造的专业性复合型人才，不仅能对公司运维检修人员进行有针对性的实操培训，加强技术、执行团队的培养锻造，全面提升公司的专业技术水平，还能对服务两网的各县市级供电局、五大发电集团等有电力运维检修需求的优质客户，以及各职业技术院校电气等相关专业学生进行运维检修系统的有偿培训。该基地的建成，能加速实现特变电工的运维检业务由变压器单一设备检修向流域性整站检修的全面升级，从而将运维检修业务进一步做大、做强、做精，持续稳固全国变电站运维、变压器检修行业的领军地位。

六、世界优秀企业技术创新的成功经验借鉴

传统电气设备公司正在遭遇最严峻的考验，行业规模逐步下滑，竞争激烈，毛利率不断下滑。这既是各个国家要经历的过程，也有我国自己的特征。衡变公司借鉴西门子、ABB和施耐德等世界优秀企业技术创新成功的经验，不断加强科技投入，努力提高技术创新效率，其中主要借鉴的技术创新成功经验归纳如下：

1. 以市场和需求为导向进行技术研发。许多善于创新的企业，都有较强的市场、需求导向观念，注重预测、寻找和解决用户存在的问题，设法满足用户的需求，许多重要的技术创新往往是和用户合作开发的。索尼、惠普、3M、Raychem等公司成立了与用户紧密合作的开发小组，以获取市场、技术等信息，例如索尼公司规定凡是招聘的技术人员都必须在零售店工作数个星期，以实际体验有关用户需求和产品销售中的问题。近年来，公司推行"技术+营销"的市场化模式，推进研发部门积极参与市场推介、营销人员积极向研究院反馈市场需求信息等工作，推进技术创新项目开发，每年持续推出了一大批符合市场需求的新产品，提升了企业的市场竞争力。

2. 积极培植、激励成员的创造力，鼓励革新。松下公司每年约受理46万件职工的革新建议，其中的15%将得到采纳和实施，其余则在公司管理者和提出者的协商安排下进行探索、实验，每年有35件获"优秀建设"称号。对于成功的创新，善于创新的企业都会给予各种形式的奖励，而不只是经济上的，例如，对创新者的工作及其对科技贡献的承认等。对于创新的失败，这些企业往往持宽容的态度，鼓励创新者继续努力。衡变公司开展了"金点子"工程等活动，推动了技术创新、技术降本建议的实施，以提升公司的技术创

新活力和竞争力。

3. 拥有高水平的创新团队，这是所有世界级创新型企业必不可少的要素。比如三星公司将集权传统与技术创新两者结合起来，对于创新给予充分的自由，同时鼓励研发团队的内部竞争，谁赢了谁先得到高回报，这使得它的研发成效非常明显。近年来，衡变公司不断培养内部技术人才和引进优秀企业高端创新人才，夯实团队基础，打造了一支行业技术领先的研发团队。

4. 制定自主性经营策略。每个世界级创新企业都有自己独特的自主策略。苹果公司成功的秘密在于把最好的软件装在最好的硬件里，始终致力于将当前最好的知识和技术凝聚到产品上来盈利。三星公司则是通过构建完备的产业链实现其自主性经营，目前包括苹果公司在内的许多电子企业的核心零部件的制造和供应都离不开三星公司，在零部件供应紧张的时候，三星公司就可以保证其产品在市场上的优先投放。近年来，衡变公司不断完善产业链，把公司打造成了我国输变电领域唯一一家拥有完整制造业和制造服务业产业链的企业，提升了系统集成总承包能力。

七、落实湖南"三高四新"战略定位和使命任务，打造科技创新高地的思考与展望

面对习近平总书记对湖南省"着力打造国家重要先进制造业、具有核心竞争力的科技创新、内陆地区改革开放的高地，在推动高质量发展上闯出新路子，在构建新发展格局中展现新作为，在推动中部地区崛起和长江经济带发展中彰显新担当，奋力谱写新时代坚持和发展中国特色社会主义的湖南新篇章"的殷切嘱托，作为扎根湖南的企业，衡变公司时刻提醒自己要担负民族工业振兴的使命，应当充分发挥特变电工输变电高端装备制造的产业优势，全力服务"三高四新"战略定位和使命任务。

一是重视基础研究，鼓励企业联合高校、科研院所建设基础创新平台。我国工业基础研究相对薄弱，建议加大政策和资金支持输变电产业相关企业

与科研院所、高校协同创新，组建产业集群、基础研究创新平台等新型科研机构，支持基础研究成果的成果转化，夯实湖南科技创新高地技术基础。

二是积极发挥首台套装备突破的示范作用。国内首台套重大装备研发是打造制造业创新高地的重要手段，首台套装备突破的示范带动作用强，对行业产业技术进步意义重大，但项目周期长、投入大，建议政府加大政策和财政资金的支持力度，鼓励和支持企业整合社会科研资源进行国内首台套重大装备的研发和成果转化工作。

三是加强产业链政策牵引，做大做强优势产业。建议调整财政资金预算支持方向，制定优势产业扶持专项政策，积极支持我市优势产业链企业的创新研发、产业投资等，助推优势产业加速发展并做大做强。

[作者：孙树波，特变电工衡阳变压器有限公司总工程师、教授级高工]

以科技创新赋能装配式建筑产业高质量发展
——中国二十二冶集团有限公司建筑分公司的探索与实践

随着建筑业的快速发展和市场竞争的日趋激烈，企业想要在短期内按照传统的发展模式提速赶超是非常困难的，要想实现更好更快发展，必须另辟蹊径，谋求新机遇，通过科技创新助推转型升级，才能在激烈的市场竞争中占有一席之地。就当前建筑业的发展趋势来看，发展装配式建筑是企业转型升级的重要突破口，特别是属于自己的装配式建筑公司尤为重要。

中国二十二冶集团有限公司装配式建筑分公司于2010年在河北省遵化市党峪金山工业园区成立，并建设装配式建筑PC（即钢筋混凝土预制件）生产基地，是首家进驻河北省唐山市的装配式住宅专业领域的公司。2012年，装配式建筑PC生产基地经住建部授牌成为国家住宅产业化基地，成为首批国家住宅产业化基地之一；2017年，装配式建筑PC生产基地被住房和城乡建设部授予"国家装配式建筑产业基地"称号；2018年，中国二十二冶集团与中冶建筑研究总院签署新型工业化体系研究战略合作协议，获批成为河北省院士工作站建站单位。

公司围绕"创新、协调、绿色、开放、共享"的发展理念，以国家级装配式建筑生产基地、钢结构制造中心、重型装备制造和精密锻造四大产业园区为依托，目前已形成以装配式钢—混凝土结构体系、装配式混凝土结构体系和装配式低能耗建筑为代表的三大类产品体系，具备房地产开发、规划设计、工业化设计、PC部品部件生产、咨询、钢结构部品部件制造、工业化管道设计、机械电气模块化施工、工程总承包等一站式综合服务能力，能够为合作伙伴提供绿色建筑全产业链一站式服务。

一、发展装配式建筑产业的重要意义

长期以来，我国的住宅建设沿袭传统模式，建筑业存在劳动生产率总体偏低、资源与能源消耗严重、环境问题突出、施工人员素质不高、建筑寿命偏低、工程施工质量与安全得不到保证等诸多问题。这些问题的产生与我国建筑业一直以来是劳动密集型行业、采用传统的现浇技术进行生产等息息相关，因此亟需一种更为先进的生产方式来改变现状。

传统的施工方式采用的是人海战术，即投入大量的施工人员，使用大量的周转工具，导致工人在作业过程中存在不小的安全隐患。如何避免这些问题？通常的做法是选择更好的施工单位，但这不是解决问题的根本之道，只有改变目前传统的生产方式才是建筑业的唯一出路。如果采取工业化生产方式，将建筑高空作业变为地面作业，将现场作业变为工厂作业，将以前的农民工变成产业工人，将以前在现场采取的粗糙施工方式转变为比较精细的工厂加工方式，那么，现场的施工人员少了，周转工具的用量可以大大减少，现场作业量减少了，安全隐患也会相应地减少，现场的作业环境也能得到改善，不仅可以大幅度提高生产的安全性，而且可以大幅度提升产品的可控度，使得建筑产品的加工质量得到进一步提升。

1. 节能减排与环境环保的需要

根据初步统计，如果采用工业化生产方式，例如采用结构构件工厂预制、钢筋定型加工制作、混凝土构件定量浇筑的方式，可节约混凝土7%左右、钢材2%左右，两者的损耗率将大幅下降；由于预制构件可以用蒸汽进行养护，强化了水的循环利用，整个施工过程将减少用水量40%以上；由于预制构件表面光滑平整，不再需要抹灰装饰，节省了大量的建筑砂浆，可节约抹灰材料70%左右；由于装配式施工只需要少量的工具式模板，可节省脚手架和模板50%以上，减少用电量10%以上。采用工业化生产方式，住宅施工过程中的节能降耗将十分明显。此外，大量的现场施工转移到工厂，不仅可以免除在现场搭设脚手架等的材料和费用，文明施工措施费可减少50%以上，还可以减少建筑垃圾的产生、建筑污水的排放、建筑噪声的产生、有害气体及粉尘对周围环境的影响，使得现场施工更加文明，进一步体现了绿色施工的要求。

2. 企业转型升级的需要

中国二十二冶集团有限公司作为综合性大型国有企业，正处于新的历史发展时期，面临着深化改革、加快转变发展方式的艰巨任务，能够深刻体会建筑业传统方式存在的弊端和建筑企业生存的压力。为适应未来建筑市场的变化，解决建筑劳动力短缺、生产效率低、科技含量低、资源能源消耗严重等弊端，公司通过对建筑市场发展形式的分析，探索了一条住宅产业化发展道路，将发展住宅产业化作为推动企业转型升级的一项重要举措。这对于企业的转型升级和应对建筑业形式变化，推进技术进步，提高核心竞争力来说，具有重要的现实意义。

3. 提高劳动生产率的需要

目前，我国建筑业仍然是一个劳动密集型、粗放式经营的行业，还在依靠大量的劳动力来完成施工，不仅建筑质量、进度、成本无法得到有效控制，更带来了资源、能源的大量消耗和环境污染。我国劳动力成本的提升，再加上环境保护以及节能减排等的政策要求，都将迫使建筑企业走上工业化、产业化的发展道路。

4. 推动技术创新，提高建筑品质的需要

采用预制装配式建筑方式，部分构件生产实现工厂化流水作业。由少数固定娴熟的工作操作实施，基本消除传统施工常见的渗透、开裂、空鼓、尺寸偏差等质量通病。住宅室内舒适度，整体安全等级、防火性能、保温功能

和耐久性更加优良。实现了更高的生产力和更好的质量控制，全面提升了住宅的综合品质。

以溧阳新城五区一期9号楼为例，一是如果采用传统的施工方式，墙柱需要在现场绑扎，下料十分烦琐。柱子如果较高，工人用工的数量会增多，使用的工具会增加，这样携带上下楼非常不方便；二是如果现场绑扎时柱子筋长度不够，需要绑扎搭接或焊接在现场，十分不方便；三是柱子模板下料时使用的是木模板，资源浪费严重，而且回收利用性能较差、强度不高、容易胀模，工人操作复杂；四是墙柱在现场浇筑，需要商混搅拌站配发混凝土到现场，工人用量比较多、间隔的时间较长，容易产生施工冷缝，现场凝固强度无法保证，容易出现蜂窝麻面。

同样，以10万平方米的建设项目为例，采用住宅产业化这种新兴的建筑方式，可以有效地减少混凝土的养护用水5000多吨、木方用量650立方米、木模板用量3.8万平方米、垃圾2400吨，还可以抑制扬尘的产生，节约能耗70%，减少现场用工50%以上，便于现场的管理。

二、以科技创新赋能装配式建筑产业的高质量发展

1. 基地的产能显著提升

2019年，基地装配式钢混结构体系技术及产品被列入《北京市装配式建筑适用技术推广目录》，为京津科技成果在河北省的中试（即产品正式投产前的试验，是产品在大规模量产前的较小规模试验）、转化、落地提供了便利条件。

基地累计生产预制构件40余万立方米，技术成果已被广泛应用于京津冀等地的100多个项目、400多万平方米建筑，成果应用项目已涵盖民用、学校、公共建筑等领域，在多个设计、施工、构件供应项目中应用，并完成多个工程及生产线的建设，取得了显著的经济和社会效益。

2. 科研水平进一步提升

公司先后搭建河北省新型建筑工业化技术创新中心、河北省院士合作重

点单位、唐山市装配式建筑工程技术研究中心及中冶装配式建筑技术（河北）研究院等四大技术创新平台，并与清华大学、辽宁科技大学、华北理工大学、中冶建筑研究总院有限公司、中国建筑科学研究院等校企签订战略合作协议，搭建了良好的产、学、研、用平台。

公司先后承担国家"十三五"重点及省部级计划项目3项、河北省科技计划项目5项，申报装配式建筑相关专利318件，其中授权专利136件，主编或参编国家、行业、地方标准11篇，获省部级工法13项，荣获中国二十二冶集团有限公司科学技术进步特等奖、中国钢结构协会科学技术一等奖、中施企协工程建设科学技术进步一等奖等国家行业、省部级的科技进步奖12项，完成省部级科技成果鉴定10项，获批国家、省部级科技示范工程5项。

3. 配套总承包模式优势突显

公司在工程建设中积极推行EPC工程总承包模式（指承包方受业主委托，按照合同约定对工程建设项目的设计、采购、施工等实行全过程或若干阶段的总承包），依托集团的业务优势，整合内部产业链上下游单位，形成内部协同的产业链生态。例如，唐山市溵阳锦园装配式住宅项目，其开发、设计、生产、施工和运营均由公司自主完成，项目整体运作、管理流畅，充分体现了EPC模式的优势。唐山市溵阳新城A-4-6地块商住楼4号楼工程，作为全国首例同时应用公司装配式混凝土结构及装配式钢结构体系技术及产品的住宅样板工程，多次开展技术交流和技术推广活动，得到了同行的高度认可。其中的示范楼4号楼装配率达到83%，被住建部评为全国AA级"装配式建筑评价标准"范例项目；其成果"钢—混凝土板柱结构体系（MCC STEEL HOUSE）关键技术"经院士专家组鉴定，总体达到国际先进水平，梁柱连接节点和装配整体式混凝土剪力墙连接构造技术达到国际领先水平，并被住建部评为2021年全国建设行业科技成果推广项目。

4. 社会影响力显著提升

公司积极参与、承办全国装配式建筑职业技能大赛及地方装配式建筑技术实训活动，组织完成15个省市累计84支参赛队伍400余人的接待、服务工作；参加多项国家级、省级赛事，荣获2019年第二届全国装配式建筑职业技能竞赛总决赛亚军、2022年河北省建设行业"燕赵杯"职业技能竞赛个人和团体8项荣誉；获评河北省高技能人才培养先进单位。

公司还先后参加了中华人民共和国成立70周年国企成果唐山南湖展会、第三届德维斯雄安建博会、2019年北京城博会、第四届雄安城市建设及绿色建筑博览会、第三届工程建设行业科技创新大会、河北省建筑业科技创新大会及10余次企业开放日活动，先后接待参观交流人员3000余人，扩大了企业的品牌影响力。

三、现有技术体系及其技术创新

1. 中冶绿建装配式钢—混凝土结构体系产品

（1）应用工程概况。中冶绿建装配式钢—混凝土结构体系示范工程位于河北省唐山市丰润区康宁路东侧、光华道北侧；楼体建筑面积为10850.86平方米；地下2层，地上22层，建筑总高度66.9米；建筑抗震设防烈度为8度，抗震等级为混凝土结构一级，钢结构二级；钢结构含钢量为76千克每平方米，总体钢结构用钢量为800吨。该工程符合装配式建筑AA级和绿色建筑一星级标准，被列为住建部科技示范工程、河北省建筑业新技术应用示范工程、河北省建设科技示范工程。

工程采用中国二十二冶集团有限公司、中冶建筑研究总院有限公司、清华大学合作研制的新一代装配式钢—混凝土结构体系。结构形式为钢框架—支撑—剪力墙结构，楼板和墙体均为装配式结构，墙体采用结构—保温—装饰一体化围护墙板，楼板采用装配式叠合密肋楼板；钢梁钢柱、楼板楼梯、围护墙与保温、内隔墙、分户墙等构件均采用模块化高度集成，装配率达86%以上。该体系是具有高安全性能、高使用性能、高施工性能、高环保性能、高耐久性能和高经济性能的结构体系，获得专利58项，并被列为国家

"十三五"重点研发课题计划。

（2）体系技术创新。

创新点一：此体系是竖向承重体系与抗侧力体系相分离的新型装配式板柱钢结构体系，梁端采用铰接连接，只承受竖向重力荷载，便于标准化设计；水平抗侧力体系采用钢支撑和混凝土核心筒，实现了竖向承重体系和水平抗侧力体系分离。根据结构在地震作用下的受力特点确定水平抗侧构件在总体结构中的布置方案。

创新点二：此体系采用与墙板一体化的钢管混凝土联肢柱，提高了钢柱抗侧能力，避免了钢柱外露，解决了钢结构防火防腐的难题，现场施工三层一个模块，施工速度快。采用预制叠合密肋楼板，增加了楼层净空高度，提升了楼盖刚度和使用舒适度，解决了住宅中钢梁外露的难题。

创新点三：基于钢管柱、H型钢梁、钢管支撑与混凝土墙连接构造及施工技术，研发出结构构件—保温—装饰一体化围护墙板，既解决了外挂墙板与钢结构变形协调的问题，又解决了钢构件冷桥问题。

创新点四：基于刚性、半刚性及铰接节点连接构造，研发出连接刚度可调的且可快速装配的梁柱连接节点，避免了现场全熔透焊接作业，加快现场连接的速度，提高了连接质量。

创新点五：形成了钢结构和复合围护结构相结合的整体部品模块，控制了钢结构和复合围护结构构件的制作、安装偏差，形成了中冶绿色装配式建筑部品制造、安装工艺。

（3）产品优势效益。中冶绿建装配式钢—混凝土结构体系产品比相同预制率PC结构性能更优，比钢结构住宅造价更省；结构刚度大，风振舒适度好，墙板不开裂，抗震更安全；户内无柱大空间，保温隔音效果好，居住更舒适；建筑集成度高，现场施工更高效；节水80%，节能70%，节时70%，节材20%，节地20%，能够减少二氧化碳排放量35%以上，施工过程无须模板和脚手架，减少的木材消耗相当于再造9000公顷森林，充分实现"五节一环保"。（见图1）

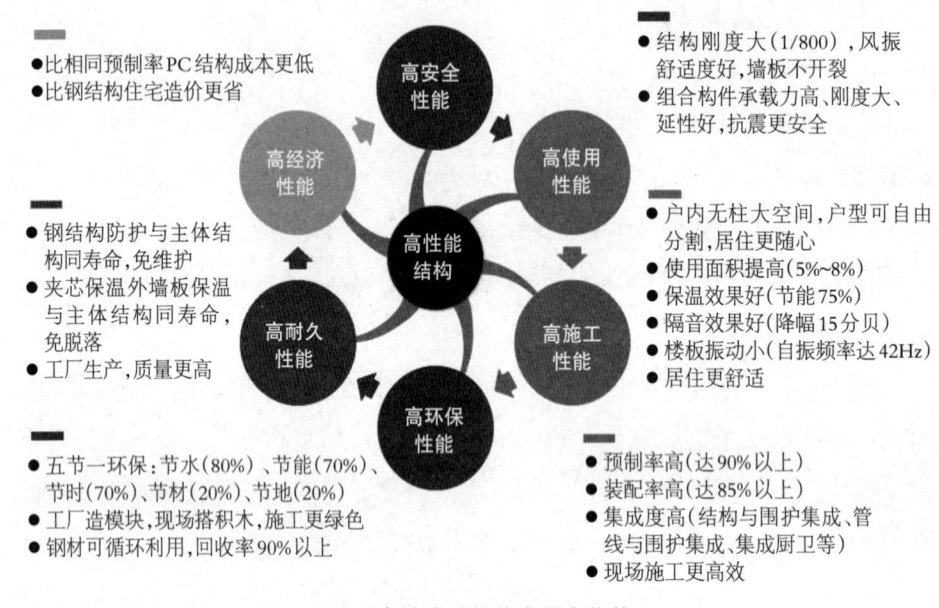

图1 高性能结构技术综合优势

2. 中冶绿建装配式混凝土结构体系产品

（1）应用工程概况。中冶绿建装配式混凝土结构体系示范工程位于河北省唐山市丰润区唐山北站片区，总建筑面积9629.88平方米，地下1层、地上11层。工程于2014年6月建成，是河北省首批装配式混凝土剪力墙示范楼，地下采用现浇结构，地上外墙、内墙、楼板、楼梯全部采用预制混凝土构件，预制率为67%。工程应用了中国二十二冶集团有限公司与中国建筑科学研究院共同研发的后浇段内搭接连接技术。

（2）体系技术创新。目前，国内主要应用的3种连接技术分别是套筒浆锚连接技术、浆锚搭接连接技术及后浇段内搭接连接技术。中国二十二冶集团有限公司针对套筒浆锚连接技术的特性，结合唐山地区抗震设防烈度8度的特点，与中国建筑科学研究院共同研发了后浇段内搭接连接技术，在预制墙体下方预留一部分后浇区，上下层的墙体分布钢筋在后浇区内搭接连接，现浇边缘构件内钢筋采用搭接或机械连接，预制部分的钢筋采用灌浆套筒连接。底部预留现浇的高度根据墙肢竖向分布钢筋的搭接长度确定。后浇段内搭接连接技术可节省灌浆套筒4.5万个,灌浆料50吨,一层3个单元1000平方米的安装进度可控制在4天一层,总成本可减少220万元。具有安全可视性、整体抗震性、操作简便性、实用快捷性等优势,具有结构体系的优越性和推广实践的简便性。

创新点一:创新研发出预制剪力墙竖向搭接连接技术。该技术是将预制墙体竖向钢筋在底部与下部预留竖向钢筋进行搭接连接。不同于全部使用套筒、浆锚搭接连接的预制墙体,该技术应用可大量减少灌浆套筒、波纹管用量,现场钢筋安装便捷高效,有效降低生产建造成本。(见图2)

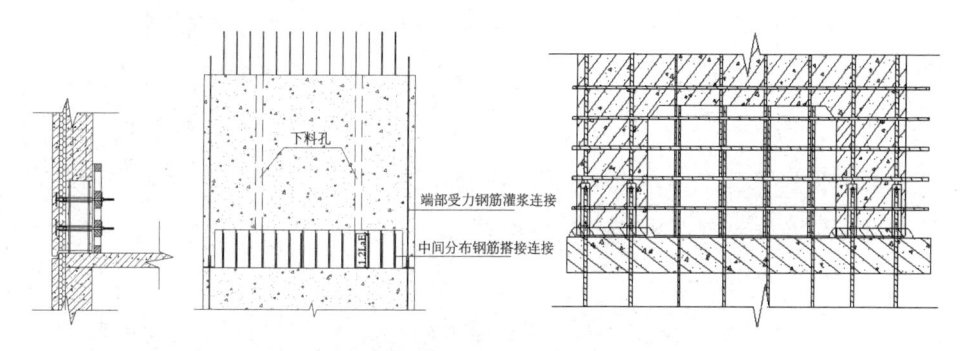

图2 剪力墙竖向搭接连接技术示意图

创新点二:创新研发出预制剪力墙底部预留后浇区施工技术。该技术主要通过预制墙板底部预留"凹"型后浇区域,后期浇筑混凝土来实现结构墙体连接。该技术可以实现墙体安装全程"透明化"施工,便于钢筋连接质量检查验收,同时使线盒管线安装更为便捷,作业更高效质量有保证。通过42片足尺试验构件的结构力学性能和抗震性能试验,采取多种不同轴压比、配筋方式、剪跨比等变量测试,对比同规格现浇剪力墙,验证了本技术应用结构"等同现浇"的抗震性能。

创新点三:本专利技术首创了预制混凝土墙体预留孔道灌注技术。在墙体制作时预留有贯穿顶部与后浇区的孔道,混凝土通过孔道灌入,实现同层墙体与叠合楼板混凝土一次性浇筑。缩减工序间隔时间,提升施工效率。

(3)产品优势效益。

本产品采用业内首创的预制墙体底部后浇区搭接连接技术，可实现同层混凝土墙体与叠合楼板一次性浇筑，结构整体性好、安全性高，并能极大减少灌浆套筒的用量、建造成本可控，效率高，质量检测便捷，解决了现有灌浆套筒连接技术成本高、效率低、生产施工复杂等一系列难题。

该技术在结构形式和施工工艺创新的同时依旧满足"等同现浇"结构性能及抗震要求。该技术通过力学性能和抗震性能试验，在多种轴压比、配筋方式、剪跨比等变量测试下，对比同规格现浇剪力墙，验证了本技术应用结构受力机理及承载力、刚度、抗震性能变化规律与现浇剪力墙结构性能一致。

围绕此项核心技术，拓展创新形成装配式混凝土预制墙体拆分设计、生产工艺、专用模具等多种配套创新成果，建立了一套从研发到设计、生产、施工的全新自主技术体系。极大降低构件制作难度、提高现场安装效率，有效解决预制墙体现有工艺中连接质量难控等问题。

[作者：王军勇，中国二十二冶集团有限公司科技与信息化管理部部长]
[作者：刘明明，中国冶金科工集团建筑分公司市场开发部商务经理]

以科技创新引领中国铬盐产业高质量发展
——四川省银河化学股份有限公司的探索与实践

四川省银河化学股份有限公司位于中国（绵阳）科技城，是我国铬盐化工行业的领军企业之一。作为国家技术创新示范企业，公司胸怀"国之大者"，坚持把科技创新作为引领高质量发展的第一动力，深入实施创新驱动发展战略，着力打造具有全球影响力的科技创新平台和具有国际竞争力的世界一流铬产业基地，在推动我国铬化工技术和产业创新上打头阵、做先锋、闯新路，为践行创新驱动发展战略、推动高质量发展提供了鲜活的地方样本。

科技领先，创新为魂。公司起家于煤炭行业，成长于建材行业，深耕于铬盐化工行业。目前，公司以铬盐化工生产研发为主，集维生素系列精细化工、硫酸系列化工、国际贸易于一体，年产值突破60亿元。近年来，公司以习近平新时代中国特色社会主义思想为指导，推进深化改革，提升科创能力，承担了"万吨级碳化法制备红矾钠关键技术及铬基新材料研发"重点项目（属于国家高技术研究发展计划，即"863计划"）等国家重大科技专项工程，聚焦高纯铬系材料的国产化研发及应用，加大关键核心技术攻关力度，促进产业链创新链深度融合，建成国家企业技术中心、省级院士工作站等人才高地，不断提升自主创新能力。公司先后担纲11个国家产业示范工程，参与30项国家行业标准的制定，拥有150余项自主知识产权，获得了"绿色工厂""国家技术创新示范企业""四川企业技术创新发展能力百强企业"等80余项荣誉称号。

公司顺应时代潮流，在铬盐基础产业进行横向拓展，向大型储能等方向发展，同时纵向深耕进军高端材料，助推企业由化工向材料转型，积极求变，进行第三次华丽蜕变。

一、夯实主业、固本培基，提质增效铬盐基础产业

党的二十大报告指出，要"强化企业科技创新主体地位，发挥科技型骨干企业引领支撑作用"。公司作为铬盐行业的龙头企业，近年来紧紧围绕铬盐主业开展技术创新工作。尽管全球的铬铁矿资源十分丰富，但国内的铬铁矿资源却异常匮乏，进口依赖度较强，现有铬盐企业的资源绝大多数来自国外。传统的铬盐制造厂家只是专注于提炼铬，铬的收得率在80%~85%，而铬矿中所含有的伴生资源如铝、钒、铁等进入铬渣，造成了伴生资源的浪费。针对以上的情况，公司在铬盐化工行业进行持续的技术创新：一是自主创新铬铁矿底吹富氧低碱焙烧技术，将铬一次转化率由85%提升到92%以上；二是研发高效富氧焙烧工艺，将原料纯碱中的钠离子全部转化为铬酸钠、偏铝酸钠、钒酸钠等，达到浸出液中游离碱的零残余，减少了温室气体的排放，同时减少了铬渣冶炼领域难以回收的铝元素残留，实现铬矿中有价资源的阶段性回收；三是创造性地将底吹富氧低碱焙烧技术嫁接到冶金级氧化铬绿的生产过程中，在富氧环境下快速、彻底地实现水合氧化铬中硫酸盐的氧化脱出，使氧化铬绿中硫含量由100ppm（ppm为英文partspermillion的缩写，即100万份单位质量的溶液中所含溶质的质量）降低到20ppm以下，成为应用于靶材、航空领域高端金属铬的优质原料，有效带动了国内金属铬冶金领域的发展；四是首次将铬酸钠溶液直接应用于铬系颜料生产，不再预先转化为红矾钠、铬酸酐，缩减了复杂的生产流程，降低了过程中的能源消耗，消除了含铬芒

硝的排放，真正实现了铬系颜料的一步合成（一步合成工艺还可改善现有铬系颜料分散布点造成的环保影响，为国内铬系颜料的集约式发展和环保管控提供了有效的技术保障）。上述核心技术能有效提高铬资源的利用率，降低环保风险，大幅提升产品的品质，为后端高端材料产业的发展提供优质原材料，促进后续产业的良性发展。

二、发挥科技创新引领作用，聚焦产业转型升级

公司紧紧围绕由基础化工行业向高端材料行业转型的战略定位，以提升行业领域创新能力为目标，瞄准高端装备、前沿材料等重点领域，聚焦打造具有银河特色优势的现代铬化工与铬系材料高质量发展"双赛道"。近3年，公司着力推动强链、补链、延链项目的建设，累计组织重大科技成果转化项目和产业前瞻及关键核心技术研发项目均超过5项，使公司进入新的发展阶段、构建行业新的发展格局，为高质量发展提供支撑。

（一）行业纵向深耕，迈进高端铬金属材料行业

金属铬是重要的合金元素，主要用于制备高温合金、精密合金和其他非铁合金等，在合金材料方面扮演着不可或缺的角色。我国金属铬技术起步较晚，收率低、能耗高、产能小、反应耗时长、质量稳定性差、安全风险高、联产产品价值低是制约金属铬产业发展的瓶颈。公司联合四川大学在生产技术上取得重大突破，成功研发出电蓄能阶梯配铝冶炼金属铬及铬刚玉清洁化技术。该技术充分借鉴其他金属冶炼领域关于电铝热法的研究成果，使用铝作为还原剂，将三氧化二铬中的铬还原，实现了金属铬熔出过程的可控；反应过程取消使用发热剂和高温助熔剂，从根本上减少了杂质的引入，提高了冶炼过程的安全性，消除了反应过程排气存在的安全隐患。电加热方式可实现反应自主可控，通过工艺调整确保生产的铬刚玉中铝铬元素比可控，加上该过程未添加氯酸钠、重铬酸钾等化学发热剂，产品的品质大幅提升，可广

泛应用于磨料和耐火材料领域。通过工艺革新，得到了符合国标JCr99-A的高品质金属铬，特别是产品中的碳含量小于0.01%，远低于俄罗斯中乌拉尔集团电铝热法金属铬产品中的碳含量，更低于现有的其他电铝热法冶炼金属或合金产品的碳含量。通过优化工艺取消发热剂、助熔剂的添加，彻底消除含铬废盐、废水的产生，联合产出高品质金属铬和铬刚玉，实现生产过程金属元素资源高价值利用，同时吨铬刚玉的生产节约电能2500kwh，使生产过程的金属发热和电能供热实现价值最大化，节能效益明显；金属铬和冶炼铬的收得率提升至98%，铬资源的综合利用率几乎达到100%。

在前端基础铬化工产业的强力支撑下，公司突破了一批"卡脖子"的技术短板，高端铬靶材项目应时而生。铬靶即为高纯度的金属铬产品，是电子、国防、航天、原子能、通信和高新科技等尖端产业的重要基础高温材料。由于靶材涉及的相关技术工艺起源于国外，长期以来靶材的研制和生产主要集中于美国、日本等国家的少数几家公司手中，行业呈现寡头垄断的格局。国内的靶材行业起步较晚，在产品质量与精细标准上仍与国外存在不小的差距。公司充分利用现有产业技术优势资源，加快科技成果的转化和产业化进程，结合产业转型升级和提质增效的需求，开发500吨/年的高纯电子靶材产业化项目，为"国之重器"提供关键核心材料。项目采用铬盐进行电解，制备出高纯度金属铬，再经脱气、热等静压等工艺制备出真空镀膜、溅射用铬靶；将高纯度金属铬制粉后，采用真空脱气，脱除杂质，并在保护气体中冷却，再经热等静压技术成形，形成铬（靶）溅射材料，全面提升了铬化工科技的广度与厚度。

（二）行业横向拓展，进军液流储能领域

在碳达峰、碳中和的目标下，新能源拥有可观的发展前景，因此公司提前布局新兴产业，加速实现"换道超车"。公司组建团队进行大型液流储能（铁铬液流电池）系统的研发，优化电解液的性能，建立一体化的运营控制系统，建设了60kw/240kwh兆瓦铁铬液流电池示范站。在此基础上，积极与重

庆大学、四川大学、中国科学院过程工程研究所等签订研发合作协议，开展更低成本、更高能量密度的铁铬液流电池技术开发，以提升铁铬液流电解液的市场竞争力。液流储能技术被认为是具有商业化应用前景的大规模储能技术之一，公司开发的铁铬液流电解液具有不易燃、低成本、高电导率、使用寿命长等优势，在电化学储能领域有较好的应用前景。项目的成功实施可有效解决风能、太阳能等可再生能源并网等的难题，未来具有巨大的发展潜力。

三、生态优先、绿色发展，构建行业绿色发展集群

"十四五"时期是我国开启全面建设社会主义现代化国家新征程的第一个5年，推动"十四五"时期经济社会发展的全面绿色转型，对于建设生态文明和美丽中国具有十分重要的意义和作用。公司秉承"生态优先、绿色发展"的理念，持续推进生产工艺绿色化、节能降耗低碳化、环保排放超低化、固体废物资源化，以当好铬盐行业绿色低碳可持续发展的引领者、健全行业绿色低碳循环发展生产体系为己任，在铬矿伴生元素和行业副产物综合利用上卓有成效。

（一）充分尊重资源，全效利用伴生元素

铬盐行业往往注重铬的提取，忽略铬矿资源里面的伴生元素，导致资源没有得到有效的利用，同时还增加了危险废物的排放量。为此，公司联合中国科学院过程工程研究所开展"铬盐生产过程铝钒同步分离技术"研发工作，针对矿物反应转化稳定性差、铝钒杂质分步脱除渣量大、资源利用率低等问题，共同研发出铬铁矿焙烧过程铬渣返渣风化水淬预热提铝技术，创造性地通过铬盐浸出液连续化快速除铝过程中合成水合氧化铝耦合除钒，通过专有装备实现水合氧化铝的生成和界面结构的调控高效富集钒，经过深度脱除硅铁、铝钒同步脱除、铝钒铬分离、选择性沉淀钒等工序，实现铝、钒的同步分离，全过程不引入其他物质，实现铝、钒资源由渣转化为高价值的铝、钒

新材料原料，从源头上减排了含铬铝泥和含铬钒酸钙渣，为全方位开发铬铁矿价值，打造一条全球产品种类最齐全、产品附加值最高、产业链条最完善的全新铬铁矿利用生产链。

（二）破解行业难题，打造高价值循环产业链条

国内的铬盐产业起源于1958年，至今已经有65年的发展历史，其生产过程中产生的铬渣和含铬芒硝始终困扰着行业发展。同时由于环保政策趋严，国内铬盐行业的新增产能受限。所以，公司主动作为，对行业副产物与危险废物等采用新的治理理念，持续推动技术改造，构建绿色发展产业集群。

一是铬渣的高值化利用。公司采用通用化工单元操作设备，运用活化技术，利用酸碱两性调节，使用碱性有机还原剂还原六价铬，同时使用固定剂包裹三价铬，将液相成分封闭循环利用，形成一种独特的铬渣湿法解毒新工艺，将铬渣通过无害化处理后压制成球团，制成铬渣产铁铝基炼钢复合材料（FA型复合材料）。该材料可用作钢铁厂的提钒冷却剂、调渣剂等，不仅提高了附加值，实现了提铬余料的综合利用，也彻底消除了铬盐行业废渣存在的环保风险。

二是芒硝的高值循环利用。公司以含铬芒硝和碳酸氢铵作为原料，通过芒硝除铬溶解、复分解反应、酸化、复盐结晶烘干等成熟工艺，制备纯碱、硫酸铝铵，产品质量均能达到国家标准。其中，纯碱可用作公司铬盐生产前端原料，硫酸铝铵可用作工业净水剂等，实现了资源的循环利用。公司还通过硫酸钠双极膜电渗析制酸碱系统，将含铬芒硝和水合铬绿盐水（Na_2SO_4）再生为硫酸和氢氧化钠，有效解决了含铬芒硝大量堆存的问题，大幅提升了资源利用率与资源利用价值，全面提升我国铬盐行业的国际竞争力和清洁化生产水平，助推我国由铬盐制造大国迈向铬盐制造强国。

公司通过改变传统含铬危险废物的"解毒—固化—协同低效利用"模式，通过"有效提取—分离纯化—系统集成"的阶段性研发，经过理论分析—实验探索—中试验证—集成优化，从而形成稳定可靠的工艺技术，实现研发技

术的工程转化，引领铬产业全新的发展方式。

公司依托技术手段，持续推进环境治理工作，全力实现固废不出厂、废水零排放、废气超低排的目标。突出抓好节能、节水、节材、减污、降碳的系统性清洁生产改造，紧扣源头、过程及末端的全过程控制，全面提升重点领域安全环保风险防控能力，建立环保监控平台、一体化全厂视频实时监控系统，监管公司的环保治理效果，精准指导生成过程，以科技创新为基打造绿色化工，荣获"中国无机盐行业绿色制造典范企业"称号，并被工信部评定为全国首批"绿色工厂"，成为全国唯一一家获此殊荣的铬盐企业。

四、全面推进深化改革，建设铬盐技术创新策源地

加快建设科技强国，实现高水平科技自立自强，已成为党和国家发展战略的重中之重。公司围绕国家战略，自觉担当推进科技自立自强的使命责任，坚持科技是第一生产力、人才是第一资源、创新是第一动力，立足固本强基，积极探索科技创新改革模式，汇聚科技创新资源要素，形成布局更加系统、制度更加完善、机制更加灵活的创新体系，培养了一支政治坚定、业务精湛、勇于创新、作风过硬、敢打硬仗的人才队伍，加快建设世界一流的铬盐技术创新策源地。

在实现高水平科技自立自强的道路上，高能级创新平台是开展基础研究、攻关关键核心技术、产出高水平科研成果的一大利器。2018年以来，公司持续加大引领性科技创新投入力度，持续优化科技创新力量布局，积极探索产学研合作新模式，积极推进各级实验室、创新中心、联合技术中心等创新平台建设，提升原始创新、集成创新、开放创新能力。目前，公司拥有1个国家级企业技术中心、5个省级创新平台、超过400人的技术研发团队，掌握了100多项专利。公司依托战略性新兴产业发展吸引科技人才，大幅提升研发投入，并匹配与产业发展相适应的考核机制、激励机制和容错机制，赋予科技人才和创新团队更大的经费支配权、技术路线决策权。以"揭榜挂帅"的方

式推进关键技术攻关，形成需求明确、评价科学、激励公开的"揭榜挂帅"顶层设计，对标技术、产品、行业标准，从解决当前发展"卡脖子"问题的迫切需求"寻榜"，着眼难点、痛点"发榜"，建立"揭榜挂帅""赛马"机制，创设"能者敢揭榜、善者勇挂帅"平台，不论资质、不设门槛、选贤任能、唯求实效，引导公司全体职工主动"揭榜"认领，充分激发全员创业创新的积极性，练就"打铁自身硬"的实力。优化科学技术人才队伍结构，完善科技创新人才和团队的培养、发现、使用、评价机制，实施人才梯队、科研条件、管理机制等配套政策，采取股权、期权、分红等方式激励科技人员。

总之，公司通过不断的技术创新活动，持续为行业培养新鲜血液，为铬盐行业的发展做好人才储备；立足于铬领域的全面发展，突破铬盐领域单一发展模式，首次实现铬盐领域和铬金属材料领域的创造性融合；探索出具有鲜明特色的铬盐行业绿色集成发展新模式，致力成为具有国际竞争力的世界一流铬产业基地；等等。这一系列举措旨在为铬盐行业的未来发展之路提供新的思路，从而助推我国铬盐行业的绿色可持续发展。

[作者：肖棱，四川省银河化学股份有限公司党委书记、董事长，中国无机盐工业协会副会长，西南科技大学特聘教授]

以科技创新助推人居生活环境改善
——真空排导系统的探索与实践

随着当前经济社会的不断发展，人民生活水平的不断提高，人们对于环境质量的要求也越来越高。长期以来，排污管道系统大多采用重力排导系统。然而，传统的重力排导系统存在众多弊端：容易受到地形的限制，不能灵活地与其他专业管线进行整体协调，需较大的坡度和埋深，需设置大量的污水检查井并提升泵站或倒虹吸管等附属构筑物，致使施工难度、建设和维护成本大幅增加。真空排导系统正是在这一背景下应运而生的新型压力流污水收集系统。随着科技的不断创新与发展，同时在国家政策的不断推进下，真空排导系统凭借其优势，正逐渐被应用于各类场景。

一、真空排导系统的发展

真空排导系统是一种新型的污水收集系统，符合生态排水的理念，具有广泛的应用前景。自19世纪荷兰工程师里尔努（Liernur）首先提出并建立世界上第一套真空排导系统以来，已历经了近200年的发展，在美国、欧洲、日本及澳大利亚等发达国家和地区得到了广泛的应用。经过多年的发展，室内真空排导系统已经形成了一套成熟的设计理念，开始被世界所接受，并在大型客轮、火车站、办公区、高档住宅区、商业中心等项目得到成功运用。20世纪90年代以后，该技术被引入国内并得到了一定程度的发展。真空排导系统所带来的环保、节水等新的设计理念已经引起了国人越来越多的关注。

二、真空排导系统的技术创新与优势

作为传统的重力排导系统的创新和补充，真空排导系统通过短距离重力管道，让分散的污水流入真空收集器中，再利用真空技术将污水高速吸入管道设施，并逐级输送至真空收集终端，以达到污水收集的目的，收集到的污水最终将排入市政污水管网或污水处理设施。

作为污水收集的新兴方式，真空排导系统在政策、管理、技术、应用导向下的优势正在逐步体现。与传统的重力排导系统相比，真空排导系统具有以下几个方面的优势：

第一，管道的管径小，便于敷设。建设真空排导系统不需要进行大面积的开挖施工，也不需要使用大型设备。由于真空管道内的是压力流，因此管道铺设更为灵活，不受地形的限制，适用范围广，从而达到降低施工、安装的费用以及缩短工期的效果。

第二，管道的密闭性高，管道内的污水流速快，不易发生堵塞。高流速可以防止污水中的污染物在管道中沉淀淤积并产生生物或化学反应，从而防止异味的产生以及温室气体和有毒气体的外溢。同时，该系统不需要设置检查井和提升泵站，无异味外溢和污水的漫溢，减少了泵站的能源损耗，有利于改善环境质量。

第三，该系统可以实现3个百分百：百分百的污水收集率，大大提高了污水处理厂的进水BOD浓度（即进水生化需氧量的浓度，是指在一定条件下，微生物分解存在于水中的可生化降解有机物所进行的生物化学反应过程中所消耗的溶解氧的数量）；百分百的雨污分离率，即系统的密封性可以保证雨水不进入系统，这是重力排导系统难以做到的；百分百地保证无外水进入，即确保系统只进污水，严格保护水资源的安全，提高污水处理厂的处理效率。

第四，比传统的重力排导系统更节水。真空便器每次的冲洗水量仅需0.3~0.5升，是传统便器的1/10~1/12，节水性能大大提升。

真空排导系统基于全球水环境的需求而生，全面集成了真空收集器、真空管网、真空收集终端、智能平台监测控制等功能模块，可以根据当地环境与水质特点定制各种真空排导系统的解决方案，进而彻底解决传统重力管网无法解决的污水收集困难和收集率低等问题。目前，该系统已广泛运用于古村落、旅游景区、山区、河道、平原、道路狭窄地区等污水收集难的地方。

三、智慧水务助力真空排导系统

近年来，国家对水工业的自动化、信息化、可视化水平要求日益增高。随着国家对环境保护治理程度的日益重视，各地政府积极响应国家政策，在共同聚焦生态文明建设下，急速催生了水务行业数字化、信息化的转型。如今"供排污"一体化管理系统已成为行业发展的重要趋势，提高水务精细作业、集中管控、数据透明则成为刚需。

智慧水务通过新一代信息技术与水务技术的深度融合，充分发掘数据价值和逻辑关系，实现水务业务系统的控制智能化、数据资源化、管理精确化、决策智慧化，保障水务设施的安全运行，使水务业务运营更高效、管理更科学和服务更优质。

真空排导系统通过水务物联网，将污水系统中的水质、水量、水位以及污水收集、输运、处理等参数发送到系统平台，让水务管理更科学、更高效。手机App或计算机的真空排导系统操作平台，能让操作者清楚地看到控制区域污水的收集、输运、处理情况，并可以根据监测的实时数据和历史数据，产生优化调度方案，辅助真空排导系统的节能、稳定、高效运行。

四、真空排导系统的探索与实践

清环拓达（苏州）环境科技有限公司，是2019年4月黄山拓达科技有限公司与清华苏州环境创新研究院合作成立的一家环保技术企业，总部位于苏州。公司凭借全方位的非重力污水收集系统的方案设计、装备生产、系统建设、智慧运维管理等，致力于全国城乡、村镇全流域的污水收集技术的研究和实践，打造业内领先的集技术研发、设备制造、项目建设、智慧运维于一体的非重力污水收集系统解决方案的企业。公司自成立以来，已累计参与并服务20余个项目，项目辐射安徽省、浙江省、江苏省、广东省、天津市等地。

2020年2月，公司的非重力污水收集系统荣获2019年中国环保企业行业技术/产品贡献奖；2021年1月，天津市宁河区的居民生活黑、灰水真空收集与治理项目入选"2020年生态环境创新工程百佳案例"；2021年6月，公司荣获清华校友三创大赛京津冀鲁赛区未来城市（雄安）赛道成长组三等奖；2021年7月，公司荣获清华校友三创大赛长三角赛区智慧农业与人居环境赛道决赛成长组三等奖；2021年8月，公司获得"江苏省民营科技企业""2021年度苏州市高新技术培育库企业"等称号；2021年11月，公司荣获清华校友三创大赛总决赛人居环境与乡村振兴成长组十强奖；2021年12月，天津市宁河区七里海保护区的居民生活黑、灰水真空收集与治理项目入选《"十四五"生态环境创新工程百佳案例汇编（2021卷）》以及中华环保联合会的《智慧水务创新应用案例推荐目录》。

以下是清环拓达（苏州）环境科技有限公司近年来两个典型案例。

(一)旅游古村落的改造——黟县西递村的民宿及写生基地的水污染整治项目

1. 项目概况

项目位于安徽省黄山市黟县西递村景区。西递村，是中国传统村落、中国徽派建筑艺术的典型代表，是全国重点文物保护单位和国家AAAAA级旅游景区，整体环境敏感度较高。项目利用真空技术收集沿溪道路两侧的住户、民宿、餐饮及公厕的排放污水，改善了村内的生态环境，服务人口约1800人。项目考虑到最大化地减少对施工现场的破坏，将主管道沿河底敷设，同时做好管道的抗浮工作，避免了大面积对旅游主线路的破坏。

2. 排水现状及存在问题

项目范围内房屋密集，且大多为明清古建筑；村内道路地下管线较多；道路狭窄，多为青石板铺设；整体地势东高西低；有两条小溪穿村而过；村内的农家乐、民宿较多，污水直排现象严重，综合改造困难。

3. 技术优势

如果采用传统的重力排导系统，需要进行大面积的开挖，必定会对村落的原始风貌造成破坏。公司考虑到项目的特殊性，并综合各方面因素，最终采用真空排导系统，最大可能地保护了景区的生态环境。

（二）地铁——杭州地铁三号线工程

1. 项目概况

项目主要采用"重力+真空"的方式收集杭州地铁三号线各站点的商铺和卫生间的污水。污水经前端重力管进入真空收集器，再通过真空管道集中到真空收集终端，最终统一排入市政污水管网。

2. 排水现状及存在的问题

为保证地铁的安全运营和沿线卫生环境，需要及时有效地排出污废水。传统的排水系统需设置集水坑和提升设备，污废水布置位置点位多，管网系统复杂，且密闭性较差；受地下水位影响土建施工难度大；与市政接口较多且不易协调。本项目地铁商铺及卫生间点位较为分散，污水收集存在一定困难。

3. 技术优势

（1）用真空收集器替代水冲式厕所的集水池和潜污泵，从根本上解决了地铁站内厕所污水泵房环境恶劣及卫生防疫难等问题。

（2）系统为完全密闭的负压系统，不存在臭气外溢的情况，不会带来臭气污染。

（3）污水统一汇至真空收集终端，排污口位置固定，与市政污水管网的接驳少，可减少与市政相关部门的协调工作。

（4）系统在使用过程中无使用人次的限制。

（5）系统设备的管径相对较小，安装灵活，可以轻松避开障碍物，也不需要破坏站内的建筑结构，可以解决老线路站台厕所建造难的问题。

五、真空排导系统的前景展望

真空排导系统的最大优势在于管道的敷设能够克服地形的限制，以及每个排水点都要依赖输送设备（如污水泵）等问题。基于该优势，室外真空排导系统可用于对管道敷设的灵活性、可控性要求较高的地方。

真空排导系统引领黑、灰水的循环利用。真空排导系统一方面用水量较低，另一方面对黑、灰水进行分类收集，提升了污水的回收利用率。真空排导系统的管道具有很强的密闭性，能够解决传统管道的气味泄漏和管道堵塞等问题，将会进一步推动中国排水系统的发展。

真空排导系统引领排水设备的信息化。真空排导系统在国外已有多年的应用经验，在节能、节水、环保、信息采集、运行维护等方面具有明显的优势，特别是"物联网+"的运用，大大提升了真空排导设备的信息化空间。

真空排导技术引领排水系统智能化。真空排导系统紧跟政策和时代的脚步，通过研发智慧运维系统，利用真空井水位监测、超声波真空管网真空监测、真空收集终端信息化关系，结合互联网大数据将数据进行收集、分析和处理，实现对污水收集、输运、处理的精细化管理，从而构建出一套全面而高效的智能监控运营平台，让用户足不出户就能轻松获取设备运维参数，轻松掌握系统关键点，达到规范管理、节能降耗、减员增效的目的。

真空排导系统集因地制宜、技术支持、生态循环、智慧运维于一体，能够实现污水处理的信息化、智慧化、资源化、低碳化，特别是在开展农村人居环境整治的"三大革命"（垃圾处理、污水处理、厕所革命）和贯彻"绿水青山就是金山银山"发展理念等政策的指引下，以及人们对美好生活环境的迫切需求与期盼下，真空排导系统未来将会有更加广阔的发展空间。

［作者：汪家权，安徽省环境检测行业协会会长，清环拓达（苏州）环境科技有限公司首席科学家］

［作者：邓永峰，黄山拓达科技有限公司董事长，清环拓达（苏州）环境科技有限公司董事长］

边缘计算平台EC-Plat的创新应用
——海南金盘智能科技股份有限公司的探索与实践

EC-Plat是海南金盘智能科技股份有限公司（以下简称金盘科技）自主研发的数字化工厂核心系统的边缘计算平台，应用了自主研发边缘智能、异构计算、互联互通技术、微服务技术等关键技术，构建集网络、计算、存储、应用核心能力于一体的分布式开放体系，提供智能化服务，满足在敏捷连接、实时业务、数据优化、应用智能、安全与隐私保护等方面的关键需求。该平台可解决边缘侧设备端数据采集及分析处理的问题，便于数字化工厂产线设备控制系统快速实施，缩短软件实施周期，节约开发成本，降低开发门槛，减少实施风险，为数字化工厂或智能制造工厂实现精细化、差异化、柔性化的管理。

金盘科技成立于1997年，是集研发、生产、销售与服务于一体的国家级高新技术企业和国家制造业单项冠军示范企业，建有海口、武汉、上海、桂林4个研发、制造基地，在美国及香港设有公司，是海南首家登陆科创板的上市企业，主要从事新能源、高端装备、高效节能等领域配套电气设备的研发、制造与销售，以及制造业数字化转型升级技术服务、电力工程业务等。与此同时，公司在电力装备行业、新能源锂电行业、物流仓储行业的产品、工艺、设备、设计、物流、制造、质量、现场等方面均积累了精深的专业认知，并积累了非常丰富的数字化工厂/车间规划、自动化产线（专线）设计改造、生产执行系统实施以及智能立体仓库建设的经验和案例。

金盘科技不断探索、创新，多次承担了省部级科技计划项目，屡次获得省级科技奖项，荣获海南省首届政府质量奖，以及工信部2014年"信息化和工业化融合管理体系贯标试点企业"、2015年"互联网与工业融合创新试点企业"、2019年"制造业与互联网融合发展试点示范项目"、2020年"工业互联网试点示范项目"、2020年专精特新"小巨人"等荣誉。2021年，公司的"采用数字化制造与卓越绩效管理相结合的质量管理模式"荣获中国质量奖提名奖。2021年，智能制造项目获国家"2021年度智能制造试点示范工厂"。

2019年3月27日，时任国务院总理李克强来到公司考察调研，在听取数字化转型升级的发展规划后，当场予以肯定。总理的肯定是对金盘科技所有人的鼓舞，公司将牢记总理的嘱托，坚持创新，追求卓越，为社会经济和行业发展作出更大贡献！

在"十四五"期间，金盘科技将以"智能决策、数据驱动、数字智造、数字服务"四大战略路径，不断提升、优化数字化核心技术，全面实现企业数字化转型，为国内外制造业输出产业数字化解决方案服务，同时深入开展储能、氢能的研究开发和利用，助力中国制造业大国向制造业强国发展并实现"双碳"战略目标。

一、战略规划

2013年，金盘科技制定中长期的数字化转型战略规划，组建以董事长为总指挥的数字化转型团队，统筹安排数字化转型战略的规划和部署，设立CIO（首席信息官）等数字化管理岗位，制定信息化管理制度和信息化标准规范；负责公司信息化网络规划和建设，制定IT基础资源（硬件、软件）运行流程，制定网络安全、信息安全措施并组织实施，确保公司的信息化达到

SOX外审（即萨班斯法案）要求，实现IT资源的整合管理；协助其他部门的信息化系统的实现和管理。

公司制定了"十四五"数字化转型战略规划：金盘科技以对外输出数字化工厂整体解决方案为核心，布局储能、医药等多个行业的数字化工厂，以"智能决策、数据驱动、数字智造、数字服务"四大战略路径，全面实现企业的数字化转型，推动数字化及智能制造、智慧工厂、智慧园区等数字化整体解决方案的商业化发展，成为通用型数字化制造平台。

二、业务模式

EC-plat的关键技术应用于金盘科技的海口数字化工厂，并在桂林、武汉等地设立的全资子公司建设的数字化工厂推广应用，共建设7座数字化工厂，覆盖输配电及控制设备制造、储能等领域。

金盘科技的海口数字化工厂在运用EC-Plat后取得了明显的成效。2021年，海口数字化工厂较传统工厂的产能提升超过100%，产量提升约95%，产出额提升约86%，人均产出额提升约67%，人均产量提升约76%，库存周转次数提升超过110%。

基于公司数字化转型相关技术成果和应用案例，公司具备了对外承接数字化工厂整体解决方案的能力。2021年，公司的子公司海南同享数字科技有限公司与伊戈尔电气股份有限公司签署了智能制造整体解决方案总承包合同约为3.5亿元的订单，意味着金盘科技依托自身技术和团队资源引领同行业企业数字化转型的商业化模式成功落地。

2023年，中共中央、国务院印发的《数字中国建设整体布局规划》指出：推动数字技术和实体经济深度融合，在农业、工业、金融、教育、医疗、交通、能源等重点领域，加快数字技术创新应用。未来，传统制造企业需要逐渐向以更短的产品设计制造周期、更快的产品迭代速度、更高的生产效率与更柔性的生产方式为要素的"智能制造"领域转型升级，数字化转型输出解决方案的前景巨大。

公司建立完善的营销体系，在国内重点城市共设有52个营销点，依托公司现有客户群体及在行业内的领先地位，对外推广并为输配电、储能等企业提供研发、采购、生产制造、销售等全价值链的运营管理及数字化工厂的整体解决方案。

三、技术架构

（一）技术架构

EC-Plat主要由边缘控制器、边缘网关和边缘云组成。平台统一了设备连接管理，多协议适配（如传输控制协议TCP、用户数据报协议UDP、超文本传输协议HTTP等），屏蔽了网络编程的复杂性，可以接入不同厂家不同协议的设备，有着灵活的规则引擎、设备报警、消息通知、数据转发等功能，其技术架构图如下：

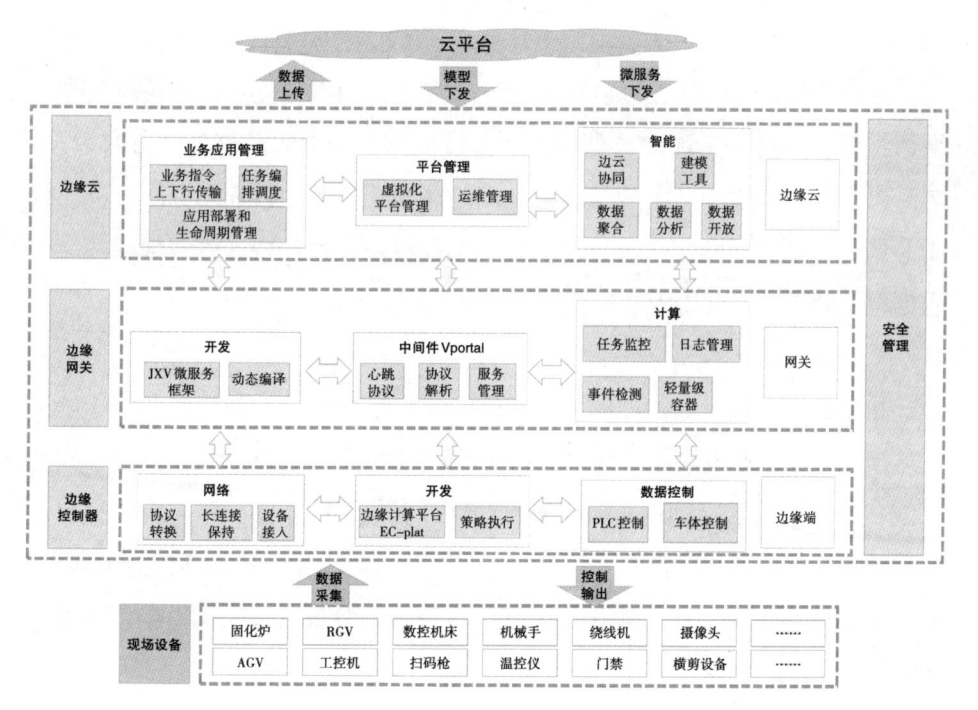

（二）关键技术

EC-Plat借鉴了MQTT（消息队列遥测传输协议）物联网传输协议的原理，结合数字化工厂的特有场景，形成了数字化工厂边缘计算平台的一套企业标准协议——边缘计算多层网络通信保活协议，旨在为低带宽和不稳定的网络环境中的物联网设备提供可靠的网络服务。边缘计算协议针对低带宽网络、低计算能力的设备作了特殊的优化，使得其能适应各种物联网的应用场景。该企业协议及相关技术的引入能有效提升系统数据传输的及时性和稳定性。

EC-Plat涉及的关键技术有边缘智能、异构计算、互联互通技术、微服务技术。

1. 边缘智能

边缘智能是实现数字化工厂的关键技术，在干变数字化工厂绕线机的监测过程中，通智能终端对负载数据进行采集与分析，实现绕线设备实时状态监测和寿命预测管理以及数据信息可视化。

2. 异构计算

公司的Vportal（工业互联网平台）的深化应用，通过异构计算对各种类型数据进行内容分析和融合处理，从海量数据中挖掘隐藏信息和有效数据，提高离散制造过程中各种装备状态监测的准确性，比如数字化工厂对浇注线圈的检查，结合线圈电阻测量仪和X光透视数据进行异构计算，根据标准的数据模型分析出线圈的质量级别。

3. 互联互通技术

数字化工厂设备、产线的联网接入，实现边缘侧的互联互通，赋予制造业生产制造系统高度灵活性，通过EC-Plat连接设备、产线、智能仓储，实现产线自动化、配送自动化、信息流自动化。优化工厂车间网络架构，有效提升网络化协同制造与管理水平。在数字化工厂数据采集、传输与生产运营中，对现场的机器状态、生产能耗、生产质量等相关参数进行采集，整体上使得工厂各个环节的横向与纵向数据实现了透明化。

4. 微服务技术

根据特定业务功能构建一套小型独立可部署的服务。通过研发了高性能的边缘计算平台，以及嵌入式的数据库软件，实现了占用资源少，可以在边缘侧灵活部署，进一步将网络、计算、存储、应用核心能力融为一体，更好地提供边缘基础套件，提供一个便捷、低能耗、高性能、稳定性好的边缘开发平台，将更加有利于控制系统的快速开发、实施、部署，节约开发成本，降低开发门槛，减少实施风险，快速拓展各个行业的边缘端。

（三）建设内容

边缘计算关键技术在数字化工厂中的应用项目的建设内容主要包含三部分。第一部分是边缘云的建设，主要是利用算法、规则进行边缘云化，从而有效利用云端资源，降低运维成本，提高系统稳定性。目前，公司的数字化工厂边缘云化的系统有RCS（车载控制系统）、DCS（集散控制系统）、WCS（仓储控制系统）、SCADA（数据监控与采集）、MES（生产执行系统），各系统在边缘控制层也有相应的边缘终端。第二部分是边缘网关，工业互联网平台涵盖了边缘网关的建设内容，实现智能终端和云端系统的连接和调度，分发任务指令，提供心跳服务功能，实现IT（信息技术）网和OT网（用于连接生产现场设备与系统，实现自动控制的工业通信网络）的隔离，同时实现系统信息的畅通。第三部分是边缘控制层，在边缘控制层，公司研发了多种类型的智能终端，针对不同的设备、生产线的环境温湿度研制不同的产品，包括电阻仪智能终端、产线控制终端、浇注炉控制终端、车载适配器智能终端等。

（四）主要功能

边缘计算关键技术在数字化工厂中的主要功能是实现了产线自动化、配送自动化、信息流自动化、设备信息透明化、生产环境透明化。

通关与产线PLC（一种工业领域中广泛应用的可编程控制器）进行对接，通关S7、modbus-TCP等工业协议进行交互，实时监控产线工位空满状态，通过计算规则分析输出相应的控制指令，达到产线的自动化控制。结合生产物料需求计划，调度WCS指挥堆垛机和输送线及AGV完成了配送的自动化，利用边缘网关实现各系统数据的联通，根据数字化工厂的需要进行信息的共享传递，达到了信息流的自动化，对设备指标，比如各个时间点浇注炉设备的加工温度，开关机时间，运行时长，耗电情况进行采集，并根据工艺要求输出相应的运行报告，实现了设备的透明化。加上对环境的湿度，粉尘密度等环境信息的采集，结合生产实际过程判断环境是否满足生产要求，使得环境透明化。

四、企业价值

公司的海口高端干式变压器数字化工厂作为国内首家符合德国工程师协会标准VDI4499，并经德国认证机构北德集团（TüV NORD）认证的干式变压器数字化工厂，主要建设内容包括"三大基础""两大仿真"和"数字化系统运营架构"。2020年10月，海口数字化工厂建成投入运营，实现了企业制造模式创新、经营模式创新及商业模式创新；实现生产自动化、物流自动化、信息流自动化、企业数字化经营闭环管理及产品设计、制造全过程数字孪生，有效提升了企业的生产效率、综合能源利用效率、库存周转率及整体运营效率，降低了研发周期、产品不良率、物流成本及运营成本，实现了从产品设计、采购、生产、交付到售后的全面数字化运营管理。

公司建立了精锐的产业数字化技术、管理团队，向各行业输出数字化工厂整体解决方案为主的产业数字化技术咨询及实施服务。数字化工厂的全面运营，对推动制造企业数字化转型、行业高质量发展起到了引领、示范作用。

五、社会价值

EC-plat的关键技术应用于数字化工厂后，能高效处理控制设备端的数据存储、计算，传输至Vportal（工业互联网平台）、EMS（能源管理系统）、MES（生产过程管理系统）等业务场景从Vportal抓取源数据，各业务场景系统再利用源数据进行后续流程。因此，打通管理层和设备层的数据通道，可为管理层提供决策依据，在很大程度上提高公司管理层的治理水平，提供更加准确的数据信息披露。同时，为工艺改进、设备管理、能源控制等提供有力的边缘数据支持和服务保障，助力绿色低碳发展。

六、面临的痛点难点及建议

边缘计算平台的创新应用会涉及信息安全风险、支撑型人才缺乏、资金短缺不足以支撑数字化转型等方面的问题。

1. 信息安全风险

难点：从网络安全的角度分析，智能制造网络化后攻击剖面大大扩大，将面临设备、控制、网络、应用、云平台、数据等八个方面的安全挑战。因此，新制造模式下信息安全工作的重要性及紧迫性十分的明显，数字化工厂的底层系统大部分采用通用的工业标准协议、标准组件，并预留默认相同的端口，容易被一些不法分子攻击导致信息泄露，系统异常，甚至可能使生产瘫痪。

建议：数字化工厂应实现OT网和IT网的隔离，在应用底层到上层建立通道，并实现保活机制，使得OT网的软件系统能访问IT网上层系统，通过建立的通道，实现OT和IT的系统融合。

2. 支撑型人才缺乏

目前全国大力推行数字化、智能制造战略，在信息技术和制造业结合的高级人才方面，人才市场储备人才少，专业型人才成本居高且流动性十分大，企业培育人才划分时间长，在企业经营能力尚未稳定的状态下，人才发展也是持续性的痛点。

建议：通过企业的激励机制，结合数字化工厂业务，培养数字化工厂新一代信息技术T型人才。

3. 资金短缺不足以支撑数字化转型

当前，疫情之后经济处于复苏阶段，处于数字化转型起步阶段的中小企业，大多面临资金短缺、市场竞争压力、人才储备、疫情影响、原材料价格变动等系列共性问题，在此条件下，无充足的资金储备，节约成本持续生存为企业的首要任务。

七、国内外边缘计算的发展现状概述

中国信息通信研究院发布的数据显示，我国的边缘计算市场预计到2024年将增长到1803.7亿元。这表明，边缘计算市场将快速增长。随着云计算、大数据和物联网技术的快速发展，边缘计算正逐渐成为这些技术的重要补充。在国内，边缘计算有较好的发展势头，主要表现在以下两个方面：

1. 应用领域不断扩展

边缘计算的应用场景非常广泛，可以覆盖工业、智慧城市、零售、医疗、交通等多个领域。在中国，边缘计算最早在工业领域得到广泛应用，如自动化控制、智能制造、智能安全等。而随着5G、物联网、人工智能等技术的发展，边缘计算的应用场景也在不断扩展，如智慧城市中的交通调控、环境监测、城市管理，物联网领域的视频监控和智能家居，等等。

2. 技术和标准逐步成熟

边缘计算技术在国内逐渐成熟，在国际标准的制定和技术创新方面也取得了一定进展。例如，我国常年投入大量资金用于加快边缘计算研究，推动边缘计算核心技术的突破和应用，也总结了边缘计算安全、运维、管理等方面的标准化以促进产业落地。此外，阿里云、华为云、百度云、腾讯云等云计算厂商也纷纷布局边缘计算，并建立了边缘计算的生态系统。

在国外边缘计算平台方面，目前国外的大型互联网公司和云计算厂商正在开发边缘计算平台，如亚马逊公司的Greengrass、微软公司的Azure IoT

Edge、IBM（国际商业机器公司）的 IBM Edge Computing，这些平台都支持在边缘设备上运行小型服务，加速数据处理和应用实现。同时，还有一些开源的边缘计算平台如 OpenFog、Akraino 等。

虽然边缘计算在国内外的应用和发展有了一些突破，但同时也面临着技术和标准化的挑战。在技术方面，边缘计算需要在计算与存储、网络和安全等方面不断创新；在标准化方面，目前需对安全问题、项目实施方法、数据处理、跨系统互操作等方面进行标准化管理，为市场推广提升做好充分准备。

八、边缘计算的未来发展趋势与展望

边缘计算（Edge Computing）是一种分布式计算范式，将数据处理、存储和分析从云端迁移到网络边缘，即离数据源更近的地方。这有助于减少网络延迟，提高数据处理速度，保护用户隐私，降低数据传输成本。在未来，边缘计算可能朝着以下方向发展：

1. 云边结合

边缘计算的需求与云计算的融合，将会成为未来发展的主要趋势。云计算和边缘计算的结合，会让云端的大规模数据和边缘的小批量数据合理地分摊到云和边缘，形成一个统一的架构。

2. 设备和边缘计算融合

随着处理器和存储器技术的不断进步，边缘技术和设备的融合，能够处理更复杂的任务和更大量的数据。

3. 5G 技术和边缘计算的融合

随着 5G 技术的发展，越来越多的设备能够支持 5G 模组。这将有助于实现实时分析、智能决策等功能，提高整体系统的效率。

4. 安全与隐私保护

边缘计算将使数据处理更加分散，有助于保护用户隐私和数据安全。在未来，安全协议将在边缘计算中发挥更大作用。

随着物联网的快速发展，边缘计算平台成了新的技术热点。边缘计算平台可以将数据处理、存储和传输功能移到距离数据物理来源更近的位置，提高数据处理和响应的效率，降低数据传输的延迟和成本。目前，云计算已经成为普遍技术，但是在有些情境下，传统的云计算有时会存在一定的延迟，并不能实时地满足企业的需求。而边缘计算平台则可以解决这些问题。边缘计算平台将计算模型移到较远终端设备之外，使数据处理更加高效、快速，能够应对实时交互、低延迟和高可靠性等多种场景。边缘计算平台技术的创新，对于企业的业务来说，能够提高数据传输和处理的效率，同时还能降低能耗，保障数据安全和隐私，而且与5G的结合能够以更高的速率传输数据，而边缘计算则可以将计算模型移到更近的地方，实现了在更快的时间内传输处理问题。5G和边缘计算的结合可以实现更高效的数据传输，减少传输时的能源消耗，提高计算效率，让数据的应用更加广泛。边缘计算平台的出现能够改变传统的中心化计算方式，提高企业的数据处理、存储和传输的效率，同时还可以增加有效的应用场景。

EC-Plat是一个全新的技术平台，能够提高数据传输和处理的效率，降低成本，保障数据安全，在不断的技术进步中将迎来更广泛的应用场景和更快的发展。企业应该密切关注边缘计算平台的技术创新和最新发展，掌握相关的技术，以便在未来的市场竞争中取得优势。

[作者：李志远，上海金門量子科技有限公司董事长、海南金盘智能科技股份有限公司董事长]

以科技创新助力配电系统自动化及其对故障的处理

在当前电力系统的建设发展过程中，配电系统作为其中极为关键的一环，其自动化的发展水平将直接关系和影响供电水平的安全以及稳定。对配电网的结构和设备提出了新的更高要求，增加了配电的复杂性和技术性，出现了新型故障，这都有赖于科技创新赋能并加以化解。

配电系统正朝着更高水平的自动化方向迅速迈进，自动化的处理流程体系更为完善，相应的管理制度和机制越加健全。但是我们不能忽视自动化控制系统运行过程中出现的各类故障和缺陷，维护管理人员需要切实采取有效的处理举措和防控策略，以及时发现并排除自动化控制系统运行过程中出现的各种各样的故障和隐患。为此应更为重视该系统在信息采集以及处理的能力，同时处理好配电系统中各个重要的运转程序和环节，提升处理故障的能力和水平。

一、配电自动化概述及发展现状

基于各项智能技术的成熟，配电系统逐渐将先进的设备、自动控制系统、计算机技术等整合起来，实现了更加自动化的管理与运行，强化了配电的效率和可靠性，也提升了配电的多元化，符合不同用户的配电需求，通过大数据的整合与利用，对配电网进行适宜的调节和控制，在供应充足电能的前提下，优化配电过程，达到配电成本控制和效率提升的目的。总体来说，自动化系统在配电网中使用主要体现为下述几点。

（一）馈线自动化

1. 馈线自动化系统的特点

（1）在系统发生故障的时候，变电站的开关不会受到额外的短路电流的冲击，从而保证开关性能的完整性。而且不存在变电站开关和运行线路之间的配合关系。（2）在没有主站的情况下，此系统依然能够实现对故障的处理，并且恢复其应用。与此同时，故障处理的速度相较于传统有了非常明显的提升。（3）利用馈线自动化，不需要对现有变电站的保护状况再作其他的改变，而且保护之间的配合也不再需要。（4）馈线自动化系统能够清楚地判断出对应开关的故障。（5）此系统可以采用网络通信的方式。

2. 馈线自动化系统的处理方式

馈线自动化处理的方式一般有两种。第一种是就地馈线自动化，即通过FTU（配电开关监控终端）之间的相互沟通进行故障的自动隔离和非故障区的供电恢复。这一种故障处理方式主要应用于就地模式，在不利用主站系统的情况下，通过子站间的信息交流就能够完成。通过这种处理，馈线自动化系统恢复正常。第二种是集中式主站处理方式，即利用主站系统的综合功能实现对故障的综合处理。因为主站系统收集了整个系统的信息，所以通过信息分析之后，利用全面性的了解以及详尽的故障处理分析，就能够实现故障分析的系统性。

（二）管理自动化

在配电管理中存在大量的系统信息，整合与利用这些数据是管理中的必然步骤，在传统模式中，大量数据处理都需要依赖人工参与和操作，无法避免失误问题，而且无法指导配电过程的优化。但是在自动化的模式里，管理控制更为简便与高效，首先是对配网系统的控制趋于自动化，这主要得益于可靠的通信过程，以及终端计算机网络的科学设计和运行。其次是安全管理，正是基于数据的处理操作，才为安全管理的更新和优化提供了可能，从多个维度强化了配网的安全防护。另外就是信息管理，这是发挥自动化优势的关键保障，主要得益于智能监管过程，以及通信和计算机网络，将信息的获取、传输和整合应用等流程完美整合起来，实现了配电信息的智能化管理。

（三）配电自动化现状

就我国内部的供电公司来说，均配备有独立的配电系统，差异化较为明显。通常情况下，配电系统整体结构为树状模式，利用线路上搭设的分段装置以及重合装置，能够有效地把控电压，从而提供日常活动所需要的电能。如果系统之中出现问题，能够及时隔离，跳转到备用路径，保证供电不间断。这样的树状模式将配电过程划分为对应的层级，分别有效管理每一层级的设计，整体上达成节约能源的目标，合理地缩减成本投入。与此同时，电力公司在逐步架构出配电自动化体系中，还应该充分结合外部环境，这样才能够确保电力供应可以适应差异化区域的实际需要。

（四）馈线自动化功能

系统含有配电主站馈线自动化的部分功能，以实现故障定位功能。FA（馈线自动化）：利用自动化装置或系统，监视配电线路的运行状况，及时发现线路故障，迅速诊断出故障区间并将故障区间隔离，快速恢复对非故障区间的供电。

配电网故障定位分析培训系统满足以下功能：（1）故障定位、隔离及非故障区域的恢复；（2）故障处理安全约束；（3）故障处理控制方式；（4）集中型与就地型故障处理功能的配合。

二、配电自动化常见故障及其处理措施

（一）强化信息管理

社会的发展和需求以及智能技术的成熟，才催生出配电自动化的产生和应用，将高水平的技术融入配电过程中，借助于对信息的自动化管控来实现配电的智能化过程。针对配电中的故障，需要从强化信息管控的维度进行防范和处理。首先是要强化管理技术的提升和应用，尤其是重点的计算机操作技术以及远端的监管技术等，这是实现可靠的信息管理的关键保障。而且在配电网中，对配电流程的监管是全方位和多维度的，所有的配电信息都会被反馈于终端网络，逐渐形成丰富的配电网数据库，对这些数据实时精准可靠的处理与应用，能提供合理的指令，科学管控配电运行中的设备和参数，并且实现异常信息的反馈和处理，借助于警报系统来指导检修作业。

（二）加强电网改造

为了深入开发自动化系统的多元化价值，就需要确保系统与配电网之间的契合度，就实际的情况来说，配网中的很多故障不仅是源于自动化技术的问题，也是源于配电网存在的缺陷，这些缺陷给自动化系统的设计与融入提出了挑战，限制了配网管理的网络化。为了从根本上防范故障，就需要强化电网的改造，一方面要考虑各项自动化技术，另一方面要结合和整合电网系统。就控制故障风险的层面而言，可以将配电网设计为更加科学的结构，并且布设高效能的故障检测网，将各个装置设计在配电设备中，也要科学融入自动化管控的装置和技术。在这样的智能化配电网中，故障检测装置和系统会发挥稳定的功能，为故障的发现和解除提供合理支持。

（三）重视安全管理

故障隐患是安全防范必须考虑的事项，强化安全管理是消解故障隐患的

首要措施，一般需要选择和应用科学的断路器，将其安置于配电环节的各项设备中，当发生供电信息的异常时，该装置能实现高效的检测和防范过程，再结合通信和计算机技术，完成跳闸和警报的过程，在故障消除时，又会自动恢复到闭合状态中。另外，除了层面的管理和操作外，也要强化故障处理方案的建立重视，提升事先防范和事后处理的有效性。

（四）新技术引进解决小电流接地难题

暂稳态零序功率接地故障判别算法的基本思路：接地故障发生瞬间，非故障线路暂态零序容性功率方向为母线流向线路，故障线路方向为线路流向母线，结合零序电压和零序电流的稳态特征，实现瞬时及永久性接地故障的判断。

即使对于中性点经消弧线圈接地系统，由于电感电流不能突变，在接地瞬间消弧线圈还来不及补偿，此时也可根据暂态零序功率方向完成单相接地故障的检测。

要实现小电流接地保护并保证动作正确率，设备通过自采零序电压的大小作为启动条件，结合自采零序电流相位角变化辅助判断，且零序电流互感器方向要正确。

暂稳态零序功率接地故障判别法理论简单易实现，对于中性点不接地系统和中性点经消弧线圈接地系统均可适用。目前该算法在一二次成套配网设备上大量应用，产品相对成熟，实现也较简单。

在中性点非直接接地系统，小电流接地故障判断及定位的难点，各种故障判断方法各有优劣势，随着电子技术的发展，采样精度比较高，普通的终端都可达到每个周波128点，更高的为256点，基本上解决了小信号采样的精度问题。因此暂态首半波方案得到了很好的应用。根据湖北省武汉市、陕西省、辽宁省、吉林省等地的真型试验反馈，在5KΩ接地情况下，能可靠区分界内和界外的故障信号。

三、配电自动化智能运维

配电网点多面广，国网、南网配网自动化批量推广也差不多有10年时间了，一般的设备质保为2年。且随着电网技术的快速发展，之前设备可能存在2G、3G模式，设备的在线率、遥控成功率都很难满足现在的电网指标要求，因此提高配电终端运维自动化水平迫在眉睫。目前采取的一些手段有一定效果，推荐让同行参考。

结合电网公司业务工作及信息化建设实际，完善运维管理体系的建设，加强信息系统正常运行保障，"以流程为导向，以服务为核心"提高服务质量水平、转变服务理念、拓宽服务范围、提高服务效率、提升用户服务满意度。

（一）信息化设备资产调查及管理

资产标签含有主要信息，包括资产名称、合同采购号、产品序列号、保修期限、IP地址、系统序列号以及供应商、联系人名称、电话，使用条形编码统一进行资产记录。条形码记录号应与数据库中记录对应，关联使用人、资产配件，所有资产应落实到具体责任人，共用设备按照编码顺序先后指定责任人。所有设备二维码标识，纳入公司统一平台管理。

运维中心在业务方面包括三部分：（1）现场运维。现场运维是指现场工程师通过手机与配电终端进行蓝牙连接，通过手机App进行参数配置。（2）远程运维。远程运维是指现场手机通过蓝牙与终端连接后，手机作为代理网关，建立与公司内网维护电脑的远程通道，研发人员可以通过远程进行模拟现场维护。（3）运维管理平台。运维管理平台是运维中心的核心，运维平台以项目和项目中的设备为基础，包含设备运维过程的所有内容，如运维设备、运维人员、运维工作、运维数据，以及数据的统计、整理与分析。

（二）操作项目

维护工程师每月对电力企业终端设备开展以下工作：

（1）巡检服务，了解和记录最新的使用情况，通过月服务报告上报普查情况；对经常出现问题的设备进行登记和记录，对常出现问题的设备要重点检查、消除隐患，最大限度降低计算机设备的故障率。（2）定期对终端设备进行保养维护。（3）定期进行用户满意度调查。（4）检查硬件实际配置与设备登记表是否相符，对故障设备的维修在响应时间内完成故障设备的维修，维修人员应严格遵守维修规程。

四、配电自动化的国外发展现状与参考借鉴

在一些工业发达国家中，配电自动化系统受到了广泛的重视，国外的配电自动化系统已经形成了集变电所自动化、馈线分段开关测控、电容器组调节控制、用户负荷控制核远程抄表系统于一体的配电网管理系统，其功能多达140多种。

国外著名的电力系统设备的制造厂家基本都涉及配电自动化领域，如德国的西门子公司，法国的施耐德公司，美国的库柏公司、摩托罗拉公司，英国的艾波比公司，日本的东芝公司，等等，均推出了各具特色的配电自动化产品。

参考国外配电自动化技术的发展历程，有以下几点可以借鉴：一是配电自动化技术及其实现形式多样化，不能以一种统一标准满足所有地方，但可以实现功能组态化，满足现场多样化要求。可以实现程序XML格式（可扩展标记语言格式），不需要考虑平台的差异问题。二是自愈功能，减少人工干预，故障情况可自愈，时间在100～300ms内，部分可控制在100ms内。考虑新形势下分布式能源接入的复杂度。三是运维服务自动化，采用系统分析，提前预判，将故障消灭在萌芽状态，提升设备在线率、遥控成功率等指标。

五、配电自动化的未来展望与发展趋势

随着人工智能、物联网、通信技术的不断进步，配电网的在线感知、设备的就地数据交换，以及云计算、雾计算等手段的融入，电网的数据将发挥更大的价值，同时也将进一步推动电力行业的智能化。大部分设备能做到免维护。

在电力系统中应用物联网技术，可提高电网设备的自动化和数字化水平、设备抢修水平及自动化诊断水平。通过物联网可对设备环境状态信息、运行状态信息进行实时监测和预警诊断，提前做好故障预判、设备检修等工作。

同时在"双碳"目标驱动下，清洁能源比例大幅增加，对电网自动化设计提出了更大的挑战。

配电网络经过多年的发展建设，重点城市、重点电力客户对供电可靠性的要求不断提高，全年停电时间、故障定位及恢复供电时间都大幅提升，因此也推动配电生产及管理部门不断优化自己的设备及管理手段。利用新技术，新平台已经初步实现了较高水平的自动化，形成了高效、合理的运转程序和流程体系，这也使得整个电力系统的运行和管理机制发生了很大的变化，得到了很大程度的改进和优化。我们在深入分析电力网络系统的各个环节和结构层次时，配电的自动化系统是不容忽视的一个非常重要的部分。为此，配电系统要想进一步提高应对各类故障和问题的能力，就必须深入分析和掌握其系统体系中的各个结构层次的具体功能和运转情况，这样才能做好相应的故障诊断和处理工作。

［作者：陈治国，云谷技术（珠海）有限公司副总经理］
［作者：于丽娇，云谷技术（珠海）有限公司总经理］

以科技创新助推医疗科技产业高质量发展
——丹娜(天津)生物科技股份有限公司的探索与实践

科技创新是实现民族复兴的强大驱动力,也是适应国内外环境深刻复杂变化的迫切要求。习近平总书记强调,希望广大科学家和科技工作者肩负起历史责任,坚持面向世界科技前沿、面向经济主战场、面向国家重大需求、面向人民生命健康,不断向科学技术广度和深度进军。"四个面向"阐明了加快科技创新对我国经济社会发展和建设现代化强国的重大战略意义;"四个面向"指明了在胸怀"两个大局"背景下科技发展的战略方向,这为我国科技事业的发展擘画出清晰的发展路径。

本文主要讲述丹娜(天津)生物科技股份有限公司(以下简称丹娜生物)如何坚持"面向人民生命健康",以科技创新助推医疗科技产业高质量发展,提高真菌病精准诊断能力和抗菌药物合理使用水平所取得的成就。

一、侵袭性真菌等病原微生物感染早期精准诊断和耐药检测的挑战

根据GAFFI(全球真菌感染行动基金会)的统计,在全球范围内,有超过3亿人遭受真菌感染的困扰,3000多万人受到IFI(侵袭性真菌)感染。医学人口与疾病统计的全球真菌病负担分析显示,真菌病的死亡率高,每年有200多万人死于真菌病,致死人数超过了结

核病和疟疾，真菌病已然成为全球主要的死亡原因之一。在中国，IFI非常严重，其中侵袭性曲霉和念珠菌感染患者高达800多万人。最新的流行性病学调查显示，在中国1.2亿的COPD（慢性阻塞性肺疾病）患者中，有研究预测患者合并侵袭性曲霉病的比例在1.3%～3.9%，侵袭性真菌病患者高达156万～468万人。如果不进行及时治疗，患者在5～10年的生存率只有20%～40%。目前，国内只有4%～5%的侵袭性真菌病患者能得到诊断和治疗。

更为严峻的挑战是，抗菌药物的不合理使用给人民的健康带来了严重的隐患。世界卫生组织公布的调查结果表明：中国住院患者抗生素的使用率高达80%，其中使用广谱抗生素和联合使用两种以上的抗生素比率高达58%，远超国际平均水平（30%）。我国细菌耐药监测的结果显示，2020年，对万古霉素耐药的屎肠球菌、对三代头孢耐药的大肠埃希菌和肺炎克雷伯菌、对青霉烯类耐药的鲍曼不动杆菌等的检出率，河南均居全国第一。据统计，一代耐药菌的产生需要2年，而开发一种新型抗菌药物需要10～12年。超级耐药菌的出现，意味着我们手里的有效抗菌药物将越来越少，药物研发的速度也将落后于耐药菌出现的速度。换句话说，微生物和人类正进行着一场"不死不休"的残酷战争。因此，加强抗菌药物的合理使用，遏制致病细菌与真菌的耐药性迫在眉睫。英国经济学家吉姆·奥尼尔指出："如果我们不采取相应措施，所有人都将受到抗生素耐药性致死的威胁。"

当前，我国真菌实验室检测能力的发展不均衡，送检率低，仅达3%～5%，不能满足临床需要，市场潜力多达140多亿元，距离我们达到的目标相差甚远，尤其抗菌药物的不合理利用的现状还十分严峻。

抗生素不合理利用产生的问题非常重要。（1）药物毒副作用：在抗生素应用过程中，患者应该严格遵照医嘱服药，而不能够擅自加大抗菌药物的药量，尤其是肝肾功能出现异常的患者更须慎重。（2）严重过敏反应：多发生在具有特异性体质的患者身上，表现以过敏性休克最为严重，比如青霉素，严重的过敏反应可以致命。（3）二重感染：当使用抗菌药物抑制或杀死敏感细菌之后，有些不敏感的细菌或真菌就会出现过度增长和繁殖，从而造成新的感染，在治疗上也很困难，会导致患者病死率很高。

（4）耐药：目前面临更大的问题是抗菌药物的耐药问题，在大量使用抗菌药物过程中，对致病菌的抗药能力是一种考验。绝大多数普通细菌被杀灭的同时，原先并不占优势但具有抗药性的致病菌却能够存活并且大量繁殖。耐药菌株的耐药性可以传播给其他细菌，也可以传播给下一代，给患者的治疗与康复带来困难。

二、搭建核心技术平台，开发创新产品

丹娜生物把掌握核心技术放在头等重要的地位。公司创建伊始就着手建立六大核心技术平台，包括核心生物原料抗原与抗体制备平台、免疫学检测和自动化检测技术平台、即时检测技术平台、核酸分子与耐药检测技术平台、临床转化平台等。建设这些平台的同时，研发团队也得到了不断的发展壮大，成功开发了一系列创新体外诊断产品，提高了真菌病及其他病原微生物的精准诊断能力。

丹娜生物在搭建六大核心技术平台的基础上，开发了一系列创新产品，主要有四大创新点。

创新点之一：泛真菌检测方法的升级。开始普遍使用浊度法G试验产品，耗时长、用料多，其敏感性与特异性较低，只能达到70%左右的临床符合率，医院用户期待新一代G试验产品早日上市。丹娜生物经过大量反复的试验，在用鲎血作为原料的第一代G试验浊度法基础上，开发了第二代酶促动力学显色法产品，实现了方法学的重大改革，体现了新款G试验诊断产品的快速、准确、方便的竞争优势，并显著提升了临床符合率，达到90%以上。G试验产品的临床应用研究成果被ECCMID（欧洲临床微生物学与感染病学大会）组委会评为2017年真菌病血清学早期检测领域全球前十名。

创新点之二：为了提高创新产品检测的覆盖面和精准度，需要开发联合检测方案，应运而生的5G+联合检测方案显著提高了对各类真菌病精准诊断

的整体水平。为进一步完善联合检测方案，公司开发出一系列"5G+"联合检测产品，能精准检测曲霉感染导致的急慢性肺炎、过敏性肺病、念珠菌感染疾病、念珠菌败血症以及隐球菌脑膜炎等疾病。因此，通过以上的联合检测方案能够检测到曲霉、念珠菌、隐球菌等感染引起的各种疾病，为合理使用抗真菌药物的精准诊疗和提高真菌病患者的治愈率与生存率发挥了重要的作用。近年来，丹娜生物开发了全球首个真菌病"5G+"早期快速联合诊断方案，在全球真菌病血清学精准诊断领域彰显了市场的竞争力。

创新点之三：曲霉病三项联合检测方案显著提高了对各类肺曲霉病精准诊疗水平。丹娜生物开发团队克服重重困难，开发出检测急性与亚急性肺曲霉病产品的同时，相继开发了精准诊断慢性肺曲霉病与过敏性支气管肺曲霉病曲霉 IgG 抗体和特异性 IgE 抗体检测产品。经过多中心的临床研究表明，GM 抗原试剂能有效检测急性与亚急性肺曲霉病，而曲霉 IgG 抗体检测能高度确认慢性肺曲霉感染，特异 IgE 抗体能高度确认过敏性支气管肺曲霉病。这三种联合检测方案为区分急性、亚急性、CPA（慢性肺曲霉病）以及 ABPA（过敏性支气管肺曲霉病）提供了精准诊断方案和参考依据。以上联合检测产品显著提高了呼吸道曲霉病的精准诊断能力，获得了用户和专家的高度认可。

创新点之四：药敏检测产品显著提高了抗菌药物合理使用的水平。抗生素的不合理使用，导致细菌耐药性问题日趋严重，这给临床精准治疗带来严峻挑战。近年来，国家卫生主管部门越来越重视抗生素的合理使用，给基层医疗机构下发了一系列预防临床微生物耐药的指令，为合理控制抗生素滥用，最大限度地降低或预防现有耐药性产生，临床耐药早期鉴定检测显得尤为重要。丹娜生物针对抗菌药物耐药性的挑战，经过艰苦的努力，建立了真菌病耐药检测的体系主要针对烟曲霉、白念珠菌和耶氏肺孢子菌的耐药检测。建立开发了碳青霉烯酶检测产品线，无须配套检测设备，可以更好地满足客户需求，预测抗菌治疗的效果，指导临床医师合理使用抗菌药物。

三、科技成果转化为早期精准诊断产品开发的解决方案

抗生素的不合理使用导致了细菌耐药性问题的日趋严重，给临床精准治疗带来了严峻的挑战。近年来，国家卫生主管部门越来越重视抗生素的合理使用，给基层医疗机构下发了一系列预防临床微生物耐药的指令，为"合理控制抗生素的使用，最大限度地降低或预防耐药性的产生，开发一系列耐药检测产品"提供了政策支持。

1. 侵袭性真菌感染等病的分子诊断产品

丹娜生物针对抗菌药物耐药性的挑战，经过努力，根据快速、准确、定性、标准化的设计原则，建立了一套可用于体外检测患者呼吸道样本中的核酸，采用实时荧光PCR（聚合酶链式反应）法对烟曲霉、白念珠菌、结合分枝杆菌和碳青霉烯酶耐药基因突变进行检测，为指导临床上的精准用药提供了参考依据。

2. 碳青霉烯酶检测POCT（即时检测）产品

这些无须配套检测仪器，可更方便地满足客户需求，预测抗菌治疗的效果，指导临床医师合理使用抗菌药物。产品主要供医疗机构用于培养后获取的细菌样本中的碳青霉烯酶的体外定性检测，快速检测细菌样本中是否存在碳青霉烯酶中的一种或几种。临床上用于鉴别患者对碳青霉烯类抗生素的耐药性：（1）预测抗菌治疗的效果，指导临床医师合理使用抗菌药物。在使用抗菌药物之前，先采集标本送检，根据结果和临床疗效调整给药方案，选择高敏药物进行治疗，也可选用两种药物协助使用，使临床应用抗菌药物趋向合理，减少用药的盲目性和随意性，提高疑难危重患者的救治成功率，缩短疾病疗程，降低医疗费用，减轻患者痛苦，并可避免由于经验治疗带来的使用广谱抗生素造成的耐药问题。（2）监测耐药性，分析耐药菌变迁，掌握耐药菌感染病流行病学，遏制耐药。耐药菌管理的核心问题是快速诊断、溯源、用药选择，产酶菌的快速甄别是遏制其发展的

关键，对于控制和预防耐药菌感染的发生和流行具有重要意义。（3）评价新抗菌药物的药效学特征。

3. 基于荧光显色技术的创新性微生物药敏快速检测产品

通过设计开发小型、自动化、高通量、快速药敏检测仪，或者POCT（临时检验）药敏检测卡，用于在临床上快速、准确筛选最适合的抗生素及其剂量，及时指导临床用药，避免经验治疗，有效遏制抗菌药物的滥用。（1）高微生物载量临床样本无须培养，可直接用于药敏检测，基于荧光显色的快速药敏检测系统通过直接检测抗菌药物对微生物活性的影响来判定MIC（最低抑菌浓度）值，解决了细胞培养耗时长的问题。（2）一步加样，操作简便：本项目建立的药敏检测方法仅需一步加入样品即可，系统自动运行并出具检测结果，操作简便。（3）用时短，可快速获得药敏结果：与临床现有基于细胞培养的药敏检测方法动辄需时3～7天相比，该方法从接收样本到药敏结果读出的全流程仅需2小时左右，竞争优势明显，有望在快速药敏领域开辟一条新的赛道。

丹娜生物自主开发创新技术与产品57项，其中有6项创新产品实现了从0到1的突破并填补了国内空白，7项产品达到世界先进水平。这些产品已经推广到国内30多个省市的1400多家医院和海外80多个国家的210家标杆医院，在国内外都彰显了强大的市场竞争力。这些产品开创了真菌血清学"5G+"联检的新时代。"5G+"是通过泛真菌筛查和鉴别到种属的联合检测产品，在初筛确定是真菌感染后，再行鉴定是念珠菌、曲霉或隐球菌感染，并针对临床上不同类型的患者提供精准的诊疗依据，为临床合理用药提供了重要的参考价值。

四、技术创新带动产业化，科学管理保障高质量发展

为保障产品从实验室小试转产到GMP（药品生产质量管理规范）的批量生产成功；从规模化放大生产到终端客户使用质量保证，丹娜生物实施项目

管理与标准化科学管理，对产品规模化生产工艺与国际接轨，对市场营运执行标准化管理。

丹娜生物建立了全生命周期的体外诊断试剂质量管理新模式，建立了与国际接轨的GMP生产车间，并获得了国家食品药品监督管理总局和ISO13485国际质量管理体系认证；通过并有效运营YY0287-2017医疗器械质量管理体系、知识产权管理体系、海关AEO（经认证的经营者）信用认证体系、工业化和信息化融合管理体系、环境管理体系和职业健康安全管理体系；连续5年获得天津市医疗器械生产A级放心企业等多项殊荣。按照质检"四严"规则即严肃作风、严谨态度、严格管理、严明纪律的要求做好高质量产品的生产工艺管理，努力做到出厂产品达到99.99%的合格率，严格执行不合格产品的召回制度，使用户百分百满意。

丹娜生物对研发和生产中的问题改进成立多个质量攻关小组，定期开展质量教育活动，并按照《质量管理小组活动准则》，在课题选择、现状调查、设定目标、效果检查、制定巩固措施等方面开展质量攻关活动，覆盖研发、转产、注册、上市后产品跟踪的产品全生命周期。几年来，公司获得了质量攻关成果12项、天津市质量攻关优秀成果一等奖2项、滨海新区质量攻关优秀成果三等奖3项。通过并有效运营YY0287-2017医疗器械质量管理体系、ISO13485质量管理体系、知识产权管理体系、海关AEO信用认证体系、工业化和信息化融合管理体系、环境管理体系和职业健康安全管理体系，连续5年获得天津市医疗器械生产A级放心企业，同时还获得守合同重信用企业、纳税信用A级企业等荣誉称号。

丹娜生物按照"预防为主，建档立案，定期维护，应急程序"的工作模式，建立了由研发技术团队、客服技术团队、代理公司技术团队和临床基地构成的四级售后服务体系。持续的高水平服务赢得了广大客户的高度信任和支持，使公司产品得到了长足的发展，并彰显了公司创新产品强大的市场竞争力。

丹娜生物始终以"提高病原微生物精准诊断能力，提高抗生素合理使用水平"为使命，为减少病原微生物给患者带来的威胁和经济社会的可持续发展不断贡献力量，努力打造全球侵袭性真菌病体外诊断领域具有竞争力的知名品牌。公司已获得国家级专精特新"小巨人"培育领军企业、国家知识产权优势企业、天津市科技领军培育企业、天津市技术领先型企业、天津市第一批战略新兴产业领军企业等荣誉称号。

五、加强人才队伍建设，提高科技创新水平

人才是第一资源。当今人力资源是最重要的生产要素，也是推动经济发展和社会进步的关键因素。丹娜生物狠抓人才队伍建设，先后培养了一批优秀人才，在创新创业的工作中发挥了重要的作用。

1. 建立"两站""两室"和"两中心"

丹娜生物于2015年就先后建立丹娜生物院士专家工作站和丹娜生物博士后科研工作站，简称"两站"，聘请了中国工程院廖万清院士和英国皇家科学院院士里查森作为院士专家工作站的第一批院士专家；于2018年建立北京市侵袭性真菌病机制研究与精准诊断重点实验室丹娜生物分中心和天津市侵袭性真菌病精准诊断技术企业重点实验室，简称"两室"；于2019年建立真菌病诊疗研究中心和天津市企业技术中心，简称"两中心"。丹娜生物依托"两站""两室"和"两中心"培养出了大批具有专业素养的学术精英与实业栋梁。在"两站""两室"和"两中心"建设的基础上，重点聚焦人才高地建设，开发出一系列创新产品，在市场上彰显了很大的竞争优势。

2. 人才队伍不断壮大

公司现有员工3000多名，拥有世界生产力科学院院士1名、科技部万人计划人才1名、京津冀生物医药领军人才1名、研究员6名、副研究员23名、博士生/博士后专业人员16名、硕博专业人才85人、"131"创新工程人才7名，本科以上学历的占全公司的60%，研发团队已发展到70多人，占全司的比重约20%，研发经费占全司销售收入的15%以上。公司逐步建成人才高地，

为本行业培养了不同梯队的人才，为公司的创新创业的发展储备了高端人才。

经过10多年的努力培养，公司涌现出一批敢为人先、追求卓越的科技创新骨干，先后承担国家卫健委重大科技专项1项、省部级重大科技专项等19项。张园博士荣获中国博士后科学基金新冠肺炎疫情防控专项资助，王志贤博士主持的分子诊断项目获得了天津市科技领军培育企业重大创新项目支持。公司的产品获得中国医疗器械注册证书56项、欧盟CE认证107项，申请专利150多项、授权专利58项，获得了中央军委科技进步一等奖，营业收入从20多万元增长到3亿元。他们带领各自的团队刻苦钻研，勇于实践，不怕失败，踔厉奋发，勇毅前行，取得了一系列成绩。"5G+"联合精准检测核心产品荣获天津市"专精特新"产品，曲霉半乳甘露聚糖检测试剂盒入选天津市"重点新产品"和科技部创新医疗器械产品目录等。

六、国外相关领域的发展现状与参考借鉴

丹娜生物"5G+"联合检测真菌病的方案在本领域发挥了精准诊断的引领作用。目前，国外只有少数企业拥有少数品种的侵袭性真菌血清学快速检测产品，也只有美国Bio-Rad公司的GM（曲霉检测产品）和IMMY的隐球菌检测荚膜多糖产品进入国内市场，而丹娜生物开发出的一系列致病真菌与细菌耐药分子鉴定与检测的新技术在提高本领域抗生素合理利用方面取得了非常重要的成就。

国外存在几款侵袭性曲霉菌和侵袭性念珠菌分子检测产品，大多数采用多重荧光探针PCR（聚合酶链式反应）方法。其中，罗氏公司产品的多重实时荧光聚合酶链反应系统是在欧洲市场上应用的针对念珠菌检测分子检测系统。该试剂盒可在6小时内直接检测血液标本中覆盖90%血流感染常见致病菌的6种念珠菌（如白念珠菌、热带念珠菌、近平滑念珠菌、光滑念珠菌等）。虽然该技术的临床表现优于血培养，但尚存疑之处是检测菌血症的敏感性不高，只能在30~100CFU（菌落形成单位）/ml。

国外针对细菌耐药表型检测方法包括比色法试验、改良碳青霉烯灭活试验、碳青霉烯酶抑制剂增强试验和时间飞行质谱技术等，耗时长达3~7天，且不同的酶类检测方法不同，操作复杂，需要有专业背景的技术人员，对于难培养或生长缓慢的细菌无能为力，难以满足临床需要。比色法需要特殊试剂，其中一些需自制，有效期短，灵敏度低；并且基因型检测方法需要特殊设备，成本高，目前临床应用尚未成熟。

七、发展趋势与未来展望

在我国推行创新发展战略以及医疗器械"国产扩容、产品出海"的时代背景之下，丹娜生物以研发为基础，不断推动产品的技术迭代，进而拓宽业务"护城河"，携手产学研医深耕基础研究，引领产业创新发展，无论从企业自身发展、助力产业发展还是国家战略发展的需要来看，都大有裨益。在以创新为主旋律的今天，未来最大的挑战可能是拓展国际业务，毕竟IVD（体外诊断产品）本身是一个市场容量比较有限的行业，而且最大的市场并不在国内。丹娜生物将按照仪器和试剂共同发展的模式，在免疫诊断、微生物检测领域进一步提升产业技术，提供更多产品品种，不断提高产品品质的同时，把分子诊断作为下一步多元化的发展方向，并向产业链上游核心原材料领域拓展，提高产品自动化程度，以取得更大的产品竞争优势。丹娜生物将通过打造更强有力的营销队伍来提升产品的国内市场营销力，以更具竞争力的产品全面进军国际市场，同时注重学术研讨与技术推广的促销活动，进一步提升品牌影响力，争取成为中国体外诊断产业细分领域的领跑者。

丹娜生物始终以"技术即生命、质量即生命"为宗旨，以"提高病原微生物精准诊断能力，提高抗菌药物合理使用水平"为使命，注重科技与产业人才团队的建设，坚持科技创新为导向的高质量发展道路；发挥企业的带动作用，助力提升全产业链的质量水平，为减少病原微生物给患者带来的威胁不断贡献力量,不断为全民大健康作出贡献。

[作者:周泽奇,丹娜(天津)生物科技股份有限公司董事长、首席科学家,世界生产力科学院院士]

[作者:张喜庆,丹娜(天津)生物科技股份有限公司董事长助理、研发中心项目管理负责人]

参 考 文 献

专 著 类

[1] 习近平:《在科学家座谈会上的讲话》,人民出版社2020年版。

[2] 习近平:《决胜全面建成小康社会　夺取新时代中国特色社会主义伟大胜利》,人民出版社2017年版。

[3] 习近平:《习近平谈治国理政》,外文出版社2014年版。

[4] 胡锦涛:《坚定不移沿着中国特色社会主义道路前进　为全面建成小康社会而奋斗》,人民出版社2012年版。

[5] 邓小平:《邓小平文选(第二卷)》,人民出版社1994年版。

[6] 邓小平:《邓小平文选(第三卷)》,人民出版社2001年版。

[7] 毛泽东:《毛泽东选集(第二卷)》,人民出版社1991年版。

[8] 毛泽东:《毛泽东文集》,人民出版社2009年版。

[9] 中共中央文献研究室:《习近平关于科技创新论述摘编》,中央文献出版社2016年版。

[10] 中共中央文献研究室:《习近平关于全面建成小康社会论述摘编》,中央文献出版社2016年版。

[11] 中共中央文献研究室:《江泽民论有中国特色的社会主义(专题摘编)》,中央文献出版社2002年版。

[12] 山东电力研究院:《小电流接地故障选线及定位技术》,中国电力出版社2018年版。

[13] 国家电网公司运维检修部:《配电自动化运维技术》,中国电力出版社2018年版。

[14] 中华人民共和国科学技术部:《中国科技发展70年(1949—2019)》,科学技术文献出版社2019年版。

[15] 苏竣,黄萃主编:《中国科技政策要目概览(1949—2010年)》,科学技术文献出版社2012年版。

[16] 方新:《中国可持续发展总纲(第16卷):中国科技创新与可持续发展》,科学出版社2007年版。

[17] 国家科学技术委员会:《中国科学技术政策指南:科学技术白皮书第2号》,科学技术文献出版社1987年版。

[18] 中国大百科全书出版社编辑部:《中国大百科全书·教育》,中国大百科全书出版社1985年版。

[19] 杨叔子:《中国大学人文启思录(第1卷)》,华中科技大学出版社1996年版。

[20] 钱颖一:《大学的改革(第一卷·学校篇)》,中信出版社2016年版。

[21] 刘念才,赵文华:《面向创新型国家的高校科技创新能力建设的研究》,中国人民大学出版社2006年版。

[22] 本书编写组:《中国共产党第十九届中央委员会第四次全体会议文件汇编》,人民出版社2019年版。

[23] 路风:《走向自主创新:寻求中国力量的源泉》,广西师范大学出版社2006年版。

[24] 路风:《走向自主创新2·新火》,中国人民大学出版社2020年版。

[25] D.E. 司托克斯著,周春彦、谷春立译:《基础科学与技术创新:巴斯德象限》,科学出版社1999年版。

[26] 范内瓦·布什、拉什·D.霍尔特著,崔传刚译:《科学:无尽的前沿》,中信出版社2021年版。

[27] 吕淑琴,陈洪,李雨民:《诺贝尔奖的启示》,科学出版社2010年版。

[28] 张先恩:《科学技术评价理论与实践》,科学出版社2008年版。

[29] 全国人大常委会办公厅:《中华人民共和国科学技术进步法(2021年修订)》,中国法制出版社2021年版。

期 刊 类

[1] 习近平:《加快建设科技强国,实现高水平科技自立自强》,《求是》2022年第9期。

[2] 习近平:《努力成为世界主要科学中心和创新高地》,《求是》2021年第6期。

[3] 李晓红:《着力提升科技创新能力 实现科技高水平自立自强》,《求是》2021年第6期。

[4] 李锦斌:《坚持创新在我国现代化建设全局中的核心地位》,《求是》2021年第6期。

[5] 白春礼:《科研院所改革,路在何方?》,《求是》2014年第22期。

[6] 王云波:《浅谈电力系统配电自动化及其对故障的处理》,《科技创新导报》2018年第19期。

[7] 周健华:《试论电力系统配电自动化及其对故障的处理》,《电子制作》2018年第10期。

[8] 董雪玲:《电力系统配电自动化及其对故障的处理措施分析》,《中外企业家》2018年第4期。

[9] 林雪松,张蕾,倪长松,蔡静雯,刘贵才:《电力系统配电自动化及其故障处理策略》,《中国高新区》2017年第23期。

[10] 王毅恒:《浅谈电力系统配电自动化及其对故障的处理》,《电子制作》2017年第20期。

[11] 王昌林,盛朝讯,姜江,韩祺:《大国崛起与科技创新——英国、德国、美国与日本的经验与启示》,《全球化》2015年第9期。

[12] 尹西明,陈劲,贾宝余:《高水平科技自立自强视角下国家战略科技力量的突出特征与强化路径》,《中国科技论坛》2021年第9期。

[13] 刘宇楠,夏承伯:《从"向科学进军"到"自主创新"》,《前沿》2007年第3期。

[14] 范芙蓉,秦书生:《中国共产党科技自立自强思想的百年演进》,《科技进步与对策》2021年第18期。

[15] 马子斌:《〈2020年全球创新指数报告〉的概述与启示》,《中国发明与专利》2021年第4期。

[16] 许可,郑宜帆:《中国共产党领导科技创新的百年历程、经验与展望》,《经济与管理评论》2021年第2期。

[17] 许艳华:《全球化视域下我国科技自主创新的历程和战略思考》,《科技管理研究》2012年第10期。

[18] 牛利娜:《改革开放以来我国科技创新思想发展的四个里程碑》,《科技管理研究》2018年第6期。

[19] 龚育之:《马克思主义和科学技术》,《科学学研究》1991年第3期。

[20] 阳晓伟,闭明雄:《德国制造业科技创新体系及其对中国的启示》,《技术经济与管理研究》2019年第5期。

[21] 王莉:《德国工业4.0对〈中国制造2025〉的创新驱动研究》,《科学管理研究》2017年第5期。

[22] 樊春良:《建立全球领先的科学技术创新体系——美国成为世界科技强国之路》,《中国科学院院刊》2018年第5期。

[23] 杨东亮,李春凤:《东京大湾区的创新格局与日本创新政策研究》,《现代日本经济》2019年第6期。

[24] 罗雪英,蔡雪雄:《日本国家创新体系的构建与启示——基于科技-产业-经济互动关系的分析》,《现代日本经济》2021年第1期。

[25] 刘平,陈建勋:《日本新一轮科技创新战略:"新层次日本创造"与"社会5.0"》,《现代日本经济》2017年第5期。

[26] 甘秋玲,白新文,刘坚,等:《创新素养:21世纪核心素养5C模型之三》,《华东师范大学学报(教育科学版)》2020年第2期。

[27] 郑永和,王晶莹,李西营,等:《我国科技创新后备人才培养的理性审视》,《中国科学院院刊》2021年第7期。

[28] 项贤明:《论创造性教育的三个阶段》,《中国教育学刊》2000年第3期。

[29] 苏新宁:《知识经济时代计量学的创新和发展——评邱均平教授新作〈知识计量学〉》,《情报理论与实践》2016年第1期。

[30] 陶春,李宪振:《领导干部科学素养提升问题研究评述》,《云南行政学院学报》2014年第2期。

[31] 王立新:《提高领导干部和公务员科学素质对策研究》,《未来与发展》2019年第11期。

[32] 吴艳东,黄蓉生:《邓小平的学习观及对马克思主义学习型政党建设的启示》,《思想理论教育导刊》2015年第6期。

[33] 沈春光:《科技创新人才成长规律与影响因素研究》,《科技信息》2012年第4期。

[34] 王便芳,计明灿:《我国科技创新人才激励机制中存在的问题及对策》,《河南教育(高等教育)》2021年第2期。

[35] 刘达,李林蔚,金涛涛,孙小凯,王亚翠,陈子平:《完善科技创新体制机制,充分释放创新能力》,《环境经济》2021年第1期。

[36] 白新文,齐舒婷,明晓东,周意勇,黄明权:《骏马易见,伯乐难寻:决策者心智模式影响创意识别的机制及边界条件》,《心理科学进展》2019年第4期。

[37] 齐舒婷,白新文,林琳:《慧眼识珠:创意识别的研究现状及未来方向》,《外国经济与管理》2019年第7期。

[38] 李军国:《实施乡村振兴战略的意义重大》,《当代农村财经》2018年第1期。

[39] 徐雪:《日本乡村振兴运动的经验及其借鉴》,《湖南农业大学学报(社会科学版)》2018年第5期。

[40] 李水山:《韩国新村运动及对我国新农村建设的有益启示》,《沈阳农业大学学报(社会科学版)》2012年第2期。

[41] 李润平:《发达国家推动乡村发展的经验借鉴》,《宏观经济管理》2018年第9期。

[42] 张祝平:《河南省科技支撑乡村振兴存在的主要问题与对策》,《黄河科

学院学报》2021年第23期。

[43] 宋保胜,刘保国:《科技创新助推乡村振兴的有效供给与对接》,《甘肃社会科学》2020年第6期。

[44] 柴国生:《科技精准供给驱动乡村振兴的时代必然与现实路径》,《科学管理研究》2021年第1期。

[45] 宋保胜,杨贞,李文,李劼,王彩霞:《科技创新服务乡村振兴的内在逻辑及有效供给路径研究》,《科学管理研究》2020年第5期。

[46] 万鹏,熊涛,付小燕:《乡村振兴战略的农业科技创新支撑研究——以江西省农业科学院为例》,《安徽农业科学》2020年第13期。

[47] 刘垠:《〈中国科技成果转化2020年度报告〉出炉》,《中国科技奖励》2021年第4期。

[48] 许端阳:《世界主要国家科技成果转化的新举措及其启示》,《全球科技经济瞭望》2014年第4期。

[49] 贾佳、赵兰香、万劲波:《职务发明制度促进科技成果转化中外比较研究》,《科学学与科学技术管理》2015年第7期。

[50] 钟卫,陈彦:《政府如何促进大学科技成果转化:基于发达国家的经验总结》,《中国科技论坛》2019年第8期。

[51] 张俊芳:《从国外科技成果转化产权制度看我国现行制度改革》,《科技中国》2021年第1期。

[52] 操太圣:《遭遇问责的高等教育绩效化评价:一个反思性讨论》,《南京社会科学》2018年第10期。

[53] 邱均平,王菲菲:《社会科学研究成果综合评价方法研究》,《重庆大学学报(社会科学版)》2010年第1期。

[54] 翟金良:《中国农业科技成果转化的特点、存在的问题与发展对策》,《中国科学院院刊》2015年第3期。

[55] 陈超,张敏,宋吉轩:《我国设施农业现状与发展对策分析》,《河北农业科学》2008年第11期。

[56] 杜传忠,任俊慧:《中国制造业关键技术缺失成因及创新突破路径分析》,《经济研究参考》2020年第22期。

[57] 工信部:《清醒认识我国制造业创新短板》,《现代材料动态》2018年第11期。

[58] 齐丽晶,陈锋:《我国急诊医疗设备现状与展望》,《中国医疗器械杂志》2016年第2期。

[59] 杨玉良:《"卡脖子"究竟"卡"在哪儿?"卡脖子"问题刍议》,《科学与社会》2020年第4期。

[60] 王娜:《中国科技创新思想演变的内在逻辑及历史经验》,《云南社会科学》2019年第5期。

[61] 杨孝青,岳爱武:《习近平关于科技创新重要论述的四重维度研究》,《江淮论坛》2020年第1期。

[62] 徐明霞,赵玲玲:《新时代背景下科技创新发展对策研究》,《山西大同大学学报(社会科学版)》2019年第6期。

[63] 郑江淮,章激扬,陈俊杰:《发达国家创新治理体系的历史演变、新趋势及对我国的启示》,《国外社会科学》2020年第5期。

[64] 姚树洁,房景:《科技创新推动"双循环"新格局发展的理论及战略对策》,《东北师大学报(哲学社会科学版)》2021年第3期。

[65] 沈坤荣,赵倩:《以双循环新发展格局推动"十四五"时期经济高质量发展》,《经济纵横》2020年第10期。

[66] 董志勇,李成明:《国内国际双循环新发展格局:历史溯源,逻辑阐释与政策导向》,《中共中央党校(国家行政学院)学报》2020年第5期。

[67] 何自力:《把科技自立自强作为国家发展的战略支撑》,《中国高校社会科学》2021年第2期。

[68] 洪银兴:《以新发展理念全面开启现代化新征程》,《人民论坛》2020年第31期。

[69] 黄群慧:《"双循环"新发展格局:深刻内涵、时代背景与形成建议》,《北京

工业大学学报(社会科学版)》2021年第1期。

[70] 李猛:《新时期构建国内国际双循环相互促进新发展格局的战略意义、主要问题和政策建议》,《当代经济管理》2021年第11期。

[71] 刘民权:《世界生产体系的剧变与发展中国家的际遇》,《探索与争鸣》2018年第7期。

[72] 陆江源:《从价值创造角度理解"双循环"新发展格局》,《当代经济管理》2020年第12期。

[73] 谢富胜,高岭,谢佩瑜:《全球生产网络视角的供给侧结构性改革——基于政治经济学的理论逻辑和经验证据》,《管理世界》2019年第11期。

[74] 谢富胜,王松:《突破制造业关键核心技术创新主体、社会条件与主攻方向》,《教学与研究》2019年第8期。

[75] 许光建,乔羽堃,黎珍羽:《构建国内国际双循环新发展格局若干思考》,《价格理论与实践》2020年第10期。

[76] 赵蓉,赵立祥,苏映雪:《全球价值链嵌入、区域融合发展与制造业产业升级——基于双循环新发展格局的思考》,《南方经济》2020年第10期。

[77] 张喜庆,李伟宁:《创新之丹娜在腾飞——记丹娜生物创新创业的发展历程》,《中国高新科技》2019年第1期。

[78] 张腾之,张喜庆:《阻击真菌侵袭人类健康的科学卫士——记丹娜生物公司董事长周泽奇及其团队》,《科学中国人》2017年第25期。

[79] 罗玉中,欧琳,郑天姝:《基础研究和应用基础研究》,《科技与法律》1993年第3期。

[80] 石琳娜,陈劲:《党的十八大以来中国科技事业取得的重要成就、经验与展望》,《创新科技》2022年第10期。

[81] 张娟,李宏:《〈2021年美国创新与竞争法案〉瞄准对华科技竞争》,《科技政策与咨询快报》2021年第8期。

[82] 谢富纪:《科技成果转化需要制度体系支撑》,《人民论坛》2021年5月25日。

[83] 科技部:《创新驱动乡村振兴发展专项规划(2018—2022年)》,《中国农村科技》2019年第12期。

报 纸 类

[1] 习近平:《切实加强基础研究夯实科技自立自强根基》,《人民日报》2023年2月23日。

[2] 习近平:《坚定创新自信紧抓创新机遇加快实现高水平科技自立自强》,《人民日报》2021年10月27日。

[3] 习近平:《在中国科学院第十九次院士大会、中国工程院第十四次院士大会上的讲话》,《人民日报》2018年5月29日。

[4] 习近平:《为建设世界科技强国而奋斗》,《人民日报》2016年6月1日。

[5] 习近平:《在中国科学院第十七次院士大会、中国工程院第十二次院士大会上的讲话》,《人民日报》2014年6月10日。

[6] 习近平:《在联合国教科文组织总部的演讲》,《人民日报》2014年3月28日。

[7] 北京市习近平新时代中国特色社会主义思想研究中心:《我国科技体制改革的经验与启示(纪念改革开放四十周年)》,《人民日报》2018年10月25日。

[8] 鞠鹏,燕雁:《中共十九届六中全会在京举行》,《人民日报》2021年11月12日。

[9] 李学仁:《中共中央国务院隆重举行国家科学技术奖励大会》,《人民日报》2021年11月4日。

[10] 石平洋:《"四个现代化"是如何提出与发展的》,《学习时报》2020年5月29日。

[11] 李平:《改革开放40年科技体制改革发展历程》,《经济日报》2018年9月13日。

[12] 鞠鹏:《两院院士大会中国科协第十次全国代表大会在京召开》,《人民日报》2021年5月29日。

[13] 王春法:《习近平科技创新思想的科学内涵与时代特征》,《学习时报》2017年1月23日。

[14] 郭艳:《科技创新要坚持"四个面向"》,《山西日报》2020年9月29日。

[15] 黄国妍,唐瑶琦:《美国硅谷的科技金融生态圈》,《中国社会科学报》2019年3月27日。

[16] 刘晓青:《领导干部科学素养的四重维度》,《学习时报》2020年4月15日。

[17] 李平:《下好时间管理这盘棋》,《中国教师报》2021年3月24日。

[18] 闫冰:《创新人才培养模式提升区域科技创新能力》,《河南日报》2021年3月20日。

[19] 李振佑:《不断提高科技创新支撑能力》,《甘肃日报》2021年3月9日。

[20] 墨一:《培养更多科技创新人才》,《长治日报》2021年1月27日。

[21] 天歌:《立法禁晚9点后跳广场舞:以"时间平衡"换"利益平衡"》,《老年日报》2020年12月5日。

[22] 杜声红:《完善家庭友好时间支持政策 助推工作—家庭平衡》,《中国妇女报》2020年10月27日。

[23] 怀进鹏:《打造新时代创新发展的科普之翼》,《人民日报》2018年4月10日。

[24] 秦健,付小颖:《以科技创新助力乡村振兴》,《经济日报》2020年7月30日。

[25] 国家统计局:《2020年农民工监测调查报告》,《中国信息报》2021年5月7日。

[26] 李新雄:《推进茶产业全链条集成创新》,《广西日报》2021年10月19日。

[27] 李全宏:《山西光伏扶贫铺就脱贫路——记山西省扶贫开发办公室产业扶贫工作站》,《山西日报》2021年3月25日。

[28] 刘胜,叶飞:《湖北省建立村级电商扶贫网点1.4万个》,《湖北日报》2021年3月21日。

[29] 人民日报评论员:《改善科技创新生态 激发创新创造活力——论学习贯彻习近平总书记在科学家座谈会上重要讲话》,《人民日报》2020年9月

14日。

[30] 刘云:《科技评价活动应回归价值判断》,《科技日报》2017年2月3日。

[31] 刘垠,唐婷:《国家科技奖励制度进入"深改时间"——国家自然科学奖取消SCI他引次数硬性规定并对外籍专家开放》,《科技日报》2019年12月29日。

[32] 赵永新:《"让经费为人的创造性活动服务"》,《人民日报》2016年6月7日。

[33] 佘惠敏:《面向人民生命健康,科技发展新方向》,《经济日报》2020年10月8日。

[34] 周京艳,刘如,毕亮亮:《加强医学创新体系建设,为人民健康提供科技保障》,《科技日报》2020年9月25日。

[35] 邵新宇:《进一步尊崇和弘扬科学精神》,《人民日报》2020年9月28日。

[36] 佘惠敏:《面向世界科技前沿,贡献中国智慧》,《经济日报》2020年10月4日。

[37] 沈慎:《"四个面向"为科技创新指明方向》,《西江日报》2020年9月7日。

[38] 毛强:《创新是引领发展的第一动力》,《学习时报》2017年7月14日。

[39] 何自力:《解答构建新发展格局"三问"》,《经济日报》2020年9月15日。

[40] 刘元春:《深入理解新发展格局的丰富内涵》,《光明日报》2020年9月8日。

[41] 邱海平:《推动更深层次改革和更高水平开放 加快形成新发展格局》,《光明日报》2020年9月15日。

[42] 新华社:《中共中央 国务院关于加速科学技术进步的决定》,《人民日报》1995年5月22日。

[43] 新华社:《中共中央国务院关于深化体制机制改革 加快实施创新驱动发展战略的若干意见》,《人民日报》2015年3月24日。

[44] 新华社:《中共中央国务院印发〈国家创新驱动发展战略纲要〉》,《人民日报》2016年5月20日。

[45] 中国共产党第十九届中央委员会:《中国共产党第十九届中央委员会第五次全体会议公报》,《人民日报海外版》2020年10月30日。

[46] 赵承,霍小光,韩洁,林晖:《历史交汇点上的宏伟蓝图——〈中共中央关于制定国民经济和社会发展第十四个五年规划和二〇三五年远景目标的建议〉诞生记》,《人民日报》2020年11月5日。

[47] 陈强,敦帅:《学术成果评价不能"四唯"》,《解放日报》2019年2月19日。

[48] 张泉,温竞华:《坚决破除"四唯"充分释放创新潜能》,《信息时报》2020年9月14日。

[49] 陈芳,胡喆:《"黄金五年"书写大国创新奇迹——党的十八大以来科技创新成就综述》,《山西日报》2017年10月7日。

[50] 姜杨敏,李永亮:《中车株洲所风电机组再次刷新世界纪录》,《湖南日报》2021年6月30日。

[51] 王海霞:《"超级杂交水稻"个旧百亩示范片平均亩产创新高》,《大同日报》2018年9月4日。

[52] 姜永斌:《高质量发展的新引擎》,《中国纪检监察报》2021年9月6日。

网 站 类

[1] 吕诺,田晓航:《坚持"四个面向"加快科技创新——习近平总书记在科学家座谈会上的重要讲话指引科技发展方向》,https://www.gov.cn/xinwen/2020-09/13/content_5543052.htm,2020年9月13日。

[2] 卢而康,石银平:《资溪毛竹为乡村振兴"搭台唱戏"》,http://ly.jiangxi.gov.cn/art/2021/07/27/art_41517_3494120.html,2021年7月27日。

[3] 全国人民代表大会常务委员会:《中华人民共和国促进科技成果转化法》,https://flk.npc.gov.cn/detail2.html?MmM5MDlmZGQ2NzhiZjE3OTAxNjc4YmY3ZTM1NDA4NDM%3D,2015年8月29日。

[4] 国家知识产权局:《2020年中国专利调查报告》,https://www.cnipa.gov.cn/art/2021/04/28/art_88_158969.html,2021年4月28日。

[5] 李如意:《国家铁路局:高速、高原、高寒、重载铁路技术达到世界领先水平》,https://news.bjd.com.cn/2021/08/24/158154.shtml,2021年8月24日。

[6] 晓荷:《中国工程院院士沈昌祥:Win10系统严重危害中国网络安全》, http://paper.cnii.com.cn/article/rmydb_10727_36755.html,2016年8月10日。

[7] 唐钧:《人均预期寿命知多少》,https://www.cn-healthcare.com/articlewm/20220913/content-1434428.html,2022年9月13日。

[8] 卫生健康委:《2021年我国卫生健康事业发展统计公报》,https://www.gov.cn/xinwen/2022-07/12/content_5700670.htm,2022年7月12日。

[9] 国家统计局:《2022年居民收入和消费支出情况》,http://www.xinhuanet.com/2023-01/17/c_1129292204.htm,2023年1月17日。

外 文 类

[1] Husen T and Postlethwaite T N (eds),The International Encyclopedia of Education Research and Studies,UK:Pergamon Press,1994.

[2] Rothenberg A and Hausman C R (eds),The creativity queation,North Carolina:Duke University Press,1976.

[3] The National Academies of Sciences·Engineering·Medicine, Communicating Science Effectively: A Research Agenda,Washington,DC: The National Academies Press,2017.

[4] Jon D. Miller,Civic Scientific Literacy in the United States in 2016——A report prepared for the National Aeronautics and Space Administration by the University of Michigan,2016.

[5] Kahan,D. M.,Jenkins - Smith,H.,& Braman,D.,Cultural cognition of scientific consensus,Journal of Risk Research,2011.

[6] Lewandowsky S, Oberauer K, Gignac G, et al, Motivated rejection of science 1 Running head: MOTIVATED REJECTION OF SCIENCE NASA faked the moon landing—Therefore (Climate) Science is a Hoax: An Anatomy of the Motivated Rejection of Science,2013.

[7] OECD. PISA 2015 Science Framework, PISA 2015 assessment and analytical framework: Science, reading, mathematic and financial literacy, 2015.

[8] The Council of Canadian Academies, Science Culture: Where Canada Stands, 2014.

[9] Sinatra, G. M., Kienhues, D. and Hofer, B. K, Addressing challenges to public understanding of science: Epistemic cognition, motivated reasoning, and conceptual change, Educational Psychologist, 2014.

[10] Sharon A. J., ABaram - Tsabari, Can science literacy help individuals identify misinformation in everyday life?, Science Education, 2020.

[11] Berg and Justin M, Balancing on the creative high-wire: Forecasting the success of novel ideas in organizations, Administrative Science Quarterly, 2016(3).

[12] Boudreau, K. J., Guinan, E. C., Lakhani, K. R. and Riedl, C, Looking across and looking beyond the knowledge frontier: Intellectual distance and resource allocation in science, Management Science, 2016(10).

[13] Criscuolo, P., Dahlander, L., Grohsjean, T. and Salter, A, Evaluating novelty: The role of panels in the selection of R&D projects, Academy of Management Journal, 2017(2).

[14] Elsbach, K. D., & Kramer, R. M., Assessing creativity in Hollywood pitch meetings: Evidence for a dual-process model of creativity judgments, Academy of Management Journal, 2003.

[15] Ford, C. M., & Gioia, D. A., Factors influencing creativity in the domain of managerial decision making, Journal of Management, 2000.

[16] Mainemelis, C., Kark, R., & Epitropaki, O., Creative Leadership: A Multi-Context Conceptualization, Academy of Management Annals, 2015.

[17] Mueller, J., Melwani, S., & Goncalo, J. A, The bias against creativity: Why people desire but reject creative ideas, Psychological Science, 2012.

[18] Mueller, J., Melwani, S., Loewenstein, J., & Deal, J, Reframing the decision-mak -

ers'dilemma: Towards a social context model of creative idea recognition, Academy of Management Journal,2018.

[19] Siler,K.,Lee,K.,& Bero,L.,Measuring the effectiveness of scientific gatekeeping, Proceedings of the National Academy of Sciences,2015.

[20] Tajfel,H.,& Turner,J.,The social identity theory of intergroup behavior. In W. G. Austin & S. Worchel (Eds.),Psychology of Intergroup Relations,1986.

[21] Hicks D,Wouters P,Waltman L,et al,Bibliometrics the leiden manifesto for re-search metrics,Nature,2015(520).

[22] Way M and Ahmad S A,The San Francisco declaration on research assessment, Journal of Cell Science,2013(126).

[23] US. Department of Energy,Overview of Evaluation Methods for R&D Pro-grams. United States,EERE,2007.

[24] Michael Power,The Audit Society Second Thought,International Journal of Auditing,2000(4).

[25] SIMONEAU E,KELLY M,LABBE A C,et al.,What is the clinical significance of positive blood cultures with Aspergillus sp in hematopoietic stem cell trans-plant recipients A 23 year experience,Bone Marrow Transplantation,2018.

[26] Zhao H,Wei L,Li H,et al.,The Lancet Infectious Diseases,2021.

[27] WHO,Antimicrobial Resistance—Global Report on surveillance,2021.

[28] HACHEM R Y,KONTOYIANNIS D P,CHEMALY R F,et al.,Utility of galactomannan enzyme immunoassay and (1,3) beta-D-glucan in diagnosis of invasive fungal infections: low sensitivity for Aspergillus fumigatus infection in hematologic malignancy patients,Journal of Clinical Microbiology,2009.

[29] MASCHMEYER G,CALANDRA T,SINGH N,et al.,Invasive mould infec-tions: a multi-disciplinary update,Medical mycology,2009.

[30] Guinea,J., et al.,Evaluation of MycAssay Aspergillus for diagnosis of invasive pulmonary aspergillosis in patients without hematological cancer,PloS one,2013.

[31] Schabereiter-Gurtner,C.,et al.,Development of novel real-time PCR assays for detection and differentiation of eleven medically important Aspergillus and Candida species in clinical specimens,Journal of clinical microbiology,2007.

后 记

本书紧紧围绕习近平总书记关于科技创新的重要论述，立足我国当前实践和未来发展需求，参考借鉴发达国家先进经验，并结合实践案例，从科技创新要坚持"四个面向"、问题导向、发展动力、基础研究、决策认知、成果转化、人才培养等二十几个方面，对新时代我国大力推动科技创新和发展进行阐述、分析，提出务实对策和建议。本书可为广大读者特别是基层党员干部更加深刻理解和掌握有关科技创新重大理论和实践问题提供参考、借鉴。

本书由主编杨瑞勇策划，确定写作思路与格式、拟定目录提纲，对全书文章撰写进行指导，负责全书统稿、统改，以及出版社审校后的复改、复审等；由主编李健、杨瑞勇最终审定书稿。

在本书编写过程中，我们引用了部分党和国家领导人的重要讲话和论述，借鉴、吸收了一些先进典型案例，还参考了学术界的一些专业研究成果等。为使本书内容更通俗易懂，形式更简洁明快，便于读者阅读，除引用党和国家领导人有关调查研究活动的史实内容在文中作了注释以说明其权威来源外，其他文献资料的引用没有在文中一一注明，而是在书后列出主要参考文献。在此对这些专家学者表示诚挚的谢意！

由于水平所限，书中疏漏甚至讹误之处在所难免，敬请广大读者批评指正。

编　者
2023 年 9 月 19 日